21世纪

高职高专规划教材 · **会计系列**

Application of Excel in Finance

Excel在财务中的应用

主编 ◎ 李洪春　　副主编 ◎ 李俊峰

（第2版）

中国人民大学出版社

· 北京 ·

第 2 版前言
Preface

本教材为 21 世纪高职高专规划教材 • 会计系列教材之一。我们根据国家相关教材建设规划的要求，全面贯彻和执行了教育部关于高职高专人才培养的精神，借鉴和参考了国内外有关会计学方面的信息资料及科研成果，结合我国会计行业发展的实际状况，并充分考虑到会计类高职高专学生的基础和特点，编写了本教材。

本教材以提升学生职业素质与职业能力为目标，采用了项目化的编写手法。本教材所有内容的编写均以 Microsoft Office Excel 2010 为基准。全书共分为六个项目，包括 Excel 2010 基础知识、Excel 在账务处理系统中的应用、Excel 在工资核算中的应用、Excel 在固定资产管理中的应用、Excel 在财务报表中的应用和 Excel 在财务分析中的应用。每个项目下设若干任务，每个任务下设“基础知识”“工作情境与分析”两个部分。全书配有操作流程界面，使教学说明一目了然，简明易懂。

本教材适合作为高职高专会计类专业的教学用书，也可作为社会各界的培训教材，同时可作为普通读者了解 Excel 系列操作的基础读本。学习本教材前，学生需掌握一些会计领域的基础知识。

本教材由江西财经职业学院李洪春担任主编。项目一由江西财经职业学院叶晖编写，项目二由江西财经职业学院李俊峰编写，项目三由江西财经职业学院李寒冰编写，项目四由江西财经职业学院李梦芸编写，项目五由江西财经职业学院李洪春编写，项目六由江西财经职业学院周国华编写。全书由李洪春负责构思、统筹。本教材在编写过程中得到了各位参编老师和中国人民大学出版社的大力支持，在此一并表示感谢。

由于编写时间较紧，加之编写水平有限，书中疏漏、缺点在所难免，恳请广大读者批评指正，使之得以不断修订完善。

李洪春

2019 年 8 月

第1版前言

Preface

本教材为21世纪高职高专会计专业项目课程系列教材之一。我们根据国家相关教材建设规划的要求，全面贯彻和执行了教育部关于高职高专人才培养的精神，借鉴和参考了国内外有关会计学方面的信息资料及科研成果，结合我国会计行业发展的实际状况，并充分考虑到会计类高职高专学生的基础和特点，编写了本教材。

本教材以提升学生职业素质与职业能力为目标，采用了项目化的编写手法。本教材所有内容的编写均以 Microsoft Office Excel 2007 为基准。全书共分为六个项目，包括 Excel 2007 基础知识、Excel 在账务处理系统中的应用、Excel 在工资核算中的应用、Excel 在固定资产管理中的应用、Excel 在财务报表中的应用和 Excel 在财务分析中的应用。每个项目下设若干任务，每个任务下设“基础知识”“工作情境与分析”两个部分。全书配有操作流程界面，使教学说明一目了然，简明易懂。

本教材适合作为高职高专会计类专业的教学用书，也可作为社会各界的培训教材，同时可作为普通读者了解 Excel 系列操作的基础读本。学习本教材前，学生需掌握一些会计领域的基础知识。

本教材由江西财经职业学院李洪春担任主编。项目一由江西财经职业学院姜启跃编写，项目二由江西财经职业学院李俊峰编写，项目三由江西财经职业学院余英编写，项目四由江西财经职业学院李梦芸编写，项目五由江西财经职业学院李洪春编写，项目六由江西财经职业学院周国华编写。全书由李洪春负责构思、统筹。本教材在编写过程中得到了各位参编老师和中国人民大学出版社的大力支持，在此一并表示感谢。

由于编写时间较紧，加之编写水平有限，书中疏漏、缺点在所难免，恳请广大读者批评指正，使之得以不断修订完善。

李洪春

2015年10月

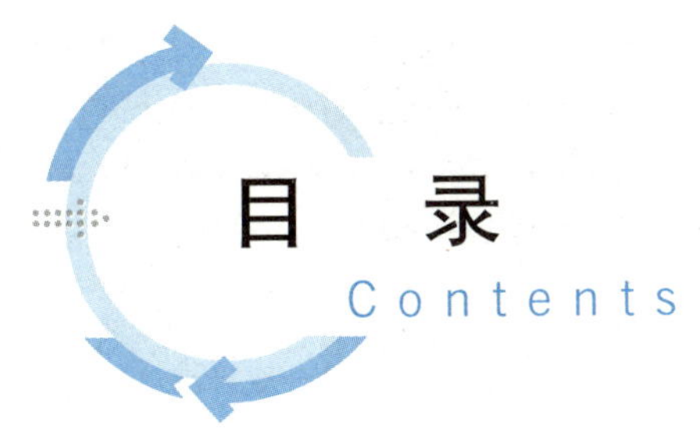

目　录

Contents

项目一 Excel 2010 基础知识

知识目标

- 了解 Excel 2010 的基本功能
- 理解 Excel 2010 公式和函数的运算及参数，熟练掌握常用函数的使用

能力目标

- 掌握如何利用 Excel 制作图表
- 掌握如何利用 Excel 进行数据处理，如排序、筛选、分类汇总等操作
- 掌握 Excel 常用函数的使用

任务一 了解 Excel 2010

基础知识

一、Excel 2010 基本功能

Excel 2010 是微软公司开发的 Office 系列办公软件中的一个组件，是目前使用率最高、功能最强的电子处理软件之一，具有强大的计算、分析能力和完美的图表功能，能够从事复杂的数据分析、科学计算等工作。

1. 快速创建数据表格

在企业中有大量的表格需要制作，如果仅仅依靠以往手工绘制的方式，不仅效率低下，也很容易出错，使用 Excel 软件可以轻松创建结构复杂的表格。

2. 公式与函数

Excel 2010 集成的公式与函数提供了强大的计算能力，使用这些公式与函数不仅可以进行简单的算术运算，还可以进行复杂的财务运算。

3. 数据管理分析功能

Excel 2010 提供了排序、筛选、汇总、数据透视表和数据透视图以及图表等功能，可

以使数据的管理和分析更加灵活。图表的运用使得表格数据更加形象、直观。

4. 文档保护功能

Excel 提供的文档保护功能不仅可以设置文档的访问权限和修改密码，还可以设置信息管理权限，通过设置相应的权限来控制访问、转发和打印等操作，以进一步保护文档。

二、Excel 2010 的窗口组成

用户可以通过单击“开始”菜单，启动 Excel 2010 软件，系统将打开一个名为“Book1”的空白工作簿。Excel 软件窗口同 Word 相似，有标题栏、菜单栏、工具栏、状态栏、任务窗格和滚动条等，也有它自己独特的窗口部分，如编辑栏、工作表编辑区、工作表标签等。如图 1－1 所示。

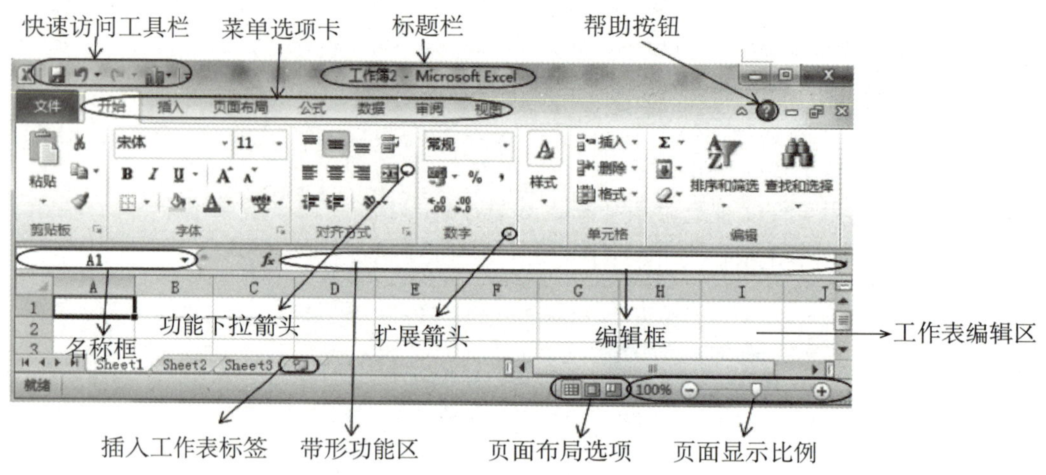

图 1－1　窗口的组成

（1）编辑框：编辑栏的左边区域称为名称框，用来显示当前活动单元格的位置；编辑栏主要用来显示活动单元格中的数据和公式。可以在编辑栏中输入或编辑数据。

（2）工作表编辑区：工作表编辑区是占屏幕面积最大的区域，是由单元格组成的用来记录数据的区域。

（3）工作表标签：工作表标签位于工作表编辑区的下方，用来显示工作表的名称。单击工作表标签可以激活相应的工作表。

（4）状态栏：状态栏位于窗口的底部，主要用来显示已打开的工作簿当前的状态。

三、Excel 2010 工作簿

在 Excel 中新建的文件就是工作簿文件，其扩展名为“. xlsx”。用户启动 Excel 软件后，系统会创建一个默认名为“Book1”的工作簿文件，每一个工作簿都包含若干个工作表，一般情况下有 3 个工作表，可通过点击“Office 按钮”，设置“Excel 选项→常用”命令，在“常用”选项卡中设置新工作簿内默认包含工作表的数目。

一个工作簿文件相当于一个数据库，一个工作表相当于一个数据表，数据表由若干行和若干列组成。第一行被称为表头，放置着不重复的字段名称。每一列存放的数据类型是一致的，同属于列所对应的字段，所以每一列又称为一个字段。除表头之外的行称为记录，数据表就是由若干条记录组成的。

1. 工作表

工作表是工作簿窗口的中间区域，由行号和列标组成。每一行和列之间由网格线分隔。位于工作表左侧区域的编号为各行的行号，共有 65 536 行，用数字来命名。位于工作表上方的字母区域为各列的列标，有 256 列，用 26 个字母来命名。每个工作表都有一个名字，用户可以重命名。一个工作簿最多可以包含 255 个工作表，最少需要 1 个工作表。通过单击工作表名可以切换选择工作表。

2. 单元格

单元格是组成工作表的元素，是存储数据和公式以及进行计算的基本单位。每一个工作表都是由若干个单元格组成的，每一行和每一列相交处形成的区域就是单元格，单元格地址就是用“列标行号”来表示的。例如：A10 表示第 10 行第 A 列（第 1 列）的单元格。

单击单元格，单元格四周出现粗线边框，则该单元格就被称为活动单元格或当前单元格，此时，可以在单元格或编辑框中输入、修改或显示单元格中的内容。在名称框中输入单元格地址或通过键盘中的方向键都可以选中单元格。

工作情境与分析

李跃通过在文员岗位的锻炼，业务技能水平迅速提高。鉴于他所取得的成绩，公司调他到财务处。为了能尽快熟悉工作，李跃开始学习 Excel 的基础操作。

任务实施步骤

一、启动 Excel

启动 Excel 常用以下几种方法：

（1）双击 Excel 图标。如果 Windows 桌面上有“Microsoft Excel 2010”的快捷方式图标，双击该图标即可启动 Excel。

（2）利用“开始”菜单。单击任务栏上左边的“开始”按钮，选择“所有程序”菜单中的“Microsoft Office”子菜单，再选择“Microsoft Excel 2010”命令。

（3）利用“最近的文档”。单击任务栏上的“开始”按钮，选择“文档”菜单，其中列出的是最近使用过的各种文档。如果其中列出了最近使用过的 Excel 工作簿，选择其中一个单击即可启动 Excel，并同时打开所选中的工作簿。

（4）利用“新建”命令。用鼠标右键单击“桌面”空白处，在弹出的快捷菜单里，选择“新建”命令，再选择打开“Microsoft Excel 工作表”命令即可。

（5）利用 Excel 工作簿。在任何地方选择任一 Excel 工作簿文件，双击即可启动 Excel，同时自动加载该文件。

二、退出 Excel

退出 Excel 就是关闭 Excel 窗口，通常有以下几种方法：

（1）单击 Excel 窗口右上角的“关闭”按钮。

（2）双击 Excel 窗口左上角的“”按钮。

（3）单击 Excel 窗口左上角的“文件”，出现窗口控制菜单，选择“关闭”命令。

（4）按 Alt+F4 组合键。在退出 Excel 之前，若编辑的工作簿中有内容尚未存盘，则系统会弹出一个对话框，询问是否保存被修改过的文档，可根据需要进行回答。

三、工作簿的基本操作

1. 新建工作簿文件

方法一：启动 Excel 2010 后，会打开一个空白的工作簿文件，单击常用工具栏中的“新建”按钮或按下【Ctrl+N】组合键，都可新建空白工作簿文件，保存时可以对文件重命名。

方法二：启动 Excel 2010 后，点击“文件”，选择“新建”菜单项，打开“新建工作簿”任务界面，如图 1－2 所示。在此任务界面，单击“空白工作簿”选项，可以创建一个新的空白工作簿文件。单击“我的模板”选项，显示已安装的模板类型，可以从中选择一种要应用的格式，如图 1－3 所示。点击选中的模板，可以创建一个基于模板的工作表文件，如图 1－4 所示。

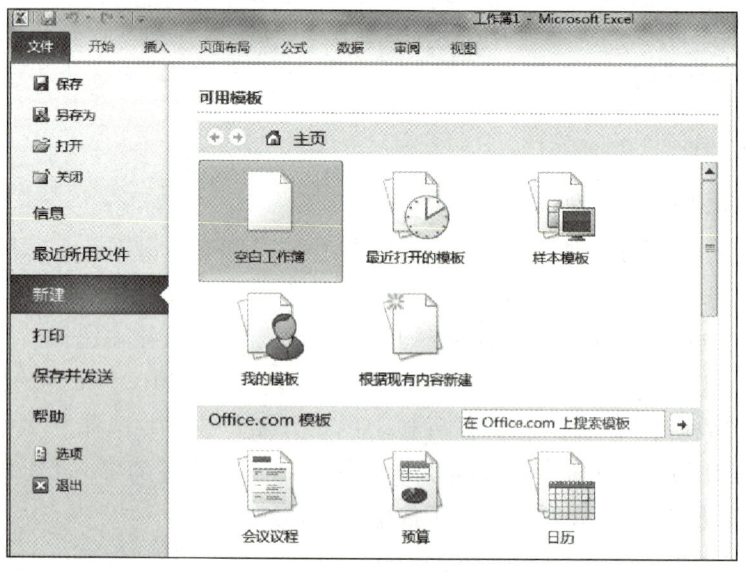

图 1－2　新建空白工作簿

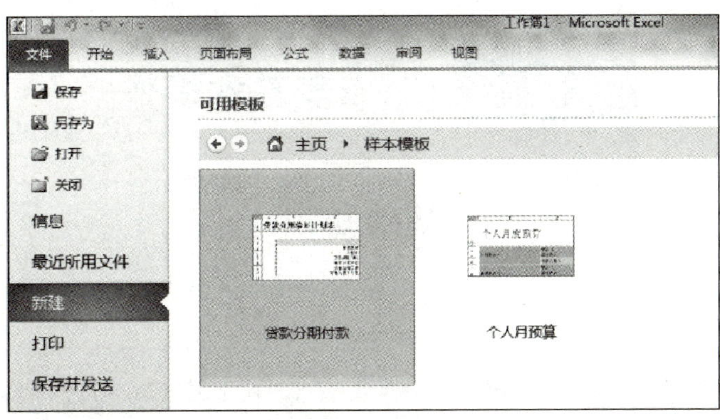

图 1-3 选择模板

图 1-4 基于模板新建工作簿

2. 保护工作簿

工作簿很容易被误操作，为了保护内容不被修改，可以给工作簿加上保护。选择菜单“审阅→保护工作簿”命令，可以保护工作簿的结构或窗口，在“密码（可选）”项中输入密码即可实现保护，如图 1-5 所示。

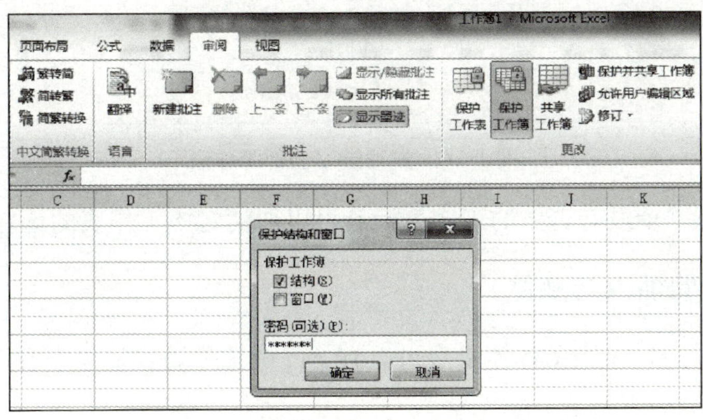

图 1-5 保护工作簿

任务二 工作表基本操作

基础知识

一、工作表的选定

启动 Excel 或新建一个工作簿后，默认有 3 个工作表，工作表标签名为 Sheet1、Sheet2、Sheet3。每个工作表之间是互相独立的。要想对工作表进行操作，前提是要选定相应的工作表。

（1）选择一个工作表：单击该工作表标签即可选中，选中后的工作表标签底部呈白色凹进状，其他没有选中的工作表标签为灰色。

（2）选择多个工作表：可以在单击工作表标签的同时按住键盘上的【Ctrl】键选择不相邻的工作表，或按住键盘上的【Shift】键选择相邻的工作表。当选择多个工作表时，工作簿的标题栏会出现“工作组”三个字。

（3）选择全部工作表：可以在工作表标签上单击鼠标右键，在弹出的快捷菜单中选择“选定全部工作表”命令，如图 1－6 所示。

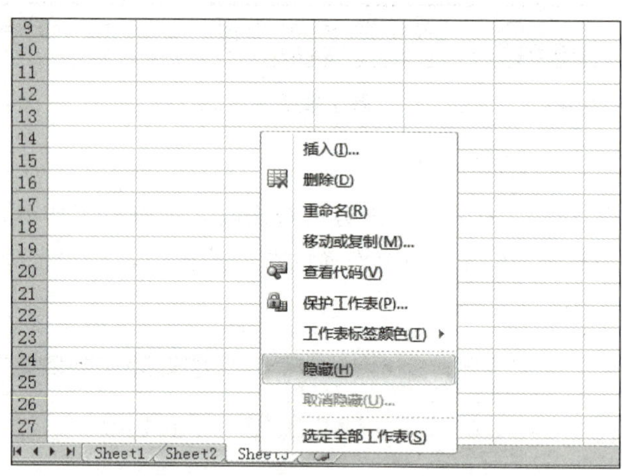

图 1－6 右键选定全部工作表

（4）单击任意一个没有选中的工作表标签可以取消对该工作表的选择。

二、工作表的插入与删除

在 Excel 2010 中，一个工作簿最多可以有 255 个工作表，最少应有 1 个工作表。

1. 插入单个工作表

单击工作表标签，即选择一个工作表作为插入工作表的位置，如图 1－7 所示。

方法一：用快捷键【Shift＋F11】即可在当前工作表前面插入一个新的工作表，如图1-8所示。或者点击最后一个工作表名称后面的“”按钮，也可以插入一个新的工作表，不过该工作表的位置在最后。

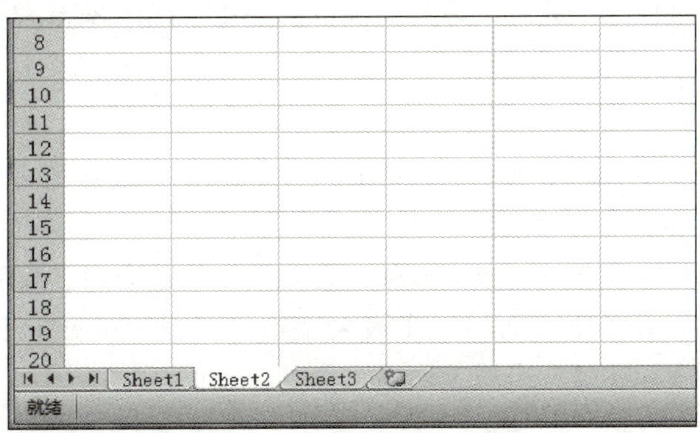

图1-7　选择一个工作表

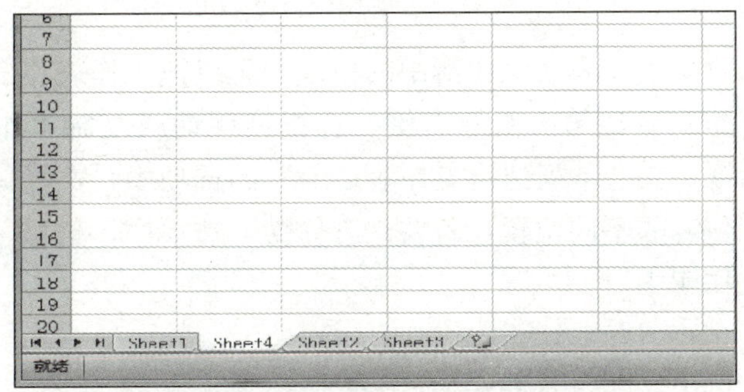

图1-8　快捷键方式插入工作表

方法二：在选中的工作表标签上单击鼠标右键，在弹出的菜单中选择“插入”，如图1-9所示。在“插入”对话框中选择“常用”选项卡，选择“工作表”，点击“确定”按钮，即可插入一个新工作表。

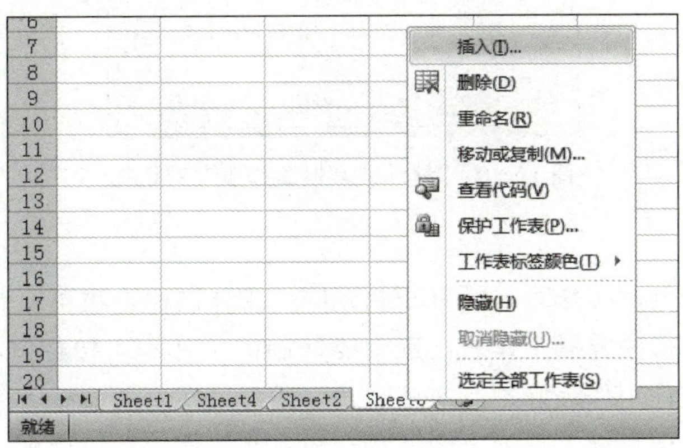

图1-9　右键插入工作表

2. 删除工作表

将要删除的工作表（可以为单张或多张）选中，再选择菜单“开始”，点击“单元格”功能区中的“删除”命令，在下拉菜单中选择“删除工作表”命令，即可删除多余的工作表；或者单击鼠标右键选择“删除”命令，即可删除多余的工作表。

三、工作表的重命名

Excel 2010 中的工作表都带有一个默认的名称 SheetX，这些名字使得工作表之间难以区分，鉴于此用户可以重命名工作表。

选中要重命名的工作表标签，单击鼠标右键，选择“重命名”命令，此时选取的工作表标签底部变为黑色，直接输入新的工作表名字，回车或用鼠标单击工作表任一地方即可；也可以双击工作表标签命令来对工作表重命名。

四、工作表的移动与复制

1. 移动工作表

移动工作表是指改变工作表在工作簿中的位置，可以把工作表移前、移后或移动到其他工作簿中。选中工作表后，单击鼠标右键，选择“移动或复制工作表”选项，弹出如图 1－10 所示的对话框，在“下列选定工作表之前”的选项中，选择一个工作表名，可把工作表移动到同一工作簿的不同位置。若在“工作簿”选项中，选择一个工作簿名，可把工作表移动到其他工作簿中。

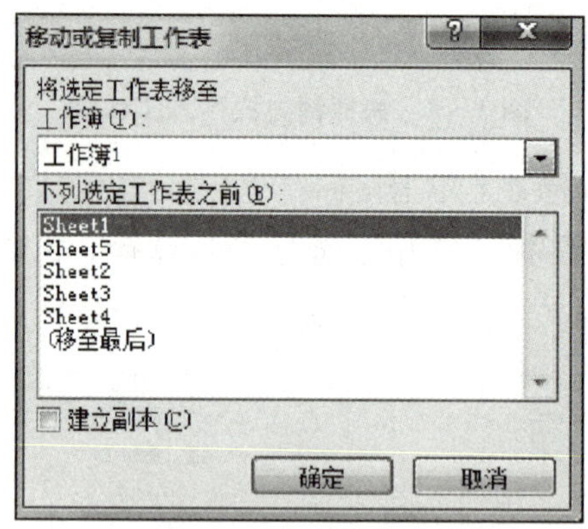

图 1－10 “移动或复制工作表”对话框

2. 复制工作表

复制工作表是指复制工作表，既可复制到同一工作簿中，也可复制到不同工作簿中。

（1）在同一工作簿中复制工作表：选中要复制的工作表，按住键盘上的【Ctrl】键的同时，用鼠标左键按住工作表标签，拖动到某一位置，在新的位置上就会出现一个工作表复本。也可以单击鼠标右键，在弹出的“移动或复制工作表”对话框中设置“下列选定工作表之前”，选择一个工作表名，勾选“建立副本”复选框，把工作表复制到同一工作簿中。

（2）复制工作表到其他工作簿：选中工作表后，单击鼠标右键，选择“移动或复制工作表”选项，在弹出的对话框中，设置“工作簿”选项，选择一个工作簿，并且勾选“建立副本”复选框，可把工作表复制到其他工作簿中。

工作情境与分析

部门经理近期要对所有员工的基本信息进行一次整理，要求李跃创建一个名为“公司情况表”的工作簿文件，包括“公司人事档案表”“公司员工工资表”“销售业绩表”“销售业绩季度表”“联系方式表”。

任务实施步骤

步骤1：在电脑的最后一个磁盘单击鼠标右键，选择“新建”命令，新建一个Excel文件，重命名为“公司情况表”（本项目所有的工作任务都在该文件中创建），打开“公司情况表”文档。

步骤2：分别选中工作表“Sheet1”“Sheet2”“Sheet3”，双击工作表标签，重命名为“公司人事档案表”“公司员工工资表”“联系方式表”，如图1-11所示。

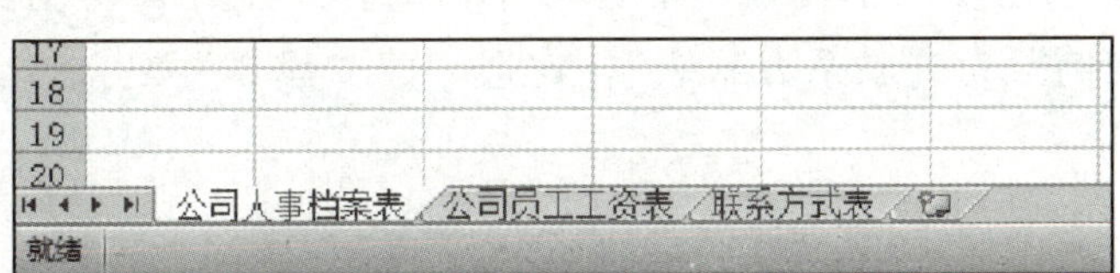

图1-11 重命名工作表

步骤3：选中第一个工作表，单击鼠标右键，在弹出的快捷菜单中，选择“插入”命令，在弹出的“插入”对话框中选择“常用”选项卡，单击“工作表”图案，点击“确定”按钮，如图1-12所示。

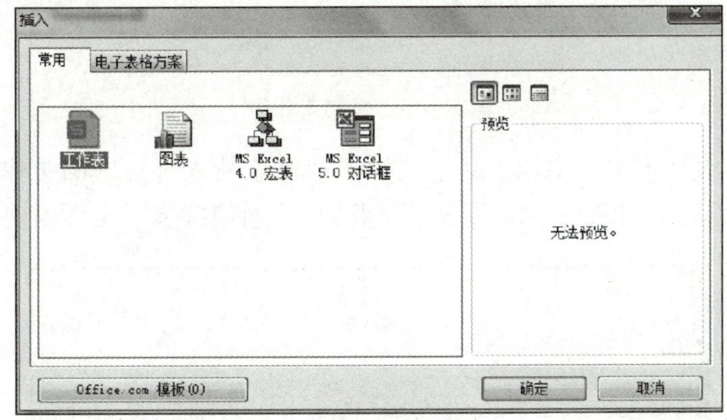

图1-12 “插入”工作表对话框

步骤 4：在所选工作表的前面会出现一个名为“Sheet1”的新工作表，如图 1－13 所示。重命名 Sheet1 为“销售业绩表”。

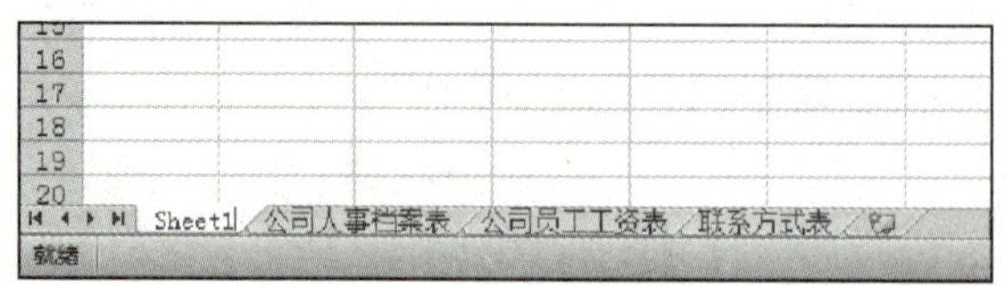

图 1－13　重命名 Sheet1

步骤 5：选中“销售业绩表”，按住鼠标左键，把该表移动至“联系方式表”之前，如图 1－14 所示。

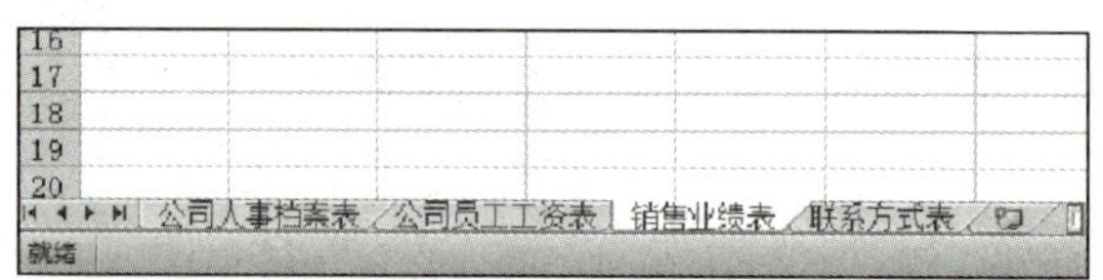

图 1－14　移动工作表

步骤 6：选中“销售业绩表”，在所选的工作表上单击鼠标右键，在弹出的快捷菜单中，选择“移动或复制工作表”选项，弹出“移动或复制工作表”对话框。

步骤 7：在“移动或复制工作表”对话框中，选择“工作簿”为默认工作簿，选择“下列选定工作表之前”为“联系方式表”，勾选“建立副本”复选框，点击“确定”按钮，如图 1－15 所示。

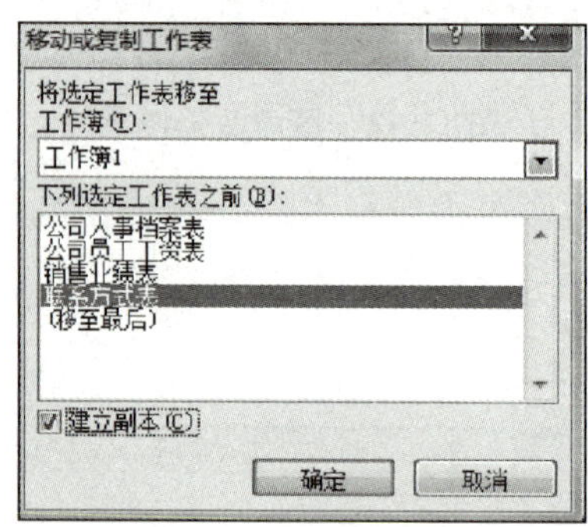

图 1－15　复制工作表

步骤 8：工作表标签中，出现了一个名为“销售业绩表（2）”的工作表，重命名该表为“销售业绩季度表”，如图 1－16 所示。至此，“公司情况表”文件创建完成。

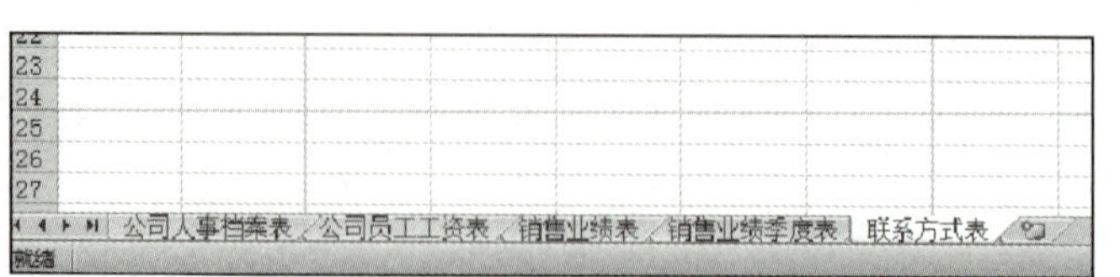

图 1－16　复制、重命名工作表

任务三 工作表的编辑

基础知识

一、数据输入

在 Excel 中，输入的数据类型有文本、数值、日期和时间。输入数据时，先选中存放数据的单元格，再输入相关数据，按回车键即可。

1. 输入文本

文本类型数据默认为左对齐，输入数据后可根据需要对单元格内的数据进行格式设置，改变数据的大小、对齐方式、颜色等。

2. 输入数值

数值类型数据默认为右对齐，可根据需要对单元格内的数据进行格式设置。通常情况下，Excel 的默认格式为“常规”格式，只能显示 11 位数字，如果输入的数字超过 11 位，系统自动以科学计数法显示数字，如图 1-17 所示。

B3 fx 9876543210123

	A	B	C	D	E
1	文本	数字			
2	员工	15			
3	star	9.87654E+12			
4					
5					

图 1-17 输入数据

当要输入分数时若直接输入，则 Excel 默认会转换成日期型，例如输入“3/5”按回车键后显示为“3 月 5 日”，所以若想输入分数 3/5，可以输入“0 空格 3/5”。

3. 输入日期和时间

Excel 中把日期和时间看成是数值类型，所以日期和时间型数据默认为右对齐，用户可设置其格式。日期数据要用斜线或连字符将年、月、日分开。例如，2011 年 1 月 10 日可以表示成“2011/1/10”或“2011-1-10”。输入时间时，要用冒号来分开时、分、秒，例如“8:30:25”。

小提示： 选中单元格后，按键盘上的【Ctrl+;】组合键，可以快速输入系统当前的日期；按键盘上的【Ctrl+Shift+;】组合键，可以快速输入系统当前的时间。

4. 快速输入数据的方法

(1) 在多个单元格中输入相同的数据：先选中要输入相同数据的单元格区域，如图

1－18 所示；在该区域的活动单元格中输入数据，按【Ctrl＋Enter】组合键，其他单元格自动填入相同的数据，如图 1－19 所示。

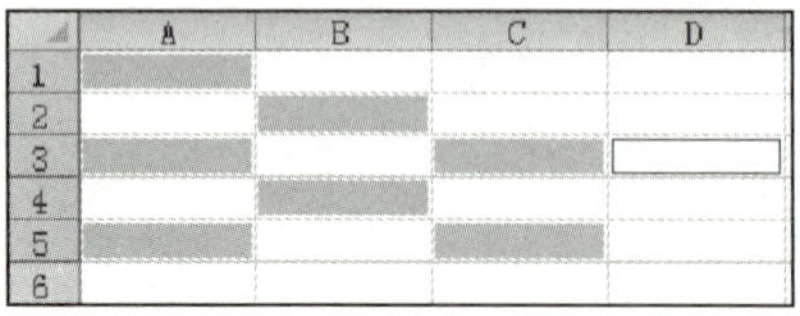

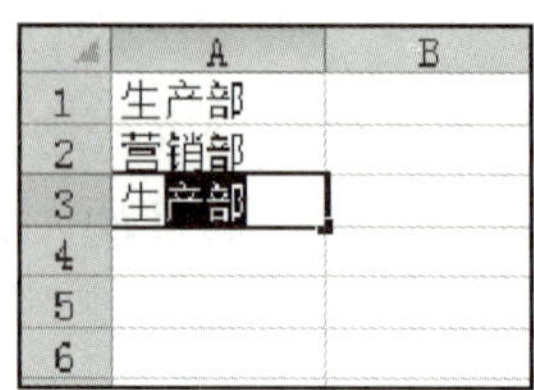

图 1－18　选择不连续单元格

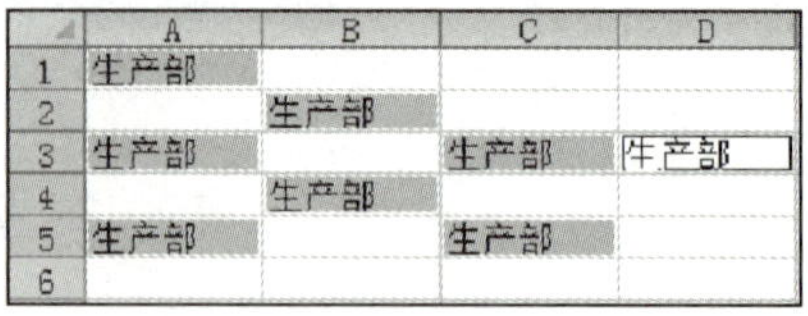

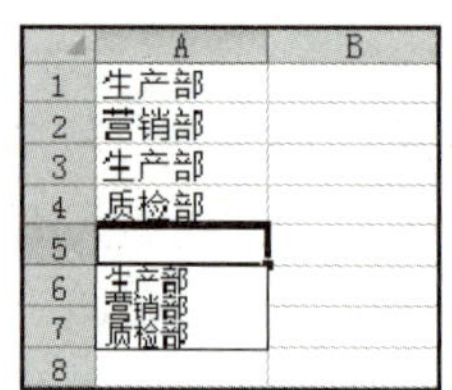

图 1－19　快速输入相同数据

（2）在多张工作表中输入相同的数据：选中要输入相同数据的工作表，在其中一张工作表中，选中一部分区域，输入数据后，按【Ctrl＋Enter】组合键即可。

（3）记忆输入：Excel 有记忆输入功能，在同一数据列中输入已经存在的单词或词组时，只需要输入单词或词组的开头，Excel 会自动填写其余的内容，如图 1－20 所示。或者在输入一组数据后，使用【Alt＋↓】组合键选择存储在 Excel 中的数据，如图 1－21 所示。

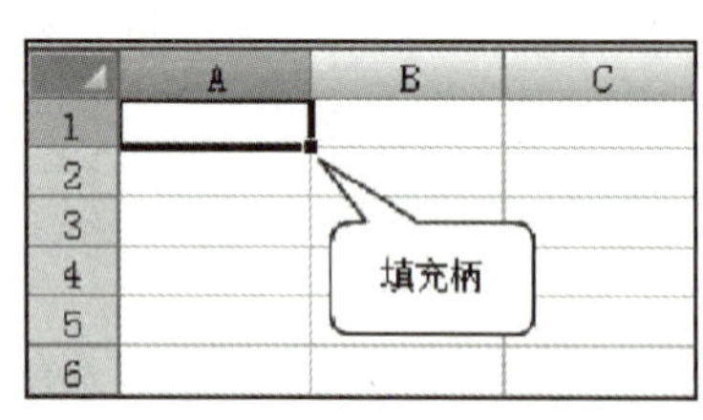

图 1－20　自动记忆功能图

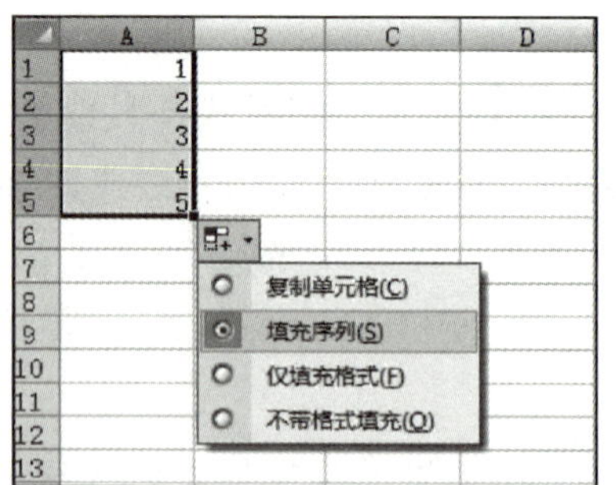

图 1－21　快速输入数据

（4）填充数据：利用填充柄。当选中一个单元格后，四周边框呈现粗线的单元格为活动单元格，在该单元格的右下角有一个实心矩形，就是填充柄，如图 1－22 所示。按住鼠标左键拖动填充柄可以填充数据，拖动后在右侧的下拉菜单中选择不同的选项，填充的效果不同。选择“复制单元格”可以填充相同的数据，选择“填充序列”可以累加填充数据，如图 1－23 所示。

图 1－22　填充柄

图 1－23　复制或以序列方式填充单元格

（5）填充命令：选择菜单“开始→编辑→填充”命令可以设置向上、下、左、右填充。选择菜单“开始→编辑→填充→系列”命令，可生成等差序列或等比序列，如图 1－24 所示。

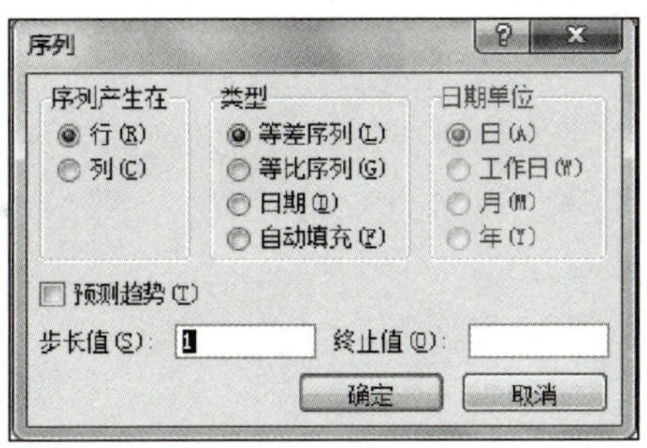

图 1-24　序列填充

二、单元格操作

工作表是由单元格组成的，而单元格是行与列的交叉点。在 Excel 中，行用数字表示，列用字母表示，单元格就由字母列号和数字行号表示，如图 1-25 所示的单元格，为第三行和 C 列交叉点，称为 C3。

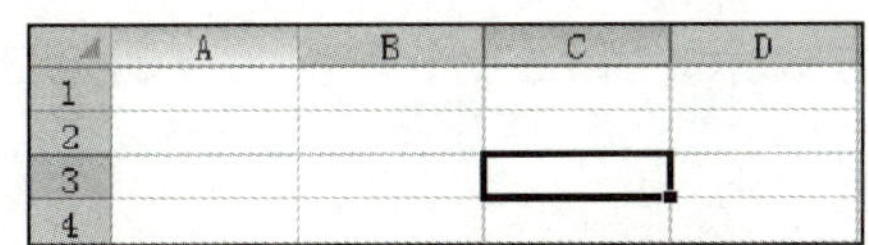

图 1-25　选择一个单元格

1. 选定单元格

(1) 选定一个单元格。

方法一：选择一个单元格，最简单的方法是用鼠标左键单击所需选取的单元格。

方法二：在编辑栏的名称框中，输入要选择的单元格名称，按回车键就可快速定位到目标单元格，如图 1-26 所示。

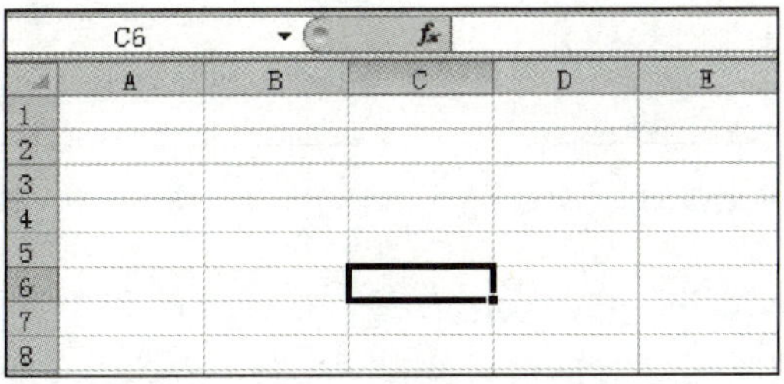

图 1-26　快速定位到目标单元格

(2) 选择单元格区域。单元格区域可以是两个单元格、一行或一列、一片区域甚至是整个工作表。

1) 选择相邻的区域：将光标置于想要选取的区域的第一个单元格，单击并按住鼠标左键拖动到想要选取区域的最后一个单元格，其中一片蓝灰色的区域就为所选区域，而区域中白色的单元格，称为当前活动单元格，如图 1-27 所示。或者在选中第一个单元格后，按住【Shift】键，再单击最后一个单元格，也可以选中一块连续区域。

2）选择不相邻的区域：将光标置于想要选取的区域的一个单元格，按住【Ctrl】键，依次单击要选择的单元格。待全部选中后，一片蓝灰色的不连续区域即为所选区域，最后单击的白色单元格为活动单元格。如图1－28所示。

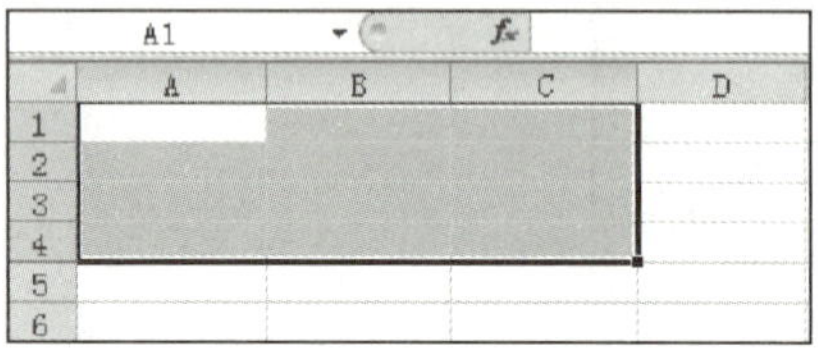

图1－27 选择连续单元格区域

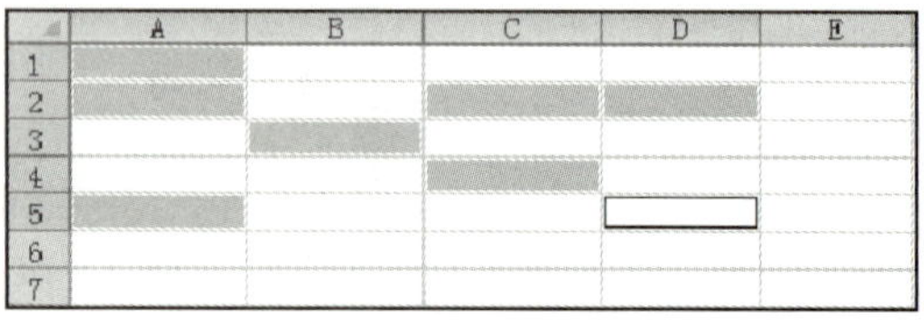

图1－28 选择不连续单元格区域

3）选择一行或一列：用鼠标在行号或列标上单击，即可选中一行或一列。

4）选择多行或多列：在行号或列标上拖动鼠标，移动至其他行或列就可选中多行或多列；或者在选中第一行或第一列的前提下，按住键盘上的【Ctrl】键或【Shift】键，用鼠标单击其他行或列，可以选中不连续的行列或连续的行列。

5）选择全部单元格：把鼠标放置在工作表左上方的全选按钮处单击，如图1－29所示。

2. 设置单元格格式

（1）设置字体格式。

方法一：通过“开始→字体”功能区来实现，如图1－30所示。可以设置字体、字号、字体颜色、字形等。

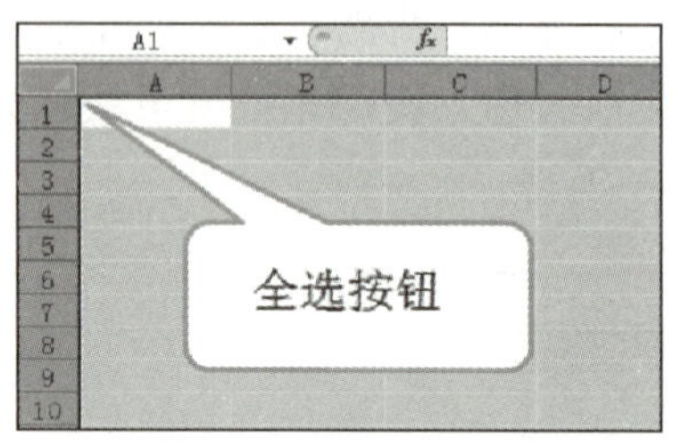

图1－29 单击全选按钮

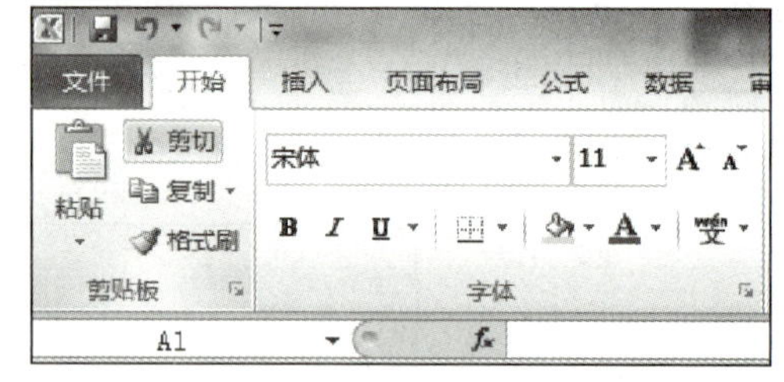

图1－30 格式工具栏

方法二：选中某一单元格，单击鼠标右键，在弹出的菜单中选择“设置单元格格式”选项，弹出“设置单元格格式”对话框，选择“字体”选项卡，可以设置常规格式，还可以设置特殊效果，提前预览选定格式的效果，当用户设置好后，点击“确定”按钮即可。如图1－31所示。

（2）设置数字格式。

方法一：通过“开始→数字”功能区上的按钮来设置数字格式，可以设置会计数字格式、百分比样式、千位分隔符和小数位数等。

方法二：在“设置单元格格式”对话框中选择“数字”选项卡，如图1－32所示，在

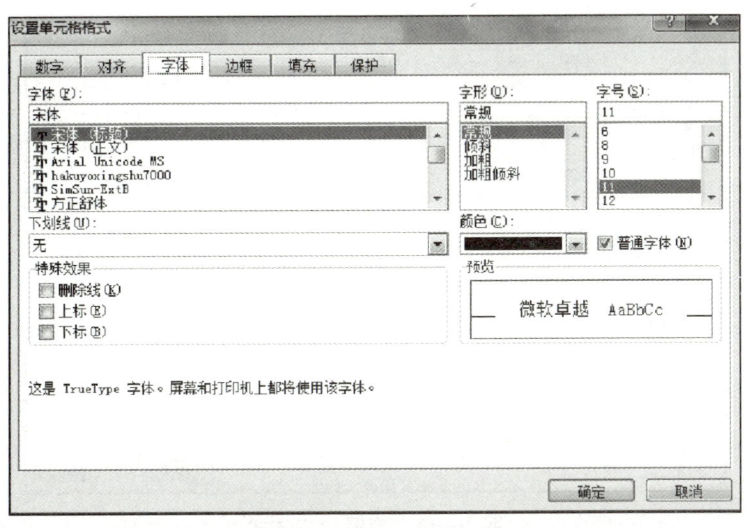

图 1-31 设置“字体”选项卡

左侧选择不同的分类，在右侧设置不同的选项，可以设置数字的小数位数、负数表示方法、货币符号、日期和时间的表示形式等。

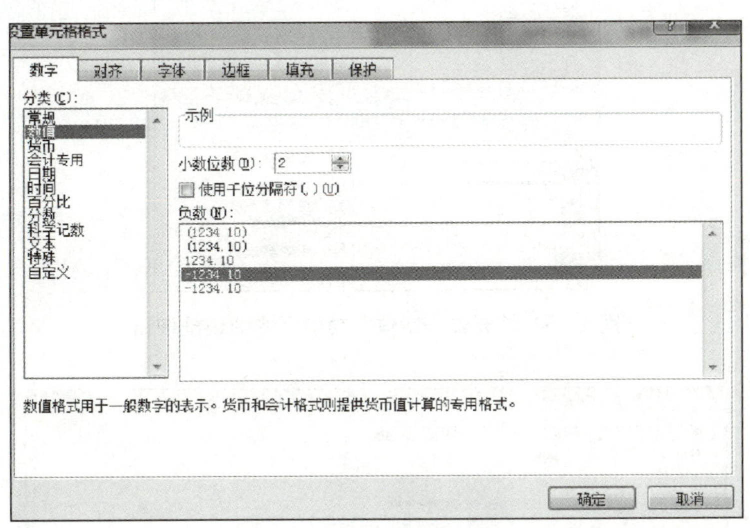

图 1-32 设置数字格式

(3) 设置对齐方式。在 Excel 中可以通过“开始→对齐方式”功能区中的按钮来设置对齐方式，也可以通过选择“对齐”选项卡来设置对齐效果和文本方向，如图 1-33 所示。

(4) 设置边框。可以在“开始→字体”功能区中通过边框按钮及其下拉菜单设置边框，如图 1-34 所示。也可以在“设置单元格格式”对话框中选择“边框”选项卡来设置边框，如图 1-35 所示，在此对话框中还可以设置边框的样式和颜色。

(5) 设置图案。通过“开始→字体”功能区中的填充按钮设置所选单元格的填充色，或通过“设置单元格格式”对话框中的“填充”选项卡来设置填充色和填充图案。

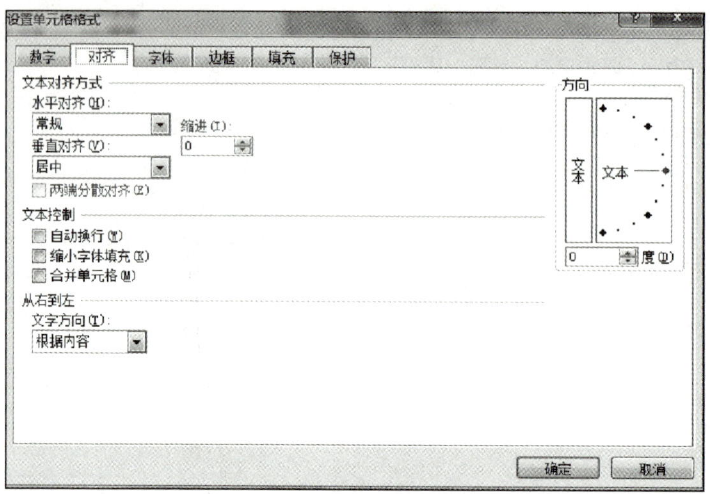

图 1-33　设置对齐方式

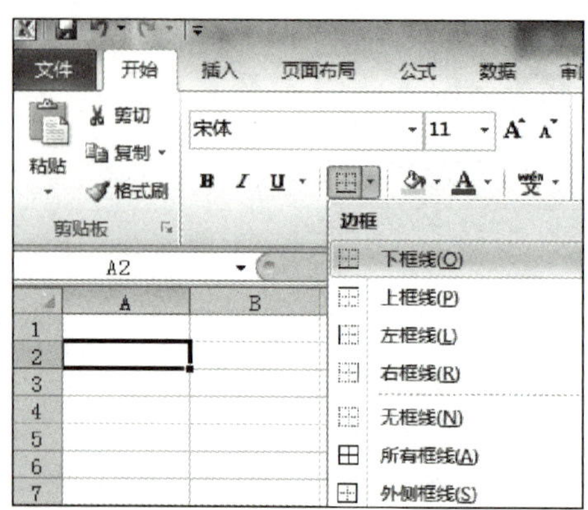

图 1-34　“开始→字体”功能区中的边框按钮

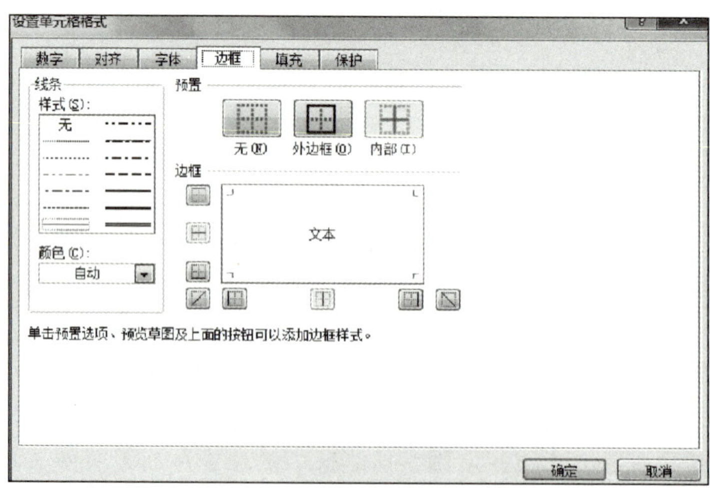

图 1-35　设置“边框”选项卡

（6）设置条件格式。在 Excel 中，可以根据条件使用数据条、色阶和图标集，以突出显示相关单元格，强调异常值，以及实现数据的可视化效果。选择“开始→样式”功能区中的“条件格式”命令，弹出“条件格式”下拉菜单，可以根据需要选择合适的规则及显示效果。

课堂小训练

将成绩表中的各科成绩大于或等于 90 分的单元格字体设为加粗倾斜，而低于 60 分的单元格设置为玫红色底纹。

（1）选定需要设置条件格式的单元格，如图 1－36 所示。

	A	B	C	D	E	F	G	H	I	J
1	学号	姓名	经济法	金融理论与实务	会计信息系统	中国税制	审计实务	计算机安装与维护	形势与政策教育IV	体育与健康IV
2	30607010301	王雪	85	88	85	82	89	78	74	81
3	30607010302	孙平	79	79	40	68	74	50	73	87
4	30607010303	王美丽	90	88	66	80	88	74	75	80
5	30607010304	张贵华	87	91	58	83	87	74	76	76
6	30607010305	程冬梅	88	82	72	89	88	57	78	93
7	30607010306	李祥玲	84	89	75	80	85	70	77	76

图 1－36　选定需设置的单元格

（2）在“开始→样式”功能区，单击“条件格式”命令，弹出“条件格式”下拉菜单，选择某一菜单，输入条件，如图 1－37 所示。

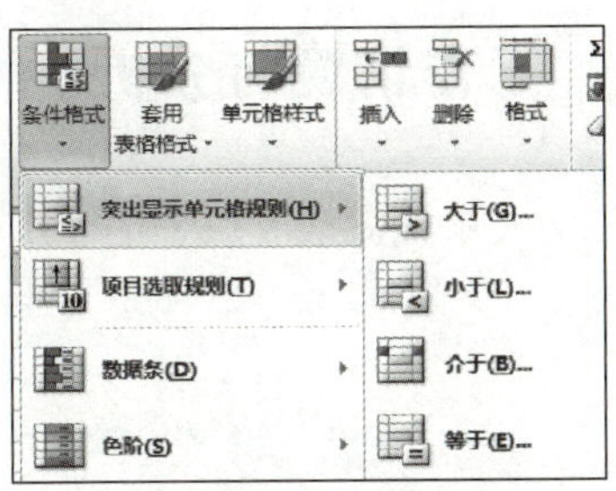

图 1－37　设置“条件格式”

（3）分两次设置不同的条件格式，效果如图 1－38 所示。

	A	B	C	D	E	F	G	H	I	J
1	学号	姓名	经济法	金融理论与实务	会计信息系统	中国税制	审计实务	计算机安装与维护	形势与政策教育IV	体育与健康IV
2	30607010301	王雪	85	88	85	82	89	78	74	81
3	30607010302	孙平	79	79	40	68	74	50	73	87
4	30607010303	王美丽	***90***	88	66	80	88	74	75	80
5	30607010304	张贵华	87	***91***	58	83	87	74	76	76
6	30607010305	程冬梅	88	82	72	89	88	57	78	***93***
7	30607010306	李祥玲	84	89	75	80	85	70	77	76

图 1－38　设置“条件格式”后的效果图

三、自动套用格式

Excel 中提供了已经设好的多种表格样式，用户只需选中需要套用的格式，就可以实现表格样式的多种变化，操作方法如下：

在“开始→样式”功能区，单击“套用表格格式”命令，弹出如图 1－39 所示的对话框，用户根据需要进行选择，选择后双击选定的格式就可直接套用预定的格式。

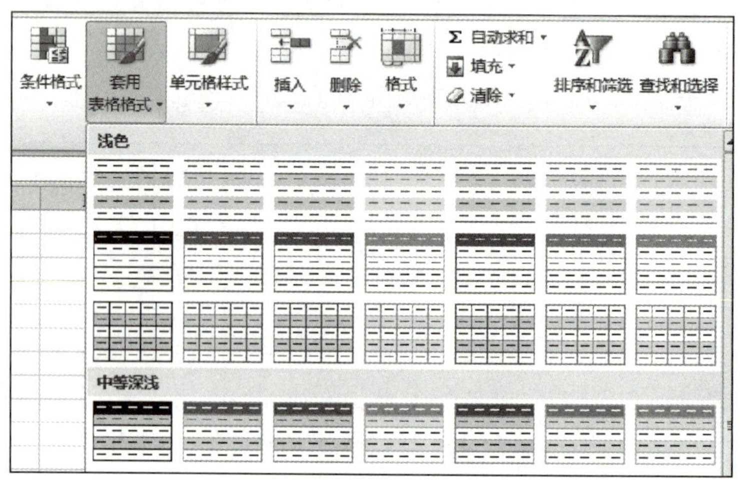

图 1－39 “套用表格格式”对话框

工作情境与分析

经理要求李跃尽快完成“公司人事档案表”“公司员工工资表”“销售业绩表”的内容编辑和样式设计等工作。

任务实施步骤

步骤 1：打开“公司情况表”工作簿，选择“公司人事档案表”工作表。

步骤 2：首先在第一行的 A1 到 G1 单元格内分别输入“序号”“姓名”“部门”“职务”“学历”“出生日期”“婚否”作为表头信息。再使用快速输入方法输入如图 1－40 所示的文字完成档案表。

步骤 3：选择“公司员工工资表”，选定 A1:L1 单元格，单击格式工具栏上的“合并后居中”按钮合并单元格。输入“员工工资表”。在第 2 行输入字段名信息，再使用快速输入方法输入“序号”“姓名”“部门”“基本工资”“薪级工资”“岗位津贴”等几列信息。

步骤 4：选中 A1:L17 区间，在“开始→单元格”功能区，单击“格式”命令，在下拉菜单中选择“设置单元格格式”，在弹出的“设置单元格格式”对话框中，选择“边框”选项卡，添加外边框线和内边框线。选中“A1:L1”单元格区域，在“设置单元格格式”对

	A	B	C	D	E	F	G
1	序号	姓名	部门	职务	学历	出生日期	婚否
2	1	谭吉林	行政部	总经理	研究生	1973-9-24	已婚
3	2	黄明生	行政部	经理	本科	1976-1-20	已婚
4	3	管志峰	行政部	助理	本科	1980-10-9	已婚
5	4	周克思	行政部	文员	专科	1989-6-8	未婚
6	5	金玲	行政部	文员	专科	1992-12-10	未婚
7	6	周少华	市场部	经理	本科	1978-4-16	已婚
8	7	陈军辉	市场部	业务员	高中	1973-9-30	已婚
9	8	姚浩然	市场部	业务员	高中	1983-9-8	已婚
10	9	宁长明	市场部	业务员	高中	1982-2-9	已婚
11	10	徐胜	市场部	业务员	高中	1988-1-1	未婚
12	11	周红	市场部	业务员	高中	1990-10-4	未婚
13	12	陈莉	市场部	业务员	高中	1992-10-23	未婚
14	13	罗西明	财务部	经理	本科	1981-9-20	已婚
15	14	荣丽丽	财务部	财务员	专科	1987-11-21	未婚
16	15	黄菲	财务部	财务员	专科	1991-3-7	未婚

图 1-40　输入数据

话框中，选择“填充”选项卡，选择淡蓝色作为标题的背景色，最终效果如图 1-41 所示。

	A	B	C	D	E	F	G	H	I	J	K	L
1	员工工资表											
2	序号	姓名	部门	基本工资	薪级工资	岗位津贴	应发工资	公积金	五险	税前应发工资	个人所得税	税后实发工资
3	1	谭吉林	行政部	3000	800	2800						
4	2	黄明生	行政部	2000	600	2400						
5	3	管志峰	行政部	1500	500	1500						
6	4	周克思	行政部	1000	500	1200						
7	5	金玲	行政部	1000	450	1000						
8	6	周少华	市场部	1500	600	3200						
9	7	陈军辉	市场部	800	300	2000						
10	8	姚浩然	市场部	800	300	2000						
11	9	宁长明	市场部	800	300	2000						
12	10	徐胜	市场部	800	300	2000						
13	11	周红	市场部	800	300	2000						
14	12	陈莉	市场部	800	300	2000						
15	13	罗西明	财务部	1500	600	2700						
16	14	荣丽丽	财务部	1200	500	1200						
17	15	黄菲	财务部	1200	400	1000						

图 1-41　员工工资表最终效果

步骤 5：选择“销售业绩表”，在第 1 行输入标题“市场部员工销售业绩表”，在第 2 行 A2 到 F2 单元格内分别输入“序号”“姓名”“部门”“职务”“南昌”“九江”字段，再使用快速输入方法输入各字段下的信息，并选中 E3:F9 区间，设置格式为“货币符号￥，带千位分隔符”。在 G2、C10 单元格中分别输入“平均销售额”　“平均值”。效果如图 1-42 所示。

F10　fx

	A	B	C	D	E	F	G
1	市场部员工销售业绩表						
2	序号	姓名	部门	职务	南昌	九江	平均销售额
3	1	周少华	市场部	经理	￥3,500	￥3,200	
4	2	陈军辉	市场部	业务员	￥4,000	￥3,500	
5	3	姚浩然	市场部	业务员	￥5,300	￥5,000	
6	4	宁长明	市场部	业务员	￥2,300	￥2,000	
7	5	徐胜	市场部	业务员	￥4,050	￥4,000	
8	6	周红	市场部	业务员	￥3,000	￥2,500	
9	7	陈莉	市场部	业务员	￥2,900	￥2,500	
10			平均值				

图 1-42　销售业绩表

任务四 公式与函数

基础知识

一、公式

Excel 2010 通过公式和函数实现对数据的计算与分析，公式和函数都必须以等号“=”开始。一般公式由操作数和运算符组成，如“20+3”，“A1 * D3”，“SUM(12,23)+34”，其中操作数可以是数值、单元格或函数，运算符是公式中要执行的运算。

1. 单元格引用

引用单元格是指单元格在工作表中的位置，如 A1、B2、C3。通过引用，可以在公式或函数中使用工作表中不同地址的数据。在 Excel 中既可以引用同一工作表中的单元格，也可以引用不同工作表中的单元格，还可以引用不同工作簿不同工作表中的单元格。引用分为 3 种，即相对引用、绝对引用和混合引用。

（1）相对引用：是指被引用单元格所在位置会随着公式所在位置的改变而改变。当复制公式时，引用会自动调整。例如：A1、C3 就属于相对引用。

（2）绝对引用：是指被引用单元格所在位置不会随着公式所在位置的改变而改变。当复制公式时，引用不作调整。例如：$A$1、$C$3 就属于绝对引用。

（3）混合引用：是指引用的单元格地址中行或列的一项是绝对引用，另一项是相对引用。当复制公式时，绝对引用部分不改变，相对引用部分改变。例如：$A1、C$3。

小提示：当引用同一工作簿不同工作表中的单元格时，用“工作表名!单元格名称”表示。例如在 Sheet1 中想引用 Sheet2 中的单元格 A1，可以写为“Sheet2!A1”。

当引用不同工作簿的工作表中的单元格时，用“[工作簿名] 工作表名!单元格名称”表示。例如想引用“成绩”文件下 Sheet2 中的单元格 A1，可以写为“[成绩] Sheet2!A1”。

2. 运算符

Excel 中提供了 4 种类型的运算符，分别为算术运算符、比较运算符、文本运算符和引用运算符。

（1）算术运算符：执行基本的数学运算，结果类型为数值。见表 1-1。

表 1－1　　算术运算符

运算符名称	含义	实例
＋（加号）	加法	12＋23
－（减号）	减法	23－12
*（星号）	乘法	12 * 23
/（斜线）	除法	30/10
%（百分号）	百分比	10%
^（插入符号）	乘幂	3^2

（2）比较运算符：比较两个值的大小，结果为一个逻辑值（真或假）。见表 1－2。

表 1－2　　比较运算符

运算符名称	含义	实例
＝（等号）	相等	A1＝B1
＞（大于号）	大于	A1＞B1
＜（小于号）	小于	A1＜B1
＞＝（大于等于号）	大于或等于	A1＞＝B1
＜＝（小于等于号）	小于或等于	A1＜＝B1
＜＞（不等号）	不相等	A1＜＞B1

（3）文本运算符（&）：用来将两个或更多的文本类型数据连接起来，形成一个新的文本。例如："北京 & 你好"，连接后结果为"北京你好"。

（4）引用运算符：将单元格引用成单元格区域，便于合并计算。见表 1－3。

表 1－3　　引用运算符

运算符名称	含义	实例
：（冒号）	连接一块区域的单元格，用在连续区间	SUM(A1:B3)：表示引用 A1、A2、A3、B1、B2、B3 六个单元格进行求和运算
，（逗号）	多个不连续单元格的引用	SUM(A1,A3)：表示引用 A1、A3 两个单元格进行求和运算

二、函数

Excel 中的函数共有 11 种，分别是数据库函数、日期与时间函数、工程函数、财务函数、信息函数、逻辑函数、查找与引用函数、数学与三角函数、统计函数、文本函数以及用户自定义函数。

1. 常用函数

（1）SUM 函数。

格式：SUM(参数 1,参数 2,……)

功能：求和

说明：参数可以为 1 个或多于 1 个，最多 255 个，可以是数值、单元格、公式、函数、单元格区域。

示例：SUM(10,20,30)

SUM(A1,A3:A5)

SUM(10,A1,Sum(20,30))

小提示：函数名代表调用哪个内置公式，执行什么计算。参数为参加计算的对象，可以是数值、单元格、公式或函数等，参数之间用逗号隔开。函数也可以不带参数。函数的括号不能省略。

(2) AVERAGE 函数。

格式：AVERAGE(参数 1,参数 2,……)

功能：求平均值

说明：参数可以为 1 个或多于 1 个，最多 255 个，可以是数值、单元格、公式、函数、单元格区域。

示例：AVERAGE(10,20,30)

AVERAGE(A1,A3:A5)

(3) MAX 函数。

格式：MAX(参数 1,参数 2,……)

功能：求最大值

说明：参数可以为 1 个或多于 1 个，最多 255 个，可以是数值、单元格、公式、函数、单元格区域。

示例：MAX(10,20,30)

MAX(A1,A3:A5)

(4) MIN 函数。

格式：MIN(参数 1,参数 2,……)

功能：求最小值

说明：参数可以为 1 个或多于 1 个，最多 255 个，可以是数值、单元格、公式、函数、单元格区域。

示例：MIN(10,20,30)

MIN(A1,A3:A5)

(5) COUNT 函数。

格式：COUNT(参数 1,参数 2,……)

功能：统计数值型单元格的个数

说明：参数可以为 1 个或多于 1 个，最多 255 个，可以是数值、单元格、公式、函数、单元格区域。

示例：COUNT(10,20,30)

COUNT(A1,A3:A5)

(6) COUNTIF 函数。

格式：COUNTIF(range,criteria)

功能：统计某个区域中满足给定条件的单元格数目

说明：参数为 2 个，range 表示要统计的单元格区域，criteria 表示给定的条件。

示例：COUNTIF(A3:A5,>=400)

(7) IF 函数。

格式：IF(逻辑表达式,value_if_true,value_if_false)

功能：判断一个条件是否满足，如果满足则返回一个值，不满足则返回另一个值

说明：参数为 3 个，逻辑表达式为任何一个可以判断出真假的公式，value_if_true 是当逻辑表达式为真时的返回值，value_if_false 是当逻辑表达式为假时的返回值。If 函数可以嵌套 64 层。

示例：IF(L2>=400,"表现不错!","继续努力")

(8) RANK 函数。

格式：RANK(number,ref,order)

功能：求某一数字在一列数字中相对于其他数字的大小排位

说明：参数为 3 个，number 为指定的数字；ref 为要排位的范围，可以是一组数或一列数字；order 为排位的方式，如果为 0 或忽略，则为降序排列，如果为非零值，则为升序排列。

示例：RANK(L2,L2:L40,0)

2. 简单财务函数

财务函数是 Excel 中应用非常广泛的一类函数。使用财务函数能够帮助用户计算分期偿还额、利率、贷款、本金、利息等。下面介绍 4 个常用的财务函数。

(1) 用 FV 函数计算投资的未来值。

格式：FV(rate,nper,pmt,pv,type)

rate：利率

nper：贷款或投资期

pmt：各期所应支付或获得的金额

pv：现值或一系列未来付款的累积和，也称为本金

type：表示付款时间在期初还是期末，1 表示期初，0 表示期末

课堂小训练

李跃计划从现在起每月初存入 2 000 元到账户，如果年利率为 4%，那么两年后该账户的存款有多少钱?

调用函数：FV(4%/12,24,-2 000,0,1)

结果：两年后该账户的存款有 50 052.06 元。

（2）用 RATE 函数计算某项投资的实际盈利。

格式：RATE(nper,pmt,pv,fv,type)

前三个参数的含义同 FV 函数。

fv：未来值或最后一次付款后可以获得的现金余额

type：付款在期初为 1，付款在期末则忽略，值为 0

课堂小训练

小王要投资一个项目，贷款 30 000 元，每年还款 9 000 元，共付 5 年作为回报，问李跃这笔投资的回报率是多少？

调用函数：RATE(5,9000,−30000,0,0)

结果：投资年回报率为 15%。

（3）用 PV 函数计算投资的现值。

格式：PV(rate,nper,pmt,fv,type)

rate：每一期的利率

nper：指定一笔年金的付款总期数

pmt：每一期付款金额

fv：在付清贷款后所希望的未来值或现金结存

课堂小训练

假设年利率为 8%，需要在 7 年后获得的本利共 50 000 元，那么李跃现在应该向银行存入多少钱？

调用函数：PV(8%,7,0,−50000,0)

结果：应该向银行存入 29 174.52 元。

（4）用 PMT 函数计算贷款分期偿还问题。PMT 函数基于固定利率及等额分期付款方式，返回投资或贷款的每期付款金额。

格式：PMT(rate,nper,pv,fv,type)

参数 rate、nper、type 的含义同 PV 函数。

pv：现值或一系列未来付款当前值的累积和（本金）

fv：未来值或最后一次付款后希望得到的现金余额

课堂小训练

假设年利率为 8%，小刘想 15 个月付清 60 000 元的贷款，他找到李跃帮他计算每月要支付多少钱。

调用函数：PMT(8%/12,15,−60000,0,0)

结果：每月应支付 4 216.64 元。

3. 函数输入

方法一：直接插入法。选中要放置结果的单元格，在编辑栏中输入函数的名称及参数，按回车键即可。例如：选中 A10 单元格，在编辑栏中输入“=SUM(A1:A9)”，表示把 A1 到 A9 的单元格内的数据求和，并把结果放在 A10 单元格内。

方法二：粘贴函数法。先选中要放置结果的单元格，再单击编辑栏旁的 fx 按钮或选择“公式→函数库”功能区中的“插入函数”按钮，打开如图 1-43 所示的“插入函数”对话框，选择所需函数，然后单击“确定”按钮。弹出如图 1-44 所示的“函数参数”对话框，输入正确的函数参数或选择要运算的单元格地址，最后单击“确定”按钮。

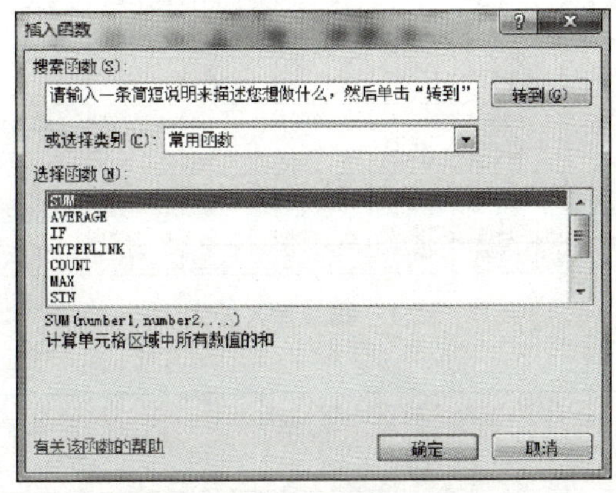

图 1-43 “插入函数”对话框

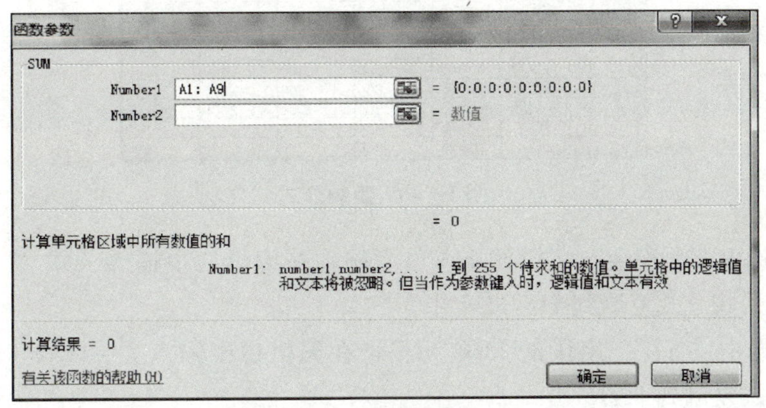

图 1-44 “函数参数”对话框

工作情境与分析

完成了员工工资表的基本数据输入后，主管领导让李跃对“员工工资表”数据进行计算，根据工资表中的基本工资、薪级工资、岗位津贴，计算出应发工资、公积金、五险、税前应发工资、个人所得税和税后实发工资等，并求出全公司员工个人所得税的平均值。

任务实施步骤

步骤1：打开“公司情况表”文件，选择“公司员工工资表”。

步骤2：选中“应发工资”字段的G3单元格，在编辑栏中输入公式“=D3+E3+F3”，按回车键，G3单元格中出现计算结果，如图1-45所示。按住G3单元格中的填充柄，往下拖动至G17，“应发工资”数字通过公式复制就得到了，如图1-46所示。

G3　=D3+E3+F3

	A	B	C	D	E	F	G
1							员工工资
2	序号	姓名	部门	基本工资	薪级工资	岗位津贴	应发工资
3	1	谭吉林	行政部	3000	800	2800	6600
4	2	黄明生	行政部	2000	600	2400	
5	3	管志峰	行政部	1500	500	1500	
6	4	周克思	行政部	1000	500	1200	
7	5	金玲	行政部	1000	450	1000	
8	6	周少华	市场部	1500	600	3200	
9	7	陈军辉	市场部	800	300	2000	
10	8	姚浩然	市场部	800	300	2000	
11	9	宁长明	市场部	800	300	2000	
12	10	徐胜	市场部	800	300	2000	
13	11	周红	市场部	800	300	2000	

图1-45　输入公式

G19

	A	B	C	D	E	F	G
1							员工工资
2	序号	姓名	部门	基本工资	薪级工资	岗位津贴	应发工资
3	1	谭吉林	行政部	3000	800	2800	6600
4	2	黄明生	行政部	2000	600	2400	5000
5	3	管志峰	行政部	1500	500	1500	3500
6	4	周克思	行政部	1000	500	1200	2700
7	5	金玲	行政部	1000	450	1000	2450
8	6	周少华	市场部	1500	600	3200	5300
9	7	陈军辉	市场部	800	300	2000	3100
10	8	姚浩然	市场部	800	300	2000	3100
11	9	宁长明	市场部	800	300	2000	3100
12	10	徐胜	市场部	800	300	2000	3100
13	11	周红	市场部	800	300	2000	3100

图1-46　复制公式

步骤3：选中“公积金”字段的H3单元格，在编辑栏中输入公式“=G3*0.12”，按回车键，然后将公式复制到H4:H17中。

步骤4：选中“五险”字段的I3单元格，在编辑栏中输入“=G3*0.08”，按回车键，然后将公式复制到I4:I17中。

步骤5：选中“税前应发工资”字段的J3单元格，在编辑栏中输入“=G3－H3－I3”，按回车键，然后将公式复制到J4:J17中。

步骤6：选中K3单元格。如果收入超过3 500元，超过部分就应该缴纳3%的个人所得税①；如果低于，就免税。在编辑栏中输入“=IF(J3>3500,(J3－3500)*0.03,0)”，按回车键，然后将公式复制到K4:K17中。

① 2018年10月1日起实施最新起征点和税率。出于系统性考虑，本书中未作相应调整，读者可自行更改相应公式。

步骤 7：选中 L3 单元格，在编辑栏中输入“＝J3－K3”，按回车键，然后将公式复制到 L4:L17 中。

步骤 8：选中 K18 单元格，在编辑栏中输入“＝AVERAGE(K3:K17)”，按回车键，则全体员工个人所得税的平均值就算好了。最终效果如图 1－47 所示。

	A	B	C	D	E	F	G	H	I	J	K	L
1	员工工资表											
2	序号	姓名	部门	基本工资	薪级工资	岗位津贴	应发工资	公积金	五险	税前应发工资	个人所得税	税后实发工资
3	1	谭吉林	行政部	3000	800	2800	6600	792	528	5280	53.4	5226.6
4	2	黄明生	行政部	2000	600	2400	5000	600	400	4000	15	3985
5	3	管志峰	行政部	1500	500	1500	3500	420	280	2800	0	2800
6	4	周克思	行政部	1000	500	1200	2700	324	216	2160	0	2160
7	5	金玲	行政部	1000	450	1000	2450	294	196	1960	0	1960
8	6	周少华	市场部	1500	600	3200	5300	636	424	4240	22.2	4217.8
9	7	陈军辉	市场部	800	300	2000	3100	372	248	2480	0	2480
10	8	姚浩然	市场部	800	300	2000	3100	372	248	2480	0	2480
11	9	宁长明	市场部	800	300	2000	3100	372	248	2480	0	2480
12	10	徐胜	市场部	800	300	2000	3100	372	248	2480	0	2480
13	11	周红	市场部	800	300	2000	3100	372	248	2480	0	2480
14	12	陈莉	市场部	800	300	2000	3100	372	248	2480	0	2480
15	13	罗西明	财务部	1500	600	2700	4800	576	384	3840	10.2	3829.8
16	14	荣丽丽	财务部	1200	500	1200	2900	348	232	2320	0	2320
17	15	黄菲	财务部	1200	400	1000	2600	312	208	2080	0	2080
18											6.72	

图 1－47　员工工资表最终效果

任务五　数据处理

基础知识

一、数据排序

数据排序就是让数据根据不同的字段值排列，例如同一张工作表按照学号排序和按照出生日期排序，得到的排列结果不同。在 Excel 中，进行排序的方法主要有两种：一是在“开始→编辑”功能区中单击“排序和筛选”按钮，可以选择升序（A↓Z）或降序（Z↓A）以及自定义排序这三种排序方式，如图 1－48 所示；二是在“数据→排序和筛选”功能区，通过单击选择升序（A↓Z）或降序（Z↓A）命令来进行排序，如图 1－49 所示。

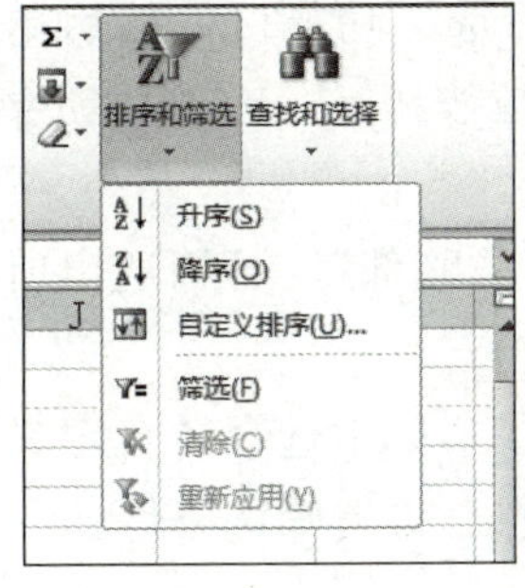

图 1－48　“开始→编辑”功能区“排序和筛选”下拉菜单

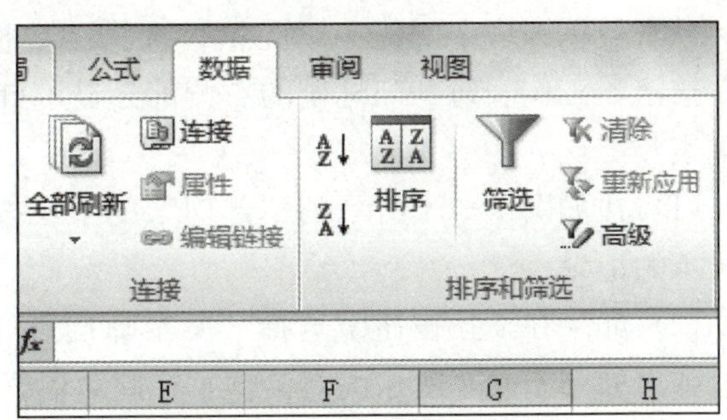

图 1－49　“数据→排序和筛选”功能区排序命令

当排序的字段有重复值时，需要加一个字段区分，这就是多列排序。多列排序一般可以通过在“开始→编辑”功能区中单击“排序和筛选”按钮，然后在下拉菜单中选择“自定义排序”的方式实现；或者在“数据→排序和筛选”功能区中单击“排序”按钮，即可弹出“排序”对话框。

课堂小训练

对成绩表进行排序操作，根据“课程降序+学号升序”排序。

选中成绩表数据区域中的任一单元格，单击“数据→排序和筛选”功能区中的“排序”按钮，弹出“排序”对话框，在“主要关键字”下拉列表中选择课程名，“次序”选择“降序”，在“次要关键字”下拉列表中选择学号，“次序”选择“升序”，如图 1-50 所示，单击“确定”按钮，即可完成排序。

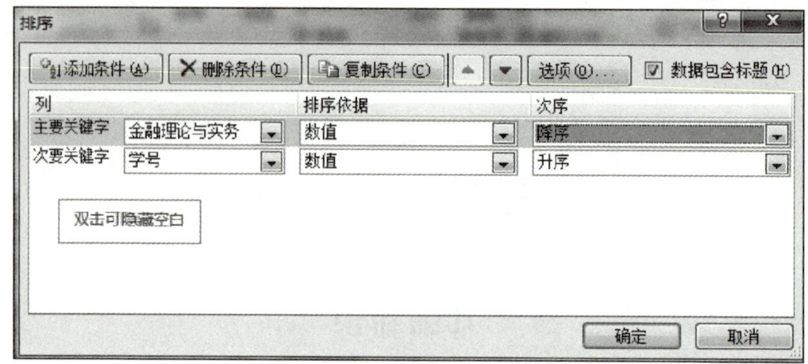

图 1-50 “排序”对话框

二、数据筛选

数据筛选是一种在大量信息中查找指定条件数据的便捷方法。它把符合条件的记录列出显示，把不符合条件的记录暂时隐藏起来。Excel 提供了两种方式的筛选：自动筛选和高级筛选。

1. 自动筛选

单击数据区域中的任一单元格，选择“数据→排序和筛选”功能区，然后单击“筛选”按钮，工作表每一列标题的右侧都会显示自动筛选的下拉按钮，单击按钮会出现下拉列表。

（1）在如图 1-51 所示的“部门”的下拉按钮下勾选“采购部”，可筛选出所有采购部员工的记录。

（2）如果在下拉按钮下选择“文本筛选”，然后在其下层菜单中选择“自定义筛选”，则会弹出如图 1-52 所示的对话框，在此对话框中用户可以自己设置筛选条件。

2. 高级筛选

高级筛选同自动筛选一样用来筛选区域，但不显示列的下拉列表，而是在数据区域外

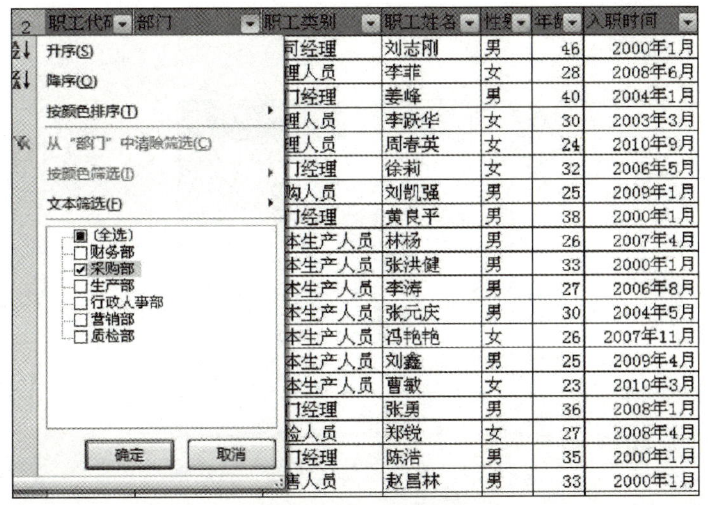

图 1-51 设置自动筛选

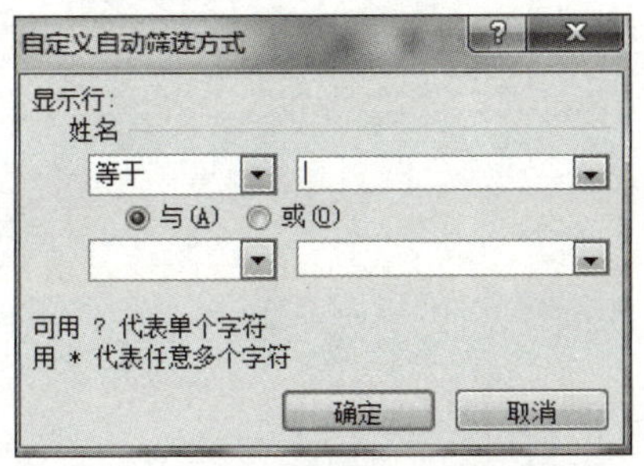

图 1-52 设置自定义筛选

创建一个条件区域，专门用来输入筛选条件。

创建条件区域必须满足以下两点：

(1) 条件区域必须至少和数据区域隔开一个空行或空列。

(2) 条件区域一般由两行组成，第一行输入作为筛选条件的字段名（必须是数据区域的表头含有的字段名），第二行输入筛选条件。

课堂小训练

用高级筛选方式筛选出员工信息表中生产部年龄在 30 岁以上的男员工。

(1) 创建如图 1-53 所示的条件区域，单击需要参与筛选的数据区域中的任一单元格。

26	部门	性别	年龄
27	生产部	男	>30

图 1-53 创建条件区域

(2) 在“数据→排序和筛选”功能区中单击“筛选”按钮边的“高级”命令，弹出

“高级筛选”对话框，如图 1－54 所示，设置各个区域的位置和筛选出的记录“复制到”的位置，把筛选出的记录显示在第 20 行以后。

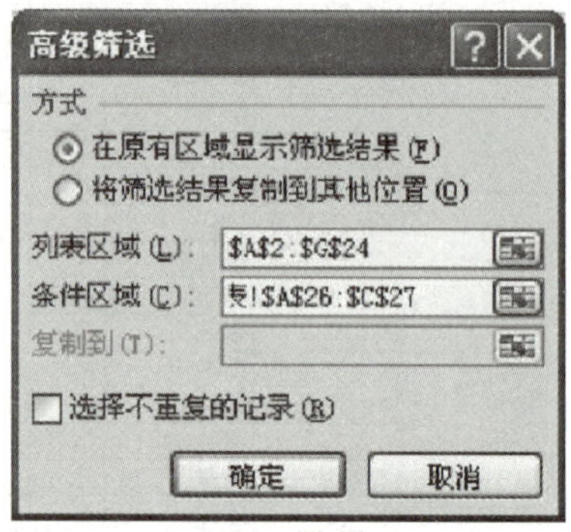

图 1－54　设置“高级筛选”对话框

三、分类汇总

Excel 提供的分类汇总功能用来对同一类数据进行汇总。在做任何分类汇总前都要先排序。

课堂小训练

汇总员工信息表中男员工和女员工的人数。

（1）根据性别字段进行排序。

（2）单击数据区域中的任一单元格，在“数据→分级显示”功能区中单击“分类汇总”命令，弹出“分类汇总”对话框。

（3）在“分类汇总”对话框中设置“分类字段”“汇总方式”“选定汇总项”等选项，如图 1－55 所示，单击“确定”按钮即可实现汇总不同性别员工的人数的结果，效果如图 1－56 所示。在“分类汇总”对话框中单击“全部删除”按钮可以删除分类汇总效果。

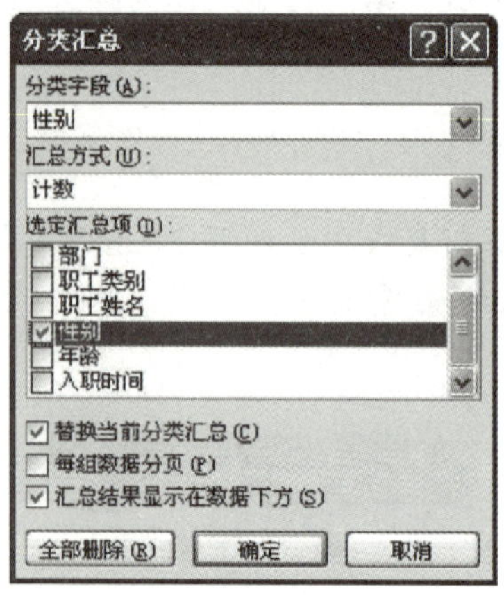

图 1－55　设置“分类汇总”对话框

	A	B	C	D	E	F	G
1	职工基本信息表						
2	职工代码	部门	职工类别	职工姓名	性别	年龄	入职时间
3	LM101	行政人事部	公司经理	刘志刚	男	46	2000年1月
4	LM201	财务部	部门经理	姜峰	男	40	2004年1月
5	LM302	采购部	采购人员	刘凯强	男	25	2009年1月
6	LM401	生产部	部门经理	黄良平	男	38	2000年1月
7	LM402	生产部	基本生产人员	林杨	男	26	2007年4月
8	LM403	生产部	基本生产人员	张洪健	男	33	2000年1月
9	LM404	生产部	基本生产人员	李涛	男	27	2006年8月
10	LM405	生产部	基本生产人员	张元庆	男	30	2004年5月
11	LM407	生产部	基本生产人员	刘鑫	男	25	2009年4月
12	LM501	质检部	部门经理	张勇	男	36	2008年1月
13	LM601	营销部	部门经理	陈浩	男	35	2000年1月
14	LM602	营销部	销售人员	赵昌林	男	33	2000年1月
15	LM604	营销部	销售人员	孙炜	男	27	2006年2月
16	LM605	营销部	销售人员	吴文建	男	23	2011年11月
17				男 计数	14		
18	LM102	行政人事部	管理人员	李菲	女	28	2008年6月
19	LM202	财务部	管理人员	李跃华	女	30	2003年3月
20	LM203	财务部	管理人员	周春英	女	24	2010年9月
21	LM301	采购部	部门经理	徐莉	女	32	2006年5月
22	LM406	生产部	基本生产人员	冯艳艳	女	26	2007年11月
23	LM408	生产部	基本生产人员	曹敏	女	23	2010年3月
24	LM502	质检部	质检人员	郑锐	女	27	2008年4月
25	LM603	营销部	销售人员	沈娟	女	25	2009年8月
26				女 计数	8		

图 1-56　分类汇总后的效果图

四、数据透视表

数据透视表是 Excel 提供的一种动态交互式数据分析工具，用户可以多维组织和汇总数据。在用户创建透视表前，必须将所有筛选和分类汇总的结果取消。

课堂小训练

对工资核算表建立一个统计不同部门、不同职工类别男女员工实发工资的数据透视表。

(1) 在数据区域中任意选中一个单元格，在“插入→表格”功能区中单击“数据透视表”的下拉按钮，选择“数据透视表”或“数据透视图”命令，弹出“创建数据透视表”对话框。选定需要分析的数据区域，如图 1-57 所示，单击“确定”按钮。

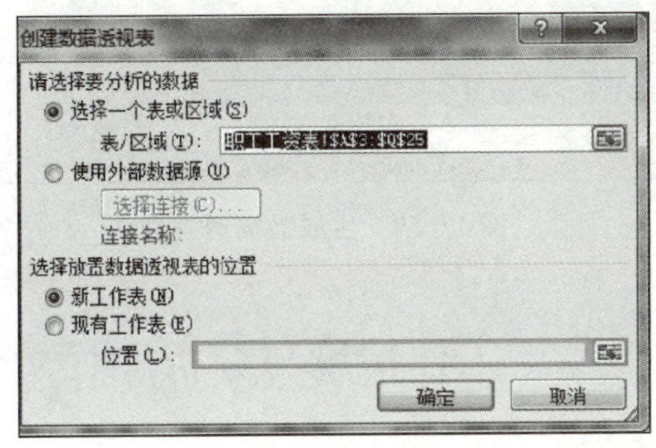

图 1-57　“创建数据透视表”对话框

（2）在数据透视表形成过程中，把“部门”拖至“报表筛选”，把“性别”拖至“列标签”，把“职工类别”拖至“行标签”，把“实发工资”拖至“数值”，如图 1-58 所示。

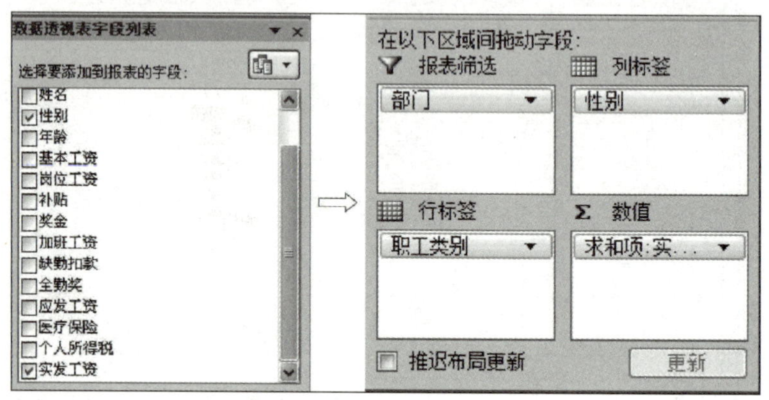

图 1-58 设置数据透视表

以下是数据透视表中各参数的含义：

页：用于筛选参与数据分析的记录。

行：作为透视表中横向统计的依据字段。

列：作为透视表中纵向统计的依据字段。

数值：需要进行计数、求和、求平均等运算的字段。

（3）设置完成后会自动产生数据透视表，创建完成后的数据透视表如图 1-59 所示，单击页字段名列表“部门”旁的下拉按钮，选择“生产部”选项，单击“确定”按钮，则能得到生产部员工各类人员不同性别的实发工资数据表。

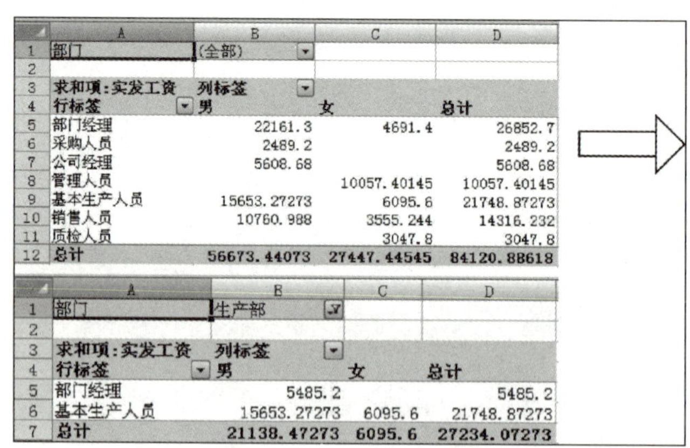

	A	B	C	D
1	部门	(全部)		
2				
3	求和项:实发工资	列标签		
4	行标签	男	女	总计
5	部门经理	22161.3	4691.4	26852.7
6	采购人员	2489.2		2489.2
7	公司经理	5608.68		5608.68
8	管理人员		10057.40145	10057.40145
9	基本生产人员	15653.27273	6095.6	21748.87273
10	销售人员	10760.988	3555.244	14316.232
11	质检人员		3047.8	3047.8
12	总计	56673.44073	27447.44545	84120.88618

	A	B	C	D
1	部门	生产部		
2				
3	求和项:实发工资	列标签		
4	行标签	男	女	总计
5	部门经理	5485.2		5485.2
6	基本生产人员	15653.27273	6095.6	21748.87273
7	总计	21138.47273	6095.6	27234.07273

图 1-59 生成数据透视表

工作情境与分析

主管领导让李跃对“公司员工工资表”进行数据处理，要求：（1）根据基本工资从高到低排序；（2）筛选出“营销部”员工的信息；（3）根据部门类别汇总出各部门基本工资的平均值；（4）生成一个按照部门来区分的数据透视表，显示税前和税后工资情况。

任务实施步骤

步骤 1：打开“公司情况表”工作簿文件，选择“公司员工工资表”，单击数据区域内任一单元格，选择“数据→排序和筛选”功能区，单击“排序”命令，在弹出的“排序”对话框中，设置“主要关键字”为基本工资，选中“降序”，如图 1－60 所示，单击“确定”按钮。

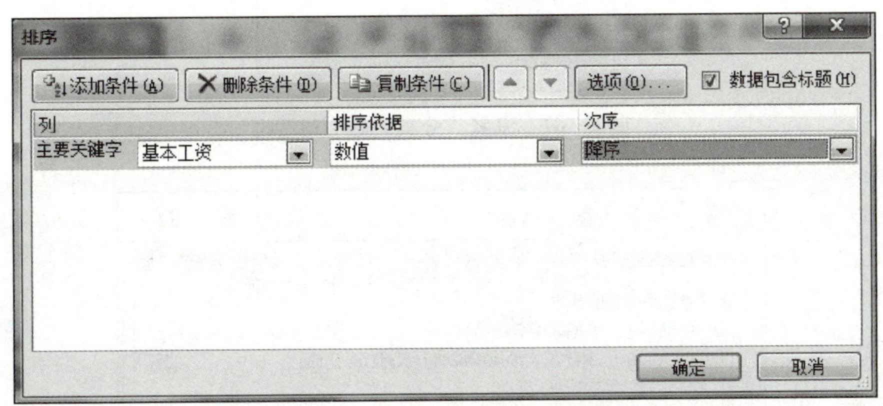

图 1－60 设置“排序”对话框

步骤 2：在“公司员工工资表”中，单击数据区域内任一单元格，选择“数据→排序和筛选”功能区，单击“筛选”命令，单击“部门”右侧的按钮，选择下拉列表中的“营销部”，窗口中显示满足条件的信息，复制这些信息，同时插入一个新表，取名为“营销部”，把复制的信息粘贴进来。

步骤 3：选择“公司员工工资表”，单击数据区域中的任一单元格，选择“数据→排序和筛选”功能区，单击“筛选”命令，取消自动筛选。

步骤 4：在“公司员工工资表”中，先根据“部门”字段进行排序。再选择“数据→分级显示”功能区，单击“分类汇总”命令，设置“分类汇总”对话框中的选项，如图 1－61 所示，单击“确定”按钮。

步骤 5：插入一张新表，改名为“部门汇总”，把根据部门分类汇总后的数据复制到新表中。

步骤 6：返回“公司员工工资表”，选择“数据→分级显示”功能区，单击“分类汇总”命令，在弹出的对话框中，单击“全部删除”按钮，删除汇总。

步骤 7：在“公司员工工资表”中，单击数据区域内任一单元格，选择“插入→表格”功能区，单击“数据透视表”命令，如图 1－62 所示，在弹出的对话框中，直接点击“确认”按钮。

步骤 8：在新生成的数据透视表中，将“部门”拖至“行标签”区，将“税前应发工

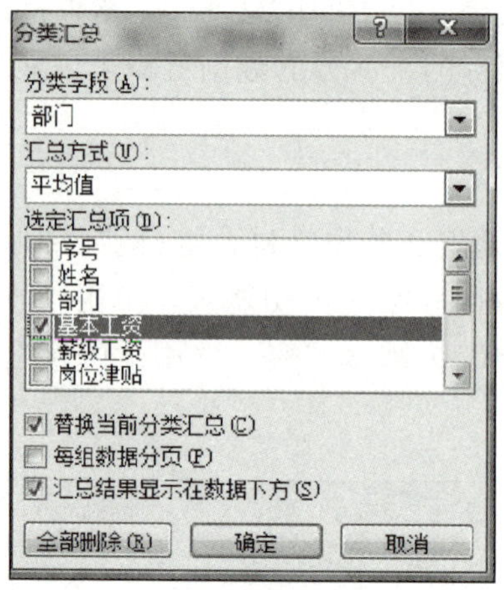

图1-61 设置“分类汇总”对话框

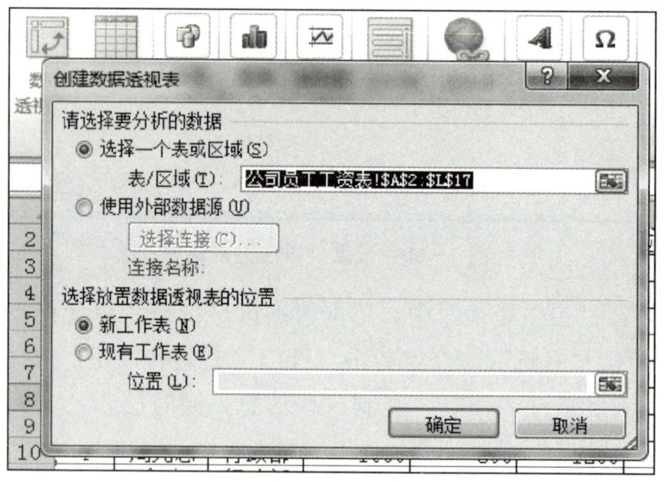

图1-62 “创建数据透视表”对话框

资”和“税后实发工资”拖至“数值”区，选择最大值。生成的数据透视表如图1-63所示。

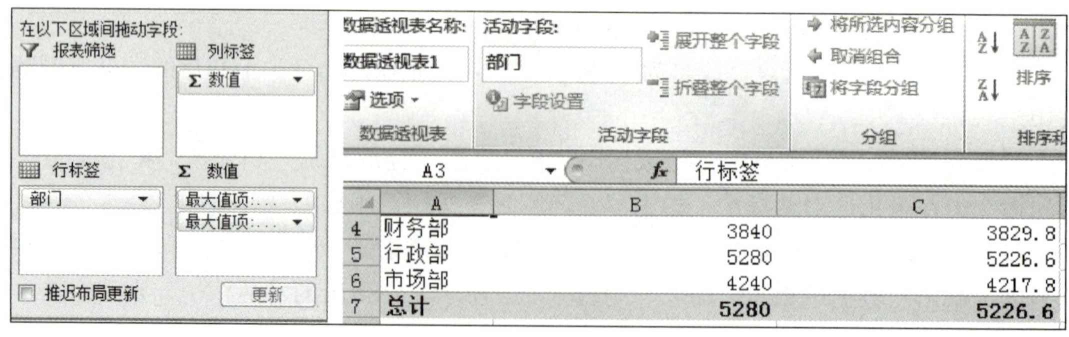

图1-63 生成数据透视表

任务六 图表制作

基础知识

一、图表的类型

图表是一种非常直观的表现数据的形式。利用图表不仅可以使读者更好地理解数字所代表的含义，也可以提高数据分析的效率。

Excel 提供了丰富的图表类型，包括柱形图、条形图、折线图、面积图、饼图等 11 种图表类型，每一种图表类型中又有几个子类型。不同类型的图表适用的范围不同，其数据表示形式也不同。主要的图表类型及特点有：

（1）柱形图：用于描述数据随时间变化的趋势或各项数据之间的差异。

（2）条形图：与柱形图相似，它强调数据的变化。

（3）折线图：显示在相等时间间隔内数据的变化趋势，它强调时间的变化率。

（4）面积图：强调各部分与整体间的相对大小关系。

（5）饼图：显示数据系列中每项占该系列值总和的比例关系，一般只显示一个数据系列。

（6）雷达图：用于综合比较几组数据系列，每个分类都有自己的数据坐标轴，这些坐标轴从中心向外辐射，同一系列的数据用折线相连。

（7）股价图：用来显示股票价格的变化，股价图不仅可以显示图表信息，而且可以显示数据，使分析者一目了然。

（8）曲面图：用来寻找两组数据间的最佳组合。

利用数据生成图表时，要依照具体情况选用不同的图表，正确选用图表，可以使数据变得更加简单、清晰。

除了上面的常用图表类型外，Excel 还提供了 20 多种内部自定义图表类型，这些图表主要从颜色和图形变化方面进行修饰。在创建图表时，要选择适合的图表类型，这样才能准确地表达数据。

二、编辑图表

1. 图表的组成

通常的图表一般都包括图表区、绘图区、图表标题、数据系列、数据标记、数据标志、坐标轴、刻度线、网格线、图例、图例项标示、背景墙及基底、数据表等基本组成要素，如图 1－64 所示。

（1）图表区：整个图表及其包含的元素。

(2) 绘图区：在二维图表中，以坐标轴为界并包含全部数据系列的区域。在三维图表中，绘图区以坐标轴为界并包含数据系列、分类名称、刻度线和坐标轴标题。

(3) 图表标题：关于图表内容的说明文本，与坐标轴对齐或在图表顶端居中。

(4) 数据系列：图表上的一组相关数据点，取自工作表的一行或一列，图表中的每个数据系列以不同的颜色和图案作区别。

(5) 数据标记：图表中的条形面积、圆点、扇形或其他类似符号，来自工作表单元格的单一数据点或数个数据点。图表中所有相关的数据标记构成了数据系列。

(6) 数据标志：根据不同的图表类型，数据标志可以表示数值、数据系列名称、百分比等。

(7) 坐标轴：计量和比较的参考线，一般包括 X 轴、Y 轴。

(8) 刻度线：坐标轴上的短度量线。

(9) 网格线：图表中从坐标轴刻度线延伸开来并贯穿整个绘图区的可选线条系列。

(10) 图例：图例项和图例项标示的方框，用于标示图表中的数据系列。

(11) 图例项标示：图例中用于标示图表上相应数据系列的图案和颜色的方框。

(12) 背景墙及基底：三维图表中包含在三维图形周围的区域，用于显示维度和边角尺寸。

(13) 数据表：在图表下面的网格中显示每个数据系列的值。

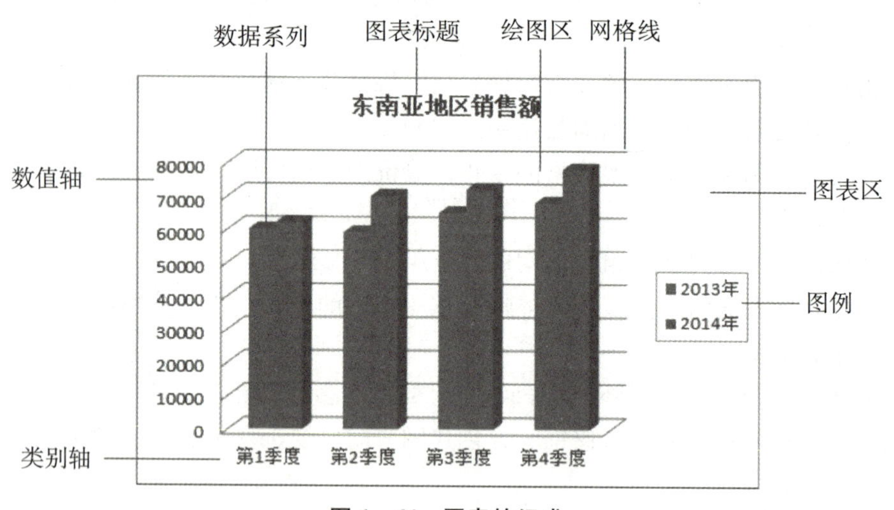

图 1-64　图表的组成

2. 图表的编辑

图表的编辑主要是对图表中的各项设置进行调整，用户可根据具体的图表类型、数据类型和题目要求进行相关的选择和调整。

(1) 调整图表大小。用鼠标左键单击选中图表，图表的四周会显示方形控制点，把鼠标移到左上角或右上角的控制点处，当指针变为“斜箭头”形状时，按住鼠标左键拖动，鼠标指针变为“+”形，显示的虚线框即为调整后的大小。绘图区的大小调整同理。

(2) 修改、删除图表数据。

1) 图表创建的基础是数据，完成图表后，也可以重新选择数据源。选中图表后，选择“设计→数据”功能区，单击“选择数据”命令，弹出“选择数据源”对话框，单击“图表数据区域”右侧的拾取按钮，拖动鼠标，选择新的图表数据源，松开鼠标即可返回“选择数据源”对话框，单击“确定”按钮，修改数据区域就完成了。

2) 选中图表后，用鼠标选中要删除的数据系列，在选中的图表上单击鼠标右键，在弹出的快捷菜单中选择“删除”命令，即可从图表中将不需要的数据系列删除。

(3) 更改图表类型。选中图表，在图表区单击鼠标右键，在弹出的快捷菜单中选择“更改图表类型”命令，如图 1-65 所示。弹出“更改图表类型”对话框，用户可按照创建图表的步骤重新选择图表类型。

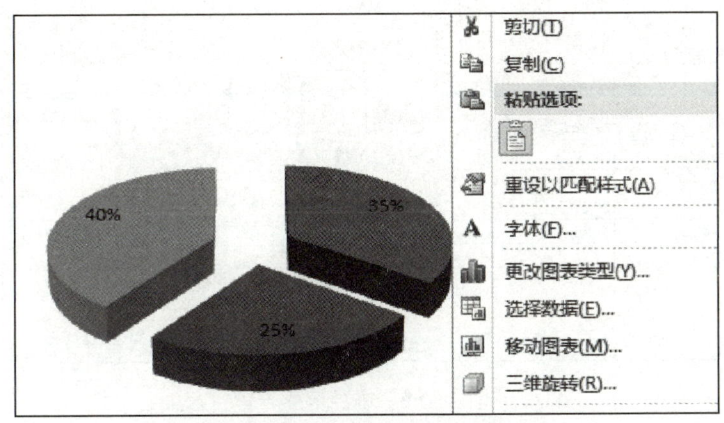

图 1-65 右键更改图表类型

(4) 修改文字格式。选中需要修改的表格标题文字、X 轴标题、Y 轴标题、图例等文字信息后，单击鼠标右键，在弹出的快捷菜单中，选择“字体”命令。在弹出的“字体”对话框中，就可以修改文字的显示格式。

工作情境与分析

公司决定近期召开销售计划大会，老总让李跃根据“各地区不同产品销售情况表”(见表 1-4) 创建一个反映不同地区产品销量的柱形图。

表 1-4 各地区不同产品销售情况表

产品型号	华东	华南	华北	西部
AT3-005	3 540	5 144	3 416	5 543
DB800-1	3 400	3 047	7 644	7 135
JB009-1	4 300	5 481	5 008	4 399

任务实施步骤

步骤 1：选中要创建图表的数据区域，选择“插入→图表”功能区，单击“柱形图”命令，下拉菜单中有多种柱形图可供选择，这里选择“三维簇状柱形图”，如图 1－66 所示。

步骤 2：在单击“三维簇状柱形图”后，系统会自动生成各地区产品销售情况的图表，如图 1－67 所示。

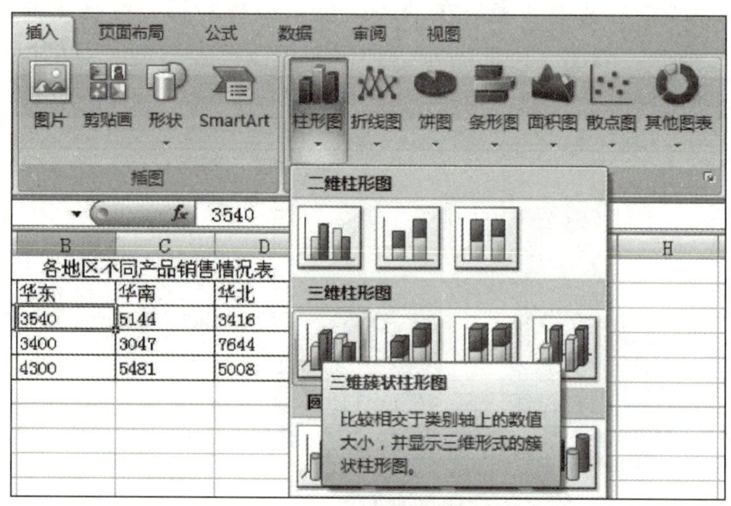

图 1－66　选择图表类型

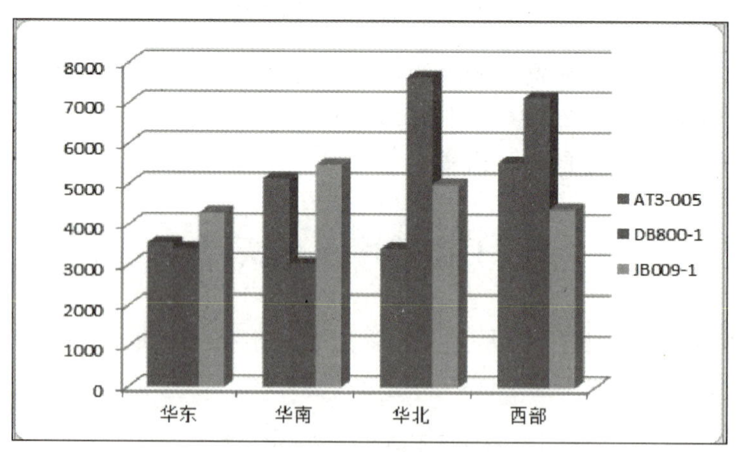

图 1－67　各地区产品销售情况图（编辑前）

步骤 3：单击生成的图表任一区域后，菜单栏会自动增加“设计”“布局”“格式”三个选项卡，可以对图表进行编辑，如图 1－68 所示。选择“设计→图表布局”功能区，单击“布局 3”命令，选择“格式→形状样式”功能区，单击“强调颜色 1”命令，把图表标题改为“各地区产品销售情况图”。效果如图 1－69 所示。

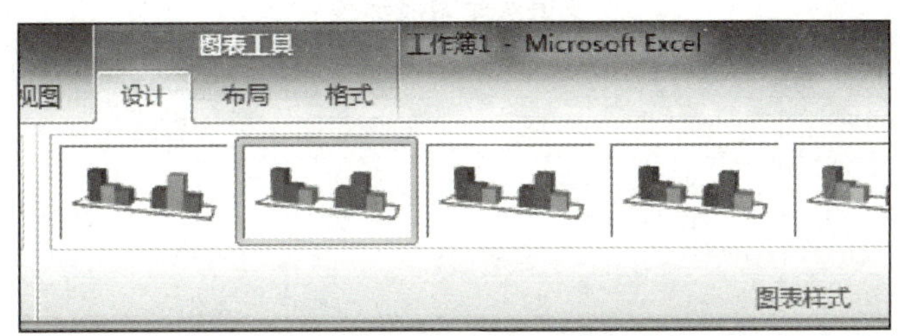

图 1-68 新增的图表编辑选项卡

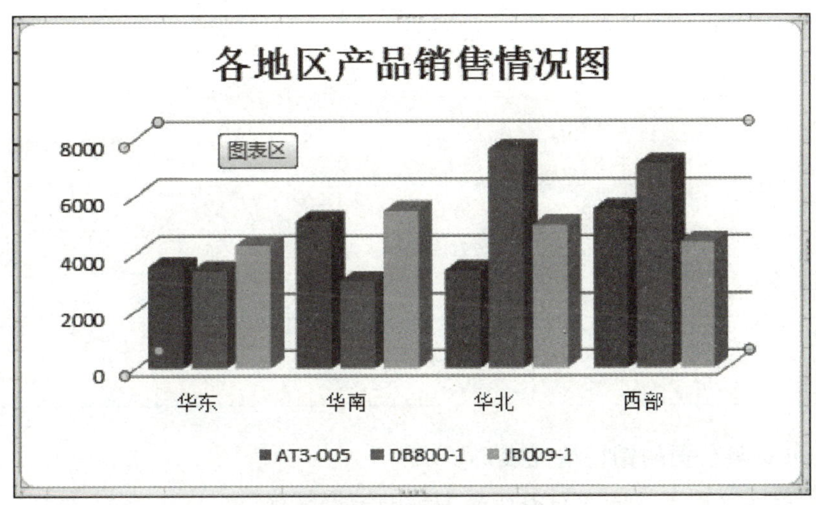

图 1-69 "各地区产品销售情况图"效果图

项目小结

本项目主要介绍了 Excel 2010 的基本功能和基本操作，首先介绍了 Excel 2010 的窗口界面，然后介绍了 Excel 工作簿与工作表的基本操作，重点介绍了 Excel 的主要功能，包括：利用 Excel 制作表格、设置单元格；利用 Excel 制作图表；利用 Excel 进行简单的数据处理，如排序、筛选、分类汇总等；利用 Excel 进行简单的公式设置，以及如何使用常用的 Excel 函数。

技能训练

1. 表 1-5 是某班级的学习成绩表，要求：

(1) 计算每名学生的平均分、总分（保留两位有效数字）。

(2) 利用 COUNTIF 函数统计每名学生的不及格课程门数。

(3) 将不及格学生的成绩用红色字体标示出来。

(4) 将平均成绩在 80 分以上的学生筛选出来。

表 1-5 某班级学习成绩表

学号	姓名	金融理论	中国税制	审计实务	计算机	管理学原理	平均分	不及格	总分
01	雷红雪	88	82	89	78	88			
02	王　平	79	68	74	62	51			
03	孙中庭	88	80	88	74	63			
04	杨美华	53	83	87	74	87			
05	李和兵	82	89	58	72	91			
06	曾玲玲	89	80	85	70	55			
07	陈敏泉	88	78	88	76	63			
08	车晓晓	57	83	46	78	73			
09	杨燕娇	79	78	76	61	79			
10	陈华美	89	80	82	70	84			
11	姜　茜	86	56	79	72	82			
12	柳华杰	87	76	77	78	88			
13	魏东婷	76	75	89	72	72			
14	熊喜梅	87	76	80	71	84			
15	刘菊环	88	83	80	70	93			

2. 表 1-6 是某公司的销售情况表，要求：

（1）利用数据透视表，完成对各产品型号的销售额统计。

（2）利用数据透视表，完成对各地区、各销售员的销售额统计。

（3）利用分类汇总，统计各地区的销售额。

（4）筛选出华北地区的销售情况。

（5）绘制各销售员的销售业绩图。

表 1-6 某公司销售情况表

产品型号	地区	城市	销售员	订货数量	单价（元）	销售额（元）
PT7-016	华北	张家口	黄雅玲	90	3 900	351 000
TS3-700	东北	大连	黄雅玲	69	4 950	341 550
AT3-005	华南	海口	方成建	23	2 360	54 280
JB009-1	华北	北京	方成建	29	1 890	54 810
TS3-700	华东	南京	林菱	116	4 950	574 200
PT7-016	华南	深圳	苏洁	55	3 900	214 500
DB800-1	华东	温州	苏洁	48	5 165	247 920
DB800-1	华北	天津	刘民	59	5 165	304 735
AT3-005	华北	秦皇岛	刘民	218	2 360	514 480
PT7-016	华南	深圳	何宇	39	3 900	152 100

续前表

产品型号	地区	城市	销售员	订货数量	单价（元）	销售额（元）
JB009-1	华东	青岛	王利伟	265	1 890	500 850
TS3-700	东北	大连	苏洁	50	4 950	247 500
AT3-005	华东	南京	方成建	60	2 360	141 600
PT7-016	西南	成都	王利伟	45	3 900	175 500
AT3-005	华南	深圳	方成建	120	2 360	283 200
DB800-1	西北	兰州	林菱	19	5 165	98 135
PT7-016	西北	西安	方成建	28	3 900	109 200
DB800-1	华东	温州	何宇	100	5 165	516 500
TS3-700	华北	北京	黄雅玲	15	4 950	74 250
JB009-1	西南	重庆	林菱	60	1 890	113 400
AT3-005	华南	厦门	林菱	86	2 360	202 960
AT3-005	东北	哈尔滨	黄雅玲	150	2 360	354 000

项目二 Excel 在账务处理系统中的应用

知识目标

- 了解利用 Excel 实现账务处理电算化的操作流程
- 熟练掌握 Excel 函数和 Excel 函数的格式

能力目标

- 掌握如何利用 Excel 进行建账操作
- 掌握如何利用 Excel 进行填制凭证、审核凭证、记账等操作
- 掌握如何利用 Excel 进行编制总账、明细账等操作

任务一 系统初始化

基础知识

一、账务处理系统概述

账务处理系统（简称总账系统）是电算化会计信息系统的一个基本子系统，是会计核算工作的重要组成部分，它处理的对象是会计凭证，处理的结果是会计账本和会计报表。它贯穿整个会计核算系统，起着核心的作用。

会计信息系统是一套互相联系、互相贯通、紧密结合的核算方法体系，它包括设置账户、复式记账、填制与审核凭证、管理账簿、财产清查、成本计算、编制各种报表等专门方法。它涉及日常各种资金往来的总账、明细账的账务处理，涉及项目、部门、单位、个人的资金往来，涉及工资、材料、固定资产、产成品等方面的具体核算。

账务处理系统是会计信息系统中最主要也是最重要的一个模块。在手工计账的方式下，会计核算工作是以业务的种类和工作量的大小进行分工的，并不明确强调账务处理这个概念。由于会计电算化加强了各种会计核算之间的联系，为了充分发挥计算机的先进功能，便于进行数据处理，如今会计核算工作把账户设置、填制审核凭证、管理账簿等功能

集中于一个核算模块，统称为账务处理系统。该系统包含填制会计凭证到编制会计报表的整个会计业务处理过程，承担着会计核算工作中大部分的工作，因此是电算化会计核算系统中的重要一环。又由于会计信息资料的数据来源于账务处理之后的分类数据，因此账务处理系统也是整个会计信息系统的基础。

账务处理系统与其他子系统紧密关联，是会计核算系统、管理系统的控制中心，也是其他各个功能模块的传输中心、信息存储和汇总中心。承担各种具体核算功能的模块产生的信息资料必须经过账务处理系统才能实现信息的交换、汇总和存储。账务处理系统的优劣是评价一套会计应用软件好坏的基础，它与各种应用模块之间的控制方式与接口的好坏直接影响会计信息系统的性能，因此，账务处理系统在会计信息系统中处于核心地位。

二、账务处理系统的主要内容

账务处理系统要涉及整个会计核算系统的记账、算账、报账过程，涉及会计业务处理中国家统一规定的凭证、账簿和报表格式，因此不管是何种会计软件，都必须符合国家现行会计制度的要求。尽管各个单位账务处理工作的程序基本一致，但不同行业、不同单位账务处理的内容是各有差异的。一个完整、通用的账务处理系统的功能包括：

（1）系统初始化：建立核算单位、启用账簿；进行财务分工，设置操作权限；设置辅助核算，强化明细数据管理；设置会计科目；设置凭证类别；设置外币；设置自动转账、结账科目；输入期初余额等。

（2）日常处理：填制凭证、查询凭证、审核凭证、出纳签字、汇总凭证、记账等。

（3）账簿管理：总账、明细账、日记账、多栏账的查询与输出。

（4）辅助核算：往来账核算、项目核算、部门核算、单位核算等。

（5）期末业务处理：生成转账凭证、结账等。

（6）出纳管理：用于加强对现金和银行存款的核算和管理，包括现金日记账、银行存款日记账、资金日报表的查询与打印输出，进行支票登记和管理，进行银行对账并编制银行存款余额调节表。

（7）会计数据维护：数据的备份和恢复、历史数据删除、远程数据传输等。

三、账务处理系统的特征

账务处理系统具有规范性强、综合性强及严密性强的特征。

1. 规范性强

账务处理系统的基本原理是复式记账法，这是世界通用的会计记账方法，它包括“有借必有贷，借贷必相等”“资产＝负债＋所有者权益”“总账余额发生额必须等于下属明细账余额发生额之和”等一系列基本处理方法。因此在信息化软件实现上易于商品化和通用化，目前国内外市场已经有了大量的商品化账务处理系统软件。

2. 综合性强

账务处理系统以货币作为主要计量单位，综合、全面、系统地反映企业供产销的所有方面，在整个会计软件系统中起核心作用。账务处理系统除直接采集部分原始数据进行加工处理外，还要把其他子系统处理后的综合性数据转入并进一步处理，以得到全面反映经济活动的总括性信息。因此，账务处理系统所产生的信息具有很强的综合性和概括性，能准确地反映企业全部的财务状况和经营成果。

3. 严密性强

账务处理系统处理的内容除包括各个子系统转来的综合数据外，还包括现金、银行存款收支等易发生贪污舞弊的业务的数据处理，因此在设计中必须安排严密的内部控制制度和安全保密措施。报表要提供给政府部门，保证账务处理系统的正确性和结果的真实性。

四、账务处理系统的操作流程

在计算机环境下，账务处理系统的操作流程包括：

1. 输入记账凭证或生成机制凭证

记账凭证一般指根据实际业务人工编制并输入计算机的凭证。机制凭证指由系统自动生成的凭证，包括两类：一类是由期末业务处理系统自动生成的期末结转业务凭证，一类是由其他子系统生成传入的业务凭证。

2. 凭证审核

无论是手工编制的凭证还是机制凭证，都必须由审核员审核确认后再记账。涉及现金、银行存款的凭证还必须由出纳签字确认。

3. 记账

在人工控制下由计算机自动完成记账，此时记账的含义与手工方式已相差较大。记账的功能是指更新记账凭证文件、科目余额及发生额文件、辅助核算文件、银行文件等，并删除临时凭证库文件的本次记账凭证。为了保证会计数据的正确，记账后的凭证文件不允许更改。在计算机环境下，无须区分总账、日记账、明细账，当需要时由系统自动生成。

4. 结账

在人工控制下由计算机自动完成期末结账，进行总账与明细账、总账与辅助核算账的核对，结束本月业务处理。一经结账不能再进行本月业务处理。

5. 银行对账和辅助账处理

银行对账功能包括录入初始未达账、录入银行对账单、对账、查询打印未达账、查询打印银行存款余额调节表等子功能。辅助核算包括个人往来、部门核算、项目核算账簿的总账、明细账查询输出，以及部门收支分析和项目统计表的查询输出。

五、系统初始化的具体内容

1. 概述

账务处理一般由账务主管或财务主管指定专人负责操作。账务处理系统的初始化工作包括：了解系统环境，确定系统构建方案；对单位会计业务进行规范化处理；进行会计资料的整理；进行系统人员的培训；安装系统；编制相关制度。完成这些工作后即系统初始化完成，之后便可以进行日常业务处理。

2. 建账前的准备工作

（1）会计科目资料的整理和凭证类别的确定。

1）会计科目。整理手工账使用的会计科目，企业可以直接采用现有的科目，也可以根据电算化的特点对科目进行调整。一般来说，为了充分体现计算机管理的优势，应在企业原有的会计科目基础上，对以往的一些科目结构进行调整，以便充分发挥计算机的辅助核算功能。如果企业原来有许多往来单位、个人、部门、项目是通过设置明细科目来进行核算管理的，那么，在使用总账系统后，最好改用辅助核算方法进行管理，即将这些明细科目的上级科目设为辅助核算科目，并将这些明细科目设为相应的辅助核算项目。

2）各辅助核算目录。只对科目设置辅助核算是不够的，还应把从科目中省略的明细科目设置为辅助核算的目录。若有部门核算，应设置相应的部门目录；若有个人核算，应设置相应的个人目录；若有项目核算，应设置相应的项目目录；若有客户往来核算，应设置相应的客户目录；若有供应商往来核算，应设置相应的供应商目录。

3）自定义项。在使用科目进行制单时，还希望能将一些辅助信息灵活、自由地录入，如税号，付款方式及工程项目的料、工、费等，这些是单据自定义项。

4）外币及汇率。如果所在企业有外币业务，那么，还应进行外币及汇率的设置。在填制凭证时，若使用的是当日汇率，则应将其输入浮动汇率中；若使用的是月初汇率，则应将其输入固定汇率中。

5）结算方式。此即企业常用的收付款结算方式，如支票、商业汇票、银行本票等。

6）凭证类别。凭证可分为三类，收款凭证、付款凭证和转账凭证。

（2）会计数据资料的准备。

1）往来账户数据的准备。电算化会计信息系统与手工会计相比，加强了往来核算和管理，因此必须对往来账户的有关资料如单位名称、个人姓名、地址、电话、邮政编码等资料进行认真的整理，做到名称使用规范、有关资料齐全，以方便将来使用。

2）银行账数据的准备。要使用银行对账功能，就应先对银行日记账与银行对账单进行核对，计算出最新的余额调节表，并将尚未核对的银行日记账与银行对账单整理出来，以便在银行对账开始前录入系统。

3）科目余额的准备。在会计核算中，各会计期间的会计数据是相互衔接的，这种衔接是通过余额结转来进行的。因此账务处理系统使用之前必须将各个会计科目的期初余额输入计算机，如果账务系统启用日期不是年初，还需要将系统使用之前的各科目的各月借贷方发生额输入计算机，以便在今后编制年终会计报表时使用。在录入时，只需要录入末级科目的发生额和余额，其上级科目的发生额和余额可由计算机自动进行计算并生成。为了获取系统所需的这些数据，在系统投入使用之前必须梳理手工会计账簿，结转所有账户，列出所有明细科目的发生额、余额清单，以备账务系统初始化设置时使用。例如：某企业计划于 2017 年 5 月开始利用 Excel 进行账务处理，那么应该将企业 2017 年 4 月末各科目的期末余额及 1—4 月的累计发生额计算出来，以作为启用系统的期初数据录入总账系统中。若有辅助核算，还应整理各辅助项目的期初余额，例如：某科目有部门核算，应计算出各部门的期初数据。如果有个人往来款的核算，还应将 5 月前的个人往来款项中未两清的个人往来明细账整理出来，以便在期初余额功能中录入。

4）凭证摘要的规范化。记账凭证都要求填写简明扼要并能准确反映经济业务实质内容的摘要。企业必须对单位使用的摘要进行认真的规范化，主要是对摘要表述的规范化。

（3）人员组织与分工。岗位分工与人员权限设置是根据业务分工内部控制原则对不相容岗位、不相容职权进行分隔的要求，对系统操作使用人员的工作职责和权限所作的规定。一般来说，每个核算单位需要设置一名系统主管，系统主管在账务处理系统中的作用相当于财务负责人，对系统具有最高的操作权限。再由系统主管确定操作使用人员人数，并为每一名操作人员分配工作权限，从而保证无关人员无法进入系统，并防止工作人员越权操作。

操作人员工作权限划分的基本原则是：

1）不相容的职权必须分隔。例如记账凭证的制单和审核不能是同一个人。

2）不相容的岗位必须分隔。例如出纳不应兼任输入记账凭证的会计。

3）不同的处理层次一般应该分隔。例如凭证的输入和记账、结账等工作一般应分隔。

4）需要重点保证数据安全的工作应与其他工作分隔。例如支票管理功能应由专人负责。

5）其他制度特别规定需要分隔的应该分隔。例如系统的开发、维护人员不应进行日常业务处理工作。

3. 建账

建账即利用 Excel 建立一个工作簿，并建立若干张工作表，用以分别存放会计科目及其期初余额、记账凭证，以及根据记账凭证自动生成的总账和明细账。

在本工作任务中需要明确工作簿与工作表的关系，用到的操作技能是新建工作簿与工作表、对工作表进行重命名。

4. 设置账户

设置账户即建立一个“会计科目及余额表”。会计科目是会计记账的核心，它主要有三个方面的功能：一是会计分录的对象，二是记账的标准，三是制表的纲目。在日常的会计核算中，会计科目一般分为一级科目、二级科目及明细科目，其中一级科目是财政部统一规定的。

2006 年 10 月 30 日财政部制定了《企业会计准则——应用指南》，在附录中依据企业会计准则中有关确认和计量的规定，制定了涵盖各类企业的主要交易或事项的会计科目和主要账务处理，要求各企业在不违反企业会计准则中有关确认、计量和报告规定的前提下，可以根据本单位的实际情况自行增设、分拆、合并会计科目。企业不存在的交易或事项，可不设置相关会计科目。对于明细科目，企业可以比照该附录中的规定自行设置。基于这个原因，本工作任务使用的会计科目设置也按照企业会计准则中的科目体系设置，可在其下设置子科目，并继承其上级科目的编码。为了提高工作效率，通常以“科目编码”取代“科目名称”作为输入会计科目的依据。

在本工作任务中用到的操作技能包括：设置单元格格式和边框、增加行和列、删除行和列、冻结窗格等。

5. 输入期初余额

输入期初余额即在“会计科目及余额表”中输入各账户期初数据，并实现试算平衡。在输入期初数据时，需注意总账科目余额与下级科目余额之间的关系：总账科目余额＝下级科目余额之和。在进行试算平衡时，要设置平衡公式：借方总账科目余额之和＝贷方总账科目余额之和。

在本工作任务中用到的操作技能包括：设置单元格格式和边框、单元格合并及居中、增加行和列、删除行和列、冻结窗格、利用 SUM 函数和 SUMIF 函数求和、按 F9 功能键重算工作表。

工作情境与分析

江西利民责任有限公司（以下简称利民公司）是增值税一般纳税人，增值税税率为17%①，所得税税率为 25%。材料核算采用实际成本法核算，发出时采用先进先出法。原材料月初库存量为 500 吨。为了提高工作效率，李跃华通过一段时间的学习，已经初步掌握 Excel 的基础操作，他决定开始尝试用 Excel 进行相关账务处理操作。

根据账务处理系统的操作流程，首先必须进行系统初始化的相关操作。主要流程是：建账→设置账户→输入期初余额。

利民公司的账户期初数据见表 2－1。

表 2－1　　利民公司 2017 年 5 月账户期初余额

科目编码	科目名称	期初借方余额	期初贷方余额
1001	库存现金	8 000	
1002	银行存款	3 500 000	
100201	工行	2 500 000	
100202	中行	1 000 000	
1012	其他货币资金	120 000	
101201	外埠存款	10 000	

① 2019 年 4 月 1 日起增值税税率正式下调，据财政部、国家税务总局、海关总署三部门发布的《关于深化增值税改革有关政策的公告》，增值税一般纳税人发生增值税应税销售行为或者进口货物，原适用 16%税率的，调整为 13%。此前，相关税率从 17%调整为 16%。

续前表

科目编码	科目名称	期初借方余额	期初贷方余额
101203	银行汇票	110 000	
1101	交易性金融资产	45 000	
1121	应收票据	350 000	
1122	应收账款	400 000	
112201	金源公司	151 000	
112202	联信计算机厂	149 000	
112203	伟信公司	100 000	
1231	坏账准备		1 200
1123	预付账款	100 000	
1221	其他应收款	4 000	
122101	刘华	3 000	
122102	张敏	1 000	
1402	在途物资	245 000	
1403	原材料	500 000	
1411	周转材料	98 050	
141101	包装物	38 050	
141102	低值易耗品	60 000	
1405	库存商品	2 700 000	
1511	长期股权投资	1 250 000	
151101	股票投资	1 250 000	
1601	固定资产	2 000 000	
1602	累计折旧		400 000
1604	在建工程	1 500 000	
1606	固定资产清理		
1701	无形资产	100 000	
1702	累计摊销		
1801	长期待摊费用	20 000	
2001	短期借款		1 260 000
2201	应付票据		500 000
2202	应付账款		916 850
2211	应付职工薪酬		210 000
221101	工资		110 000
221102	福利费		100 000
2221	应交税费		30 000
222101	应交增值税		

续前表

科目编码	科目名称	期初借方余额	期初贷方余额
22210101	销项税额		
22210102	进项税额		
22210103	已交税金		
222102	未交增值税		
222103	应交所得税		30 000
222110	应交教育费附加		
2231	应付利息		
2241	其他应付款		966 600
2501	长期借款		1 600 000
250101	本金		1 600 000
250102	应付利息		
4001	实收资本		6 000 000
4002	资本公积		593 000
400201	资本溢价		593 000
4101	盈余公积		250 000
410101	法定盈余公积		250 000
4103	本年利润		
4104	利润分配		212 400
410401	未分配利润		212 400
5001	生产成本		
500101	基本生产成本		
500102	辅助生产成本		
5101	制造费用		
6001	主营业务收入		
6111	投资收益		
6401	主营业务成本		
6402	其他业务成本		
6403	税金及附加		
6601	销售费用		
6602	管理费用		
6603	财务费用		
6711	营业外支出		
6801	所得税费用		
合　计		12 940 050	12 940 050

任务实施步骤

一、建账

操作步骤如下：

（1）在电脑的E盘中创建“利民公司”文件夹，在该文件夹下建立“总账”文件夹。

（2）启动Excel，建立总账工作簿“201705总账.xlsx”，并保存在“总账”文件夹下。

（3）双击工作表Excel标签，将工作表重命名为“封面”。

（4）在“封面”工作表中输入以下信息，如图2-1所示。

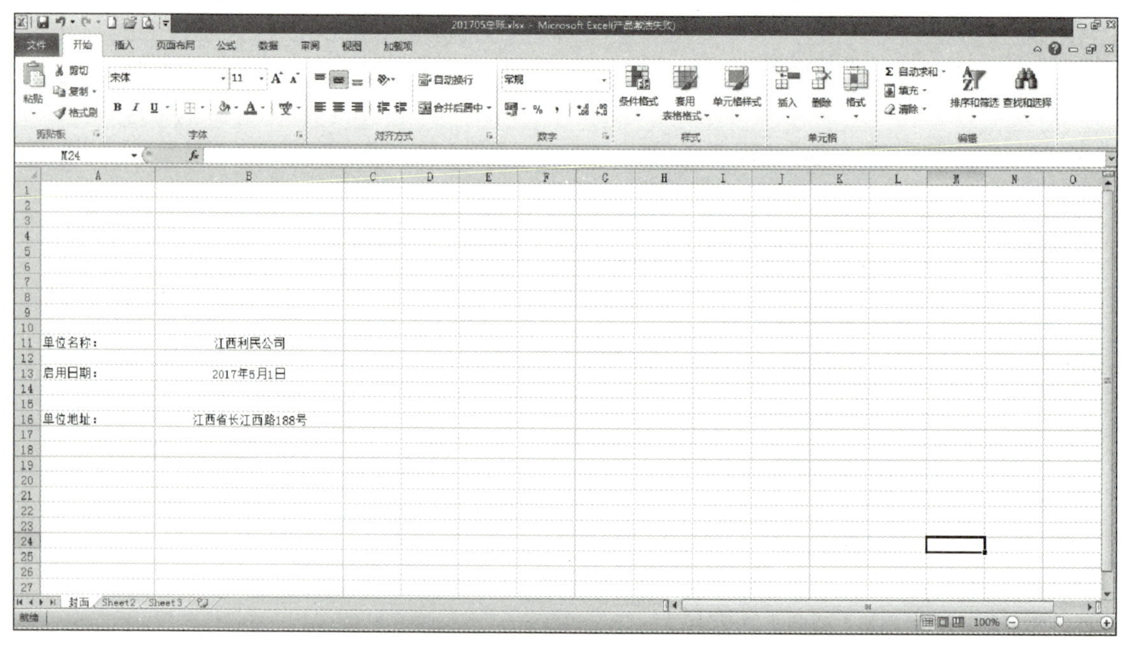

图2-1 建立总账封面

（5）同理，将Sheet2命名为“201705会计科目及余额表”，将Sheet3命名为“凭证模板”。

（6）增加工作表Sheet4、Sheet5、Sheet6，分别命名为“201705凭证”“201705总账及试算平衡表”“201705明细账”。

以上操作的结果如图2-2所示。

二、设置账户

设置账户，即建立一个“会计科目及余额表”。

操作步骤如下：

（1）在工作表“201705会计科目及余额表”的A1单元格中输入“科目编码”，B1单元格中输入“科目名称”，选择A列，右键单击，在弹出的菜单中选择“设置单元格格式”

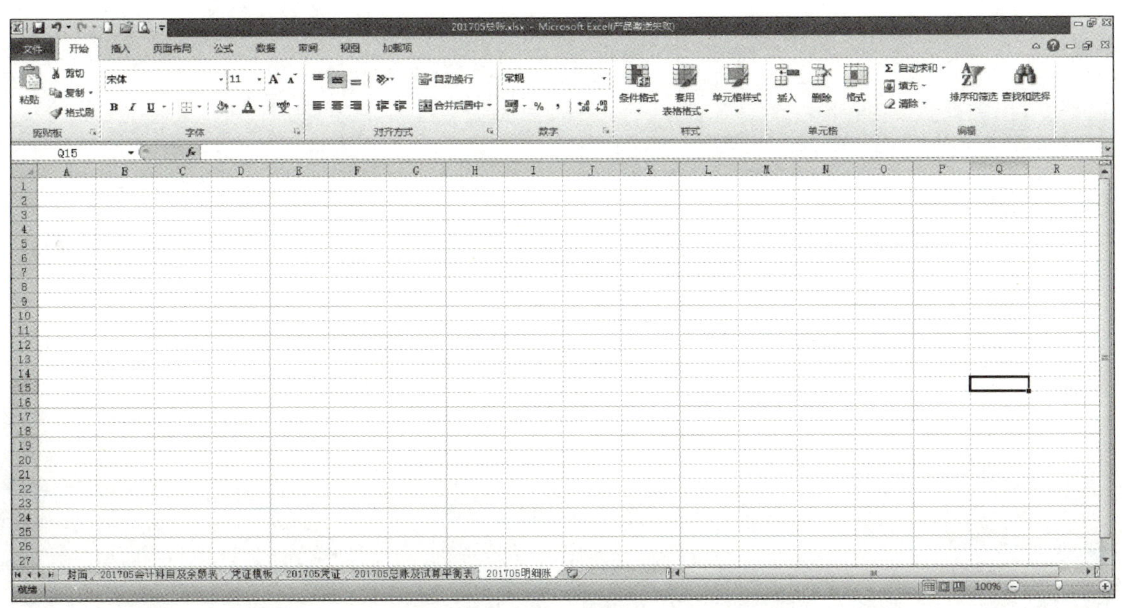

图 2-2　建账

命令，设置格式类型为“文本”。

(2) 在工作表“201705 会计科目及余额表”的 A2 至 A75 单元格中分别输入新会计准则体系的科目编码及相应的子科目编码，在 B2 至 B75 单元格中分别输入新会计准则体系的科目名称及相应的子科目名称。

(3) 选择 A1 和 B1 单元格，单击工具栏上的“填充颜色”按钮，填上青绿色。

(4) 选择 A1:B75 单元格区域，单击工具栏上的“边框”按钮右侧的下拉按钮，从中选择“所有框线”，加上“田”字形边框。

(5) 选择 C2 单元格，选择“视图”菜单中“冻结窗格”命令中的“冻结拆分窗格”按钮，将 A1 和 B1 单元格及其内容固定在现有位置，不会随行、列的翻动而隐藏。

以上操作的结果如图 2-3 所示。

三、输入期初余额

在“201705 会计科目及余额表”中输入期初数据，并实现试算平衡。

操作步骤如下：

(1) 选择 C1 单元格，输入“期初借方余额”；选择 D1 单元格，输入“期初贷方余额”。

(2) 定义有明细科目的汇总科目的计算公式。在输入时因为只要求输入最低级科目的余额，上级科目的余额根据设置的公式自动进行计算，所以汇总科目的单元格数据是通过其他单元格数据加总得出的。即

C3=C4+C5

C6=C7+C8

C11=C12+C13+C14

	A	B
1	科目编码	科目名称
2	1001	库存现金
3	1002	银行存款
4	100201	工行
5	100202	中行
6	1012	其他货币资金
7	101201	外埠存款
8	101203	银行汇票
9	1101	交易性金融资产
10	1121	应收票据
11	1122	应收账款
12	112201	金源公司
13	112202	联信计算机厂
14	112203	伟信公司
15	1231	坏账准备
16	1123	预付账款
17	1221	其他应收款
18	122101	刘华
19	122102	张毅
20	1402	在途物资
21	1403	原材料
22	1411	周转材料
23	141101	包装物
24	141102	低值易耗品
25	1405	库存商品
26	1511	长期股权投资
27	151101	股票投资

图 2-3 201705 会计科目及余额表

C17=C18+C19

C22=C23+C24

C26=C27

C38=C39+C40

C41=C42+C46+C47+C48

C42=C43+C44−C45

C51=C52+C53

C55=C56

C57=C58

C62=C63+C64

除 D42 外，把 C 列的公式复制到 D 列。

（3）将利民公司 2017 年 5 月会计科目（非汇总科目）的期初余额输入该工作表中，输入结果如图 2-4 所示。

（4）用格式刷把 C1:D1 刷成与 A1 相同的格式，选择 C1:D75，加上边框。

（5）选择 A76:B76 单元格，单击工具栏上的“合并后居中”按钮，在合并后的单元格中输入“合计”二字。

（6）在 C76 中输入“=”，点击名称框旁边的下拉按钮，选择 SUMIF 函数，打开编辑函数参数的窗口，如图 2-5 所示。输入参数后按“确定”按钮，得出期初借方余额之和为 12 940 050。

（7）选择 C76，在编辑栏里单击 A:A，按 F4 键，把相对地址切换为绝对地址，按回车键确认。

（8）用填充柄把 C76 的公式复制到 D76，得到贷方余额之和也为 12 940 050。

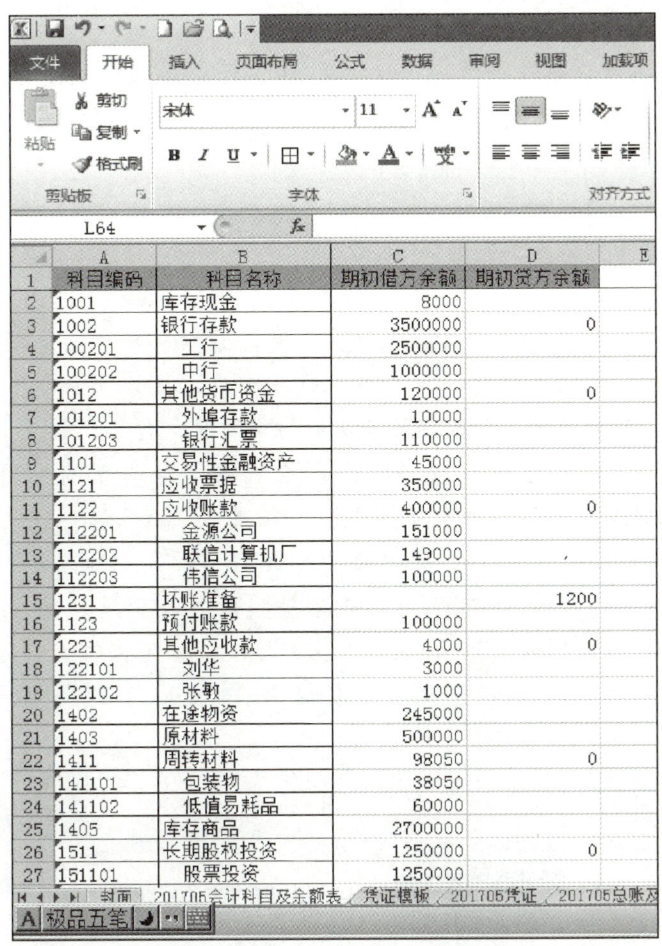

	A	B	C	D
1	科目编码	科目名称	期初借方余额	期初贷方余额
2	1001	库存现金	8000	
3	1002	银行存款	3500000	0
4	100201	工行	2500000	
5	100202	中行	1000000	
6	1012	其他货币资金	120000	0
7	101201	外埠存款	10000	
8	101203	银行汇票	110000	
9	1101	交易性金融资产	45000	
10	1121	应收票据	350000	
11	1122	应收账款	400000	0
12	112201	金源公司	151000	
13	112202	联信计算机厂	149000	
14	112203	伟信公司	100000	
15	1231	坏账准备		1200
16	1123	预付账款	100000	
17	1221	其他应收款	4000	0
18	122101	刘华	3000	
19	122102	张敏	1000	
20	1402	在途物资	245000	
21	1403	原材料	500000	
22	1411	周转材料	98050	0
23	141101	包装物	38050	
24	141102	低值易耗品	60000	
25	1405	库存商品	2700000	
26	1511	长期股权投资	1250000	0
27	151101	股票投资	1250000	

图 2－4　201705 会计科目及余额表

函数参数

SUMIF

Range　A:A　= {"科目编码";"1001";"1002";"100201"

Criteria　"????"　= "????"

Sum_range　C:C　= {"期初借方余额";8000;3500000;2500

= 12940050

对满足条件的单元格求和

Sum_range　用于求和计算的实际单元格。如果省略，将使用区域中的单元格

计算结果 = 12940050

有关该函数的帮助(H)　　确定　取消

图 2－5　编辑函数参数

SUMIF 函数是条件求和函数。
[类型] 逻辑函数
[格式] SUMIF（搜索范围，搜索条件，求和范围）
[功能] 可以根据其他区域中的值，通过使用 SUMIF 工作表函数对区域求和。
例如：C76=SUMIF(A:A,"????",C:C)
表示如下：
搜索范围：A:A，即所有科目
搜索条件：编码为 4 位的所有科目，即一级科目
求和范围：C:C，即 C 列
这里用到了通配符，通配符是一类键盘字符，有星号（*）和问号（?）。当查找文件或文件夹时，可以使用它来代替一个或多个真正字符。星号（*）可以代替除 0 外的数字或多个字符。如果需要查找以 AE 开头的一个文件，但不记得文件名的其余部分，可以输入"AE*"，查找结果为以 AE 开头的所有文件类型的文件，如"AE.txt""AEWU.exe""AEWI.dll"等。要缩小范围可以输入"AE*.txt"，查找以 AE 开头的并且扩展名为".txt"的所有文件，如"AEWIP.txt" "AEWDF.txt"。问号（?）可以代替任意一个字符，输入"love?"，表示查找以 love 开头、某一个字符结尾的所有文件类型的文件，如"lovey""lovei"等。要缩小范围可以输入"love?.doc"，表示查找以 love 开头、某一个字符结尾并且扩展名为".doc"的文件，如"lovey.doc""loveh.doc"。

任务二 日常凭证处理

基础知识

日常账务处理是在账务初始化的基础上，利用软件的各种功能完成单位的日常会计核算工作，并进一步为单位的财务管理和经营准备基础数据，提供管理所需信息资料。

凭证处理是利用软件进行日常会计核算业务处理工作中经常性的工作，也是日常使用软件时最基础性的工作。记账凭证数据的正确与否是决定系统输出正确与否的基础，凭证处理是整个系统数据的入口。凭证处理功能主要包括：录入凭证、修改凭证、审核凭证。

一、录入凭证

记账凭证是会计人员根据审核无误的原始凭证或汇总原始凭证归类整理，确定会计分录而编制的凭证，是直接凭以登记账簿的依据。记账凭证的这一性质在计算机会计业务处

理中没有改变，它仍然是最重要、基础性的会计数据的来源。

在电算化的方式下，记账凭证的来源主要有三个：手工凭证，指手工对原始凭证进行处理后编制的记账凭证；机制凭证，指已经实现计算机处理的其他业务子系统对原始凭证进行处理后编制的记账凭证；派生凭证，指账务系统根据系统内已有的数据产生的记账凭证。

尽管凭证不同，记账凭证的格式也有很多种，但它们的基本内容或者说本质是相似的。各种记账凭证都必须具备以下内容：凭证日期，即凭证编制的日期，允许输入未结账月份的记账凭证；凭证类别和凭证号，即记账凭证的类别和凭证顺序编号，记账凭证的类别及序号是记账凭证最基本的标识，因此记账凭证月份要连续编号，编号必须不重不漏；摘要，即对经济活动的简要说明，应该简明扼要、符合规范；会计科目，即应借、应贷的会计科目，要求输入末级会计科目；金额，即该笔分录借方或贷方发生额，每一科目不允许借贷双方都有金额，也不允许金额为零。

二、修改凭证

为了最大限度地保证输入计算机的数据的正确性，账务处理系统设置了记账凭证的修改功能。记账凭证的修改应由具有凭证修改权限的操作人员在录入凭证的界面进行操作。

需要特别注意的是，不是所有的错误凭证都能进行直接修改。对于已经录入的凭证需要根据不同的情况，采取不同的方法：第一，已经录入但未审核的记账凭证，可以由凭证的录入人员在录入界面直接进行修改，这种修改不留痕迹；第二，已经录入并已经审核但未登账的凭证，不能直接修改，必须由审核员先取消审核，再由凭证的录入人员在录入界面进行修改；第三，已经录入、已经审核并已登账的凭证，不能直接修改，根据有关制度的规定，这种错误凭证的修改必须留有痕迹，因此，只能采用红字冲销或蓝字补充登记的方法进行修改。

三、审核凭证

根据计算机会计管理工作的规定，对输入计算机的记账凭证必须进行审核，这是计算机账务处理系统非常重要的工作环节。这是因为尽管账务系统在凭证录入的过程中设计了大量的检验功能，但一些人为的错误，如凭证的科目代码输入错误导致会计科目发生错误、凭证的借贷方金额同时发生错误且错误金额相同，是计算机系统很难检测出来的，要由审核人员进行审核。记账凭证的审核应由具有凭证审核权限的操作人员进行，任何人员都无权审核自己输入的记账凭证。

什么时候对输入的凭证进行审核，并没有严格的限制，但从流程上来说，记账前必须先审核，作为每日需要打印输出日记账的数据来源凭证必须当天输入当天审核。

在 Excel 中，记账凭证的审核主要是审核输入计算机的记账凭证是否与审核无误的手工记账凭证相同，有无输入错误。同时也应对手工记账凭证作进一步的复核，这种复核与手工审核内容相同。根据财会制度，要审核有关会计业务是否真实、合法，记账凭证是否与原始凭证相符，会计分录编制是否正确。如果记账凭证是根据原始凭证直接在计算机上编制的，则上述两个方面都应该进行认真的审核。审核发现有错误的记账凭证应退回制单员修改。对于输入错误的凭证，录入人员应及时改正。只有审核无误的记账凭证才能作为登记账簿的依据。

在计算机环境下，录入记账凭证是计算机处理的开始，也是机内会计数据的最基本、最重要的来源。由于以后的记账、结账等工作都由计算机自动进行，无法像手工会计业务处理那样在这些环节再次进行确认和计量，因此对于输入计算机的记账凭证进行审核就更加重要，必须对此给予高度重视。

在进行手工账务处理时，必须将手工记账凭证登记入账簿，而用 Excel 输入凭证的过程其实就是登记电子账簿的过程。为了确保输入无误，在这个处理过程中，凭证的审核和记账就显得尤为重要了。

综上所述，审核是指由具有审核权限的操作员按照会计制度的规定，对制单人填制的记账凭证进行合法性检查。审核凭证的目的是防止错弊，凭证经审核后才能进行记账处理。审核凭证时，可直接根据原始凭证，对屏幕上显示的记账凭证进行审核，对正确的记账凭证，可填充颜色表示已经审核，并在凭证上的审核栏内填入审核人名字或代码。

工作情境与分析

经过第一阶段的工作，公司的建账工作已经完成。2017 年 5 月发生如下具体业务：

（1）5 月 1 日，收到银行通知，用中国工商银行存款支付到期的商业承兑汇票 100 000 元。

（2）5 月 2 日，购入原材料 160 吨，用中国工商银行存款支付货款 160 000 元以及购入材料需支付的增值税税额 27 200 元，款项已付，材料未到。

（3）5 月 3 日，收到原材料一批，数量 110 吨，材料成本 110 000 元，材料已验收入库，货款已于上月支付。

（4）5 月 4 日，用银行汇票支付采购材料价款，公司收到开户银行转来的银行汇票多余款收账通知，通知上填写的多余款 234 元，材料 100 吨，购入材料 99 800 元，支付的增值税税额 16 966 元，原材料已验收入库。

（5）5 月 5 日，基本生产领用原材料 600 吨，车间领用计入产品成本的低值易耗品 50 000 元。

（6）5 月 6 日，向金源公司销售产品一批，销售价款 300 000 元（不含应收取的增值税），该批产品实际成本 180 000 元（月末结转），产品已发出，价款未收到。

（7）5 月 7 日，公司将交易性金融资产（全部为股票投资）25 000 元兑现，收到本金 25 000 元，投资收益 5 000 元，均存入中国工商银行。

（8）5 月 8 日，购入不需安装的设备 1 台，价款 85 470 元，支付的增值税税额 14 530 元，支付包装费、运费 1 000 元。价款及包装费、运费均以中国银行存款支付。设备已交付使用。

(9) 5 月 9 日，一项工程完工，交付生产使用，已办理竣工手续，固定资产价值 1 400 000 元。

(10) 5 月 10 日，基本生产车间 1 台机床报废，原价 200 000 元，已计提折旧 180 000 元，清理费用 500 元，残值收入 1 800 元，均通过中国工商银行存款收支。该项固定资产清理完毕。

(11) 5 月 11 日，归还短期借款本金 150 000 元，当月利息 2 500 元，由中国工商银行存款支付。

(12) 5 月 12 日，到中国工商银行提取现金 500 000 元，准备发放工资。

(13) 5 月 13 日，支付工资 500 000 元，包括支付给在建工程人员 200 000 元。

(14) 5 月 14 日，分配应支付的职工工资 300 000 元（不包括在建工程应负担的工资），其中生产人员工资 275 000 元，车间管理人员工资 10 000 元，行政管理部门人员 15 000 元。

(15) 5 月 14 日，提取职工福利费 42 000 元（不包括在建工程应负担的福利费 28 000 元），其中生产工人福利费 38 500 元，车间管理人员福利费 1 400 元，行政管理部门福利费 2 100 元。

(16) 5 月 15 日，提取应计入本期损益的借款利息共 21 500 元，其中短期借款利息 11 500 元，长期借款利息 10 000 元。

(17) 5 月 16 日，销售产品一批，销售价款 700 000 元，应收的增值税税额 119 000 元，销售产品的实际成本 420 000 元（月末结转），货款已由中国工商银行收妥。

(18) 5 月 17 日，摊销无形资产 10 000 元。

(19) 5 月 18 日，计提固定资产折旧 100 000 元，其中计入制造费用 80 000 元、管理费用 20 000 元。

(20) 5 月 19 日，收到金源公司应收账款 151 000 元，存入中国工商银行，并计提坏账准备 600 元。

(21) 5 月 20 日，用中国工商银行存款支付产品展览费 10 000 元。

(22) 5 月 30 日，将制造费用结转计入生产成本。

(23) 5 月 30 日，计算并结转本期完工产品成本 1 104 900 元。

(24) 5 月 30 日，广告费 10 000 元，已用中国工商银行存款支付。

(25) 5 月 30 日，公司本期产品销售应缴纳的教育费附加为 2 000 元。

(26) 5 月 30 日，用中国工商银行存款缴纳增值税 100 000 元，教育费附加 2 000 元。

(27) 5 月 30 日，结转本期产品销售成本 600 000 元。

(28) 5 月 30 日，将损益类科目结转计入本年利润。

(29) 5 月 30 日，计算并结转应交所得税（不考虑纳税调整事项，税率为 25%）。

根据财务分工，由李跃华完成凭证的录入工作，周春英进行凭证的审核，姜峰进行账簿的登记。

任务实施步骤

一、录入凭证

建立名为“201705 凭证”的工作表，在此表中输入所有业务凭证。记账凭证清单应具有记账凭证的所有信息，应设置类别编号、凭证日期、附件、摘要、科目编码、总账科目、明细科目、借方金额、贷方金额、制单人、审核人、记账人等字段。此外，在输入过程中要设置一定的数据检验功能，如日期格式、金额格式、科目编码和科目名称的有效性等。

为了体现会计电算化的优势，输入科目编码后由系统自动给出总账科目名称和明细科目名称。

本工作任务中用到的操作技能包括：设置单元格格式和边框、合并及居中、增加行和列、删除行和列、冻结窗格、数据有效性、定义名称、填充公式，以及使用函数 LEFT 和 VLOOKUP。

1. 制作凭证模板

操作步骤如下：

(1) 打开工作表“凭证模板”，设置凭证表头：在工作表“凭证模板”A1:L1 单元格中分别输入“类别编号”“凭证日期”“附件”“摘要”“科目编码”“总账科目”“明细科目”“借方金额”“贷方金额”“制单人”“审核人”“记账人”。将 A1:L1 单元格填充为青绿色。

(2) 设置 A1:L3 单元格边框为“田”字形，中线为蓝虚线，边线为蓝实线。操作的结果如图 2-6 所示。

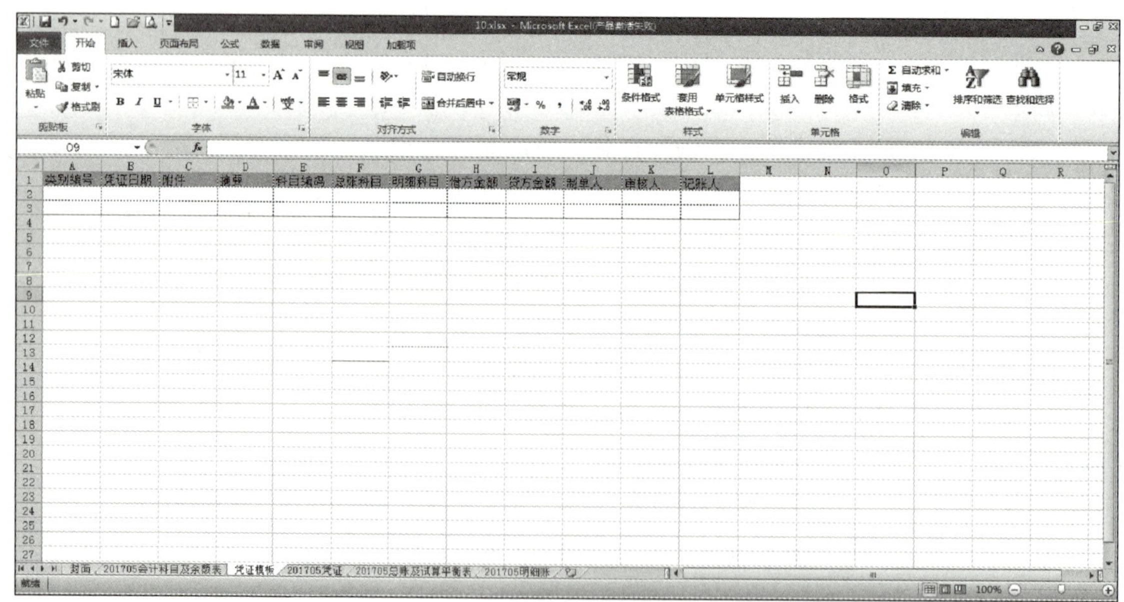

图 2-6　凭证模板

（3）设置“类别编号”“凭证日期”“附件”“摘要”“科目编码”等列的数据有效性。现以“凭证日期”列为例，设置其数据有效性：选择 B2 单元格，单击“数据→数据工具”功能区中的“数据有效性”命令。在“设置”选择卡中设置日期的范围，如图 2-7 所示。然后使用自动填充的方法设置本列的其他单元格。

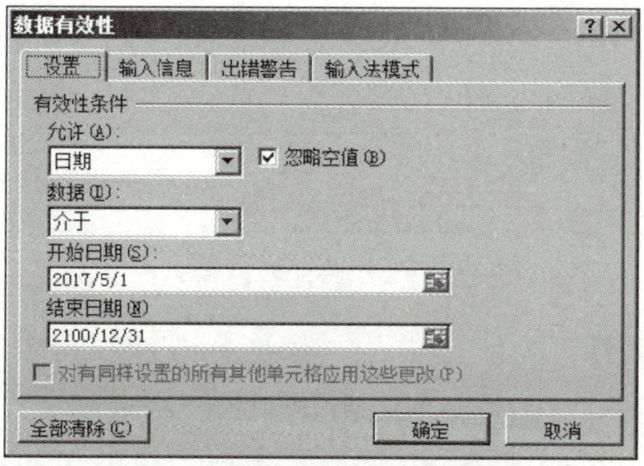

图 2-7　设置日期的范围

选择“输入信息”选项卡，设置“凭证日期”列的输入提示信息为“请输入日期，格式为 YYYY-MM-DD”，如图 2-8 所示。

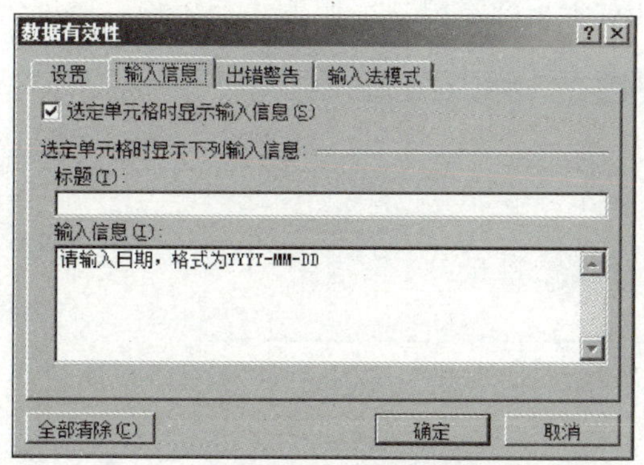

图 2-8　设置日期的输入提示信息

按照“凭证日期”列的数据有效性设置方法，分别为“附件”“摘要”“科目编码”等列设置数据有效性。“附件”列只允许整数，范围为 1～1 000，“输入信息”文本框设置为“请输入 0～1000 的整数！”；“摘要”列只允许文本输入，范围为 1～50 个字，“输入信息”文本框设置为“请输入 50 个字以内的摘要！”。

“科目编码”列的数据有效性区别于以上各列的数据有效性，选择“序列”选项进行设置。设置“科目编码”列的数据有效性操作方法如下：单击“公式→定义的名称”功能区中的“定义名称”命令，定义一个名为“科目编码”的名称，这个名称指定“科目编码”列的取数区域为工作表“201705 会计科目及余额表”的 A 列区域，“引用位置”为“201705 会计科目及余额表！$A：$A”，如图 2-9 所示。这样设置的原因是 A 列存放的数据就是预设的会计科目。

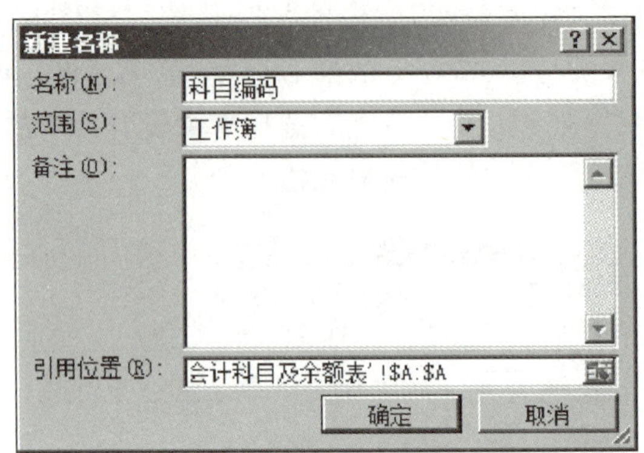

图 2-9 设置科目编码

单击“数据→数据工具”功能区中的“数据有效性”命令，在“设置”选项卡中，“允许”下拉列表框中选择“序列”选项，数据来源就是刚才设置的名称“科目编码”（在“来源”文本框中输入“=科目编码”），同时要选择“忽略空值”和“提供下拉箭头”复选框，如图2-10所示；在“输入信息”文本框中输入信息“输入一级科目左对齐，输入下级科目右对齐!”。这样可以在输入会计科目时清晰地区分一级科目和下级科目。设置好后，当输入凭证时，只需单击右侧的下拉按钮就可以轻松选择会计科目编码，同时可以直接输入会计科目编码，这对于不熟悉科目编码的用户来说，确实方便很多。

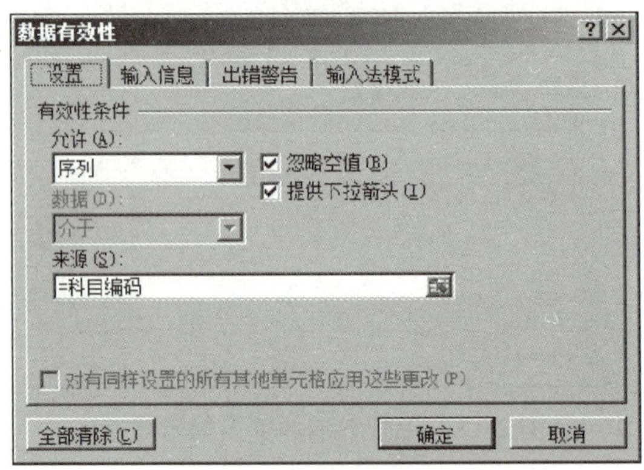

图 2-10 设置科目编码的数据有效性

（4）设置“总账科目”列和“明细科目”列的取值公式。为了简化凭证输入时的汉字输入工作，可以设置“总账科目”列和“明细科目”列的取值公式，只要输入会计科目编码，系统即可自动填入相应总账科目和明细科目的名称。在本步骤的操作中，要用到两个函数：VLOOKUP和LEFT。

VLOOKUP函数用于表格数组的首列查找值，并由此返回表格数据当前行的对应列的值。 [类型] 查找与引用函数 [格式] VLOOKUP(lookup_value,table_array,col_index_num,range_lookup)

[功能] 在表格或数值数组的首列查找指定的数值，并由此返回表格或数组当前行中指定列处的数值。
lookup_value：需要在数组第1列中查找的数值。lookup_value可以为数值、引用或文本字符串。
table_array：需要在其中查找数据的数据表。可以使用对区域或区域名称的引用，例如数据库或列表。
col_index_num：table_array中待返回的匹配值的序列号。col_index_num为1时，返回table_array第1列中的数值；col_index_num为2时，返回table_array第2列中的数值；以此类推。
range_lookup：一个逻辑值，指明函数VLOOKUP返回时是精确匹配还是近似匹配。
VLOOKUP函数中的字母V表示竖向，与之相对应的还有HLOOKUP函数，其中的字母H表示横向。当比较值位于需要查找的数据的左边一列时，使用VLOOKUP。
LEFT函数用于基于所指定的子字符数返回其母字符串中从左边数起的第1个或前几个字符。
[类型] 文本函数
[格式] LEFT(text,num_chars)
[功能] 基于所指定的字符数返回文本字符串中的第1个或前几个字符。
text：包含要提取字符的文本字符串。
num_chars：指定要由LEFT所提取的字符数。num_chars必须大于或等于0，默认缺省值为1。

“总账科目”列的取值公式为“=VLOOKUP(LEFT(E2,4),‘201705会计科目及余额表’!A:B,2,0)”，其含义是在“201705会计科目及余额表”的A、B列中查找LEFT(E2,4)的值的位置，并给出A、B列中第2列相应位置的单元格的值。其中，LEFT(E2,4)是从E2单元格左边取4个字符。VLOOKUP函数中右边的0表示要求函数给出精确的值。

“明细科目”列的取值公式为“=VLOOKUP(E2,‘201705会计科目及余额表’!A:B,2,0)”，其含义是在“201705会计科目及余额表”的A、B列中查找E2的值的位置，并给出A、B列中第2列相应位置的单元格的值。

经过以上设置，就完成了凭证模板的制作，效果如图2-11所示。

(5) 设置“借方金额”“贷方金额”的格式。选择H:I列，单击“开始→单元格”功能区中的“格式”菜单，选择“设置单元格格式”命令，打开“设置单元格格式”对话框，设置“数字”选项卡中“分类”列表为“数值”，保留2位小数，勾选“使用千位分隔符”。

(6) 定义平衡检查公式。

选择N2单元格，输入“借方金额合计数”；选择O2单元格，输入“=SUM(H:H)”。

选择N3单元格，输入“贷方金额合计数”；选择O3单元格，输入“=SUM(I:I)”。

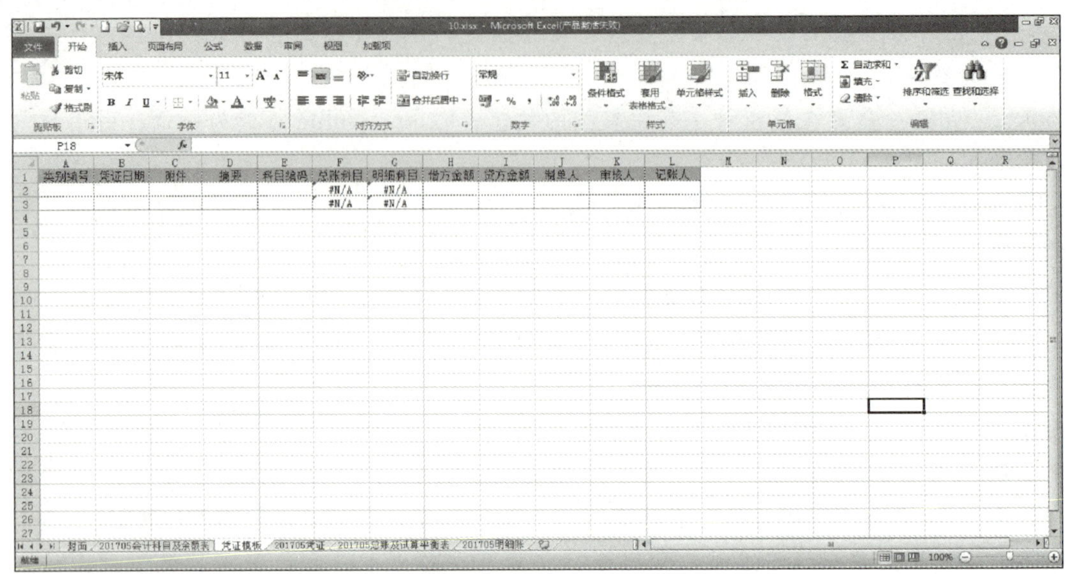

图 2-11 凭证模板

2. 输入记账凭证

操作步骤如下：

（1）选择“凭证模板”表，将凭证模板复制到“201705 凭证”中。根据业务需要，如果是一借一贷，可直接使用模板；如果是多借多贷，可直接在模板中插入所需的行数，再输入分录即可。

（2）根据公司发生的业务，输入会计分录。

选择 A2 单元格，输入“记 001”；选择 B2 单元格，输入“2017-5-1”；选择 C2 单元格，输入“1”；选择 D2 单元格，输入“支付汇票”；选择 E2 单元格，输入或选择“2201”；选择 H2 单元格，输入“100000”；选择 J2 单元格，输入“李跃华”。同样地，输入分录贷方项目，如图 2-12 所示。

二、修改凭证

对于发现错误的凭证，由具有权限的操作员在凭证录入的界面进行修改。修改凭证的操作与录入凭证的操作一致，在此不再赘述。

三、审核凭证

Excel 本身是一个电子表格软件，凭证都放在数据清单里面，因此为了清晰地表明凭证是否已审核或是否已记账，还可以灵活地使用为单元格填充颜色的方法来表示。例如，无填充颜色表示未审核，用蓝色填充表示已经审核，用黄色填充表示已经记账。当然，颜色可以根据个人爱好自由选择，目的就是区分是否已审核或是否已记账。如图 2-13 所示标识了凭证录入、审核和记账 3 种状态。

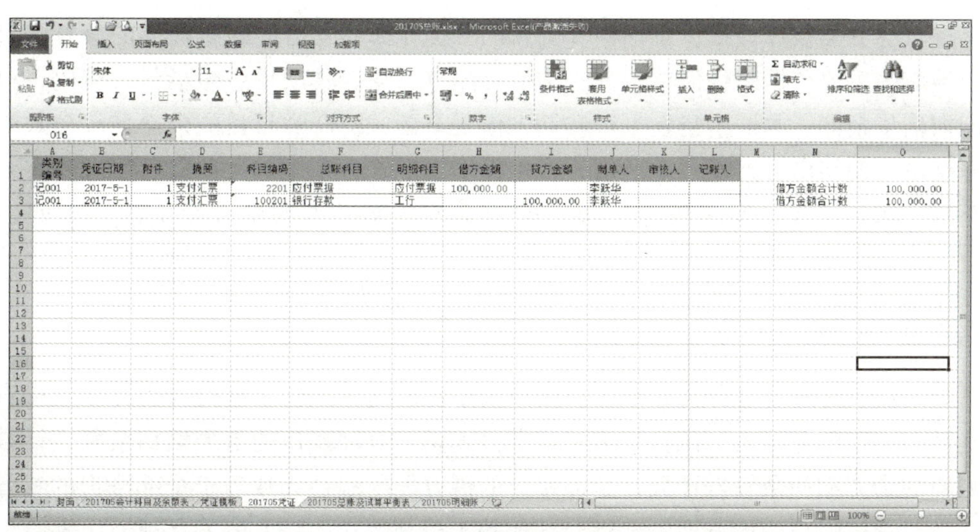

类别编号	凭证日期	附件	摘要	科目编码	总账科目	明细科目	借方金额	贷方金额	制单人	审核人	记账人
记001	2017-5-1	1	支付汇票	2201	应付票据	应付票据	100,000.00		李跃华		
记001	2017-5-1	1	支付汇票	100201	银行存款	工行		100,000.00	李跃华		

借方金额合计数 100,000.00

借方金额合计数 100,000.00

图 2-12 输入凭证

类别编号	凭证日期	附件	摘要	科目编码	总账科目	明细科目	借方金额	贷方金额	制单人	审核人	记账人
记001	2017-5-1	1	支付汇票	2201	应付票据	应付票据	100,000.00		李跃华	周春英	姜峰
记001	2017-5-1	1	支付汇票	100201	银行存款	工行		100,000.00	李跃华	周春英	姜峰
记002	2017-5-2	1	购买材料	1402	在途物资	在途物资	160,000.00		李跃华	周春英	姜峰
记002	2017-5-2	1	购买材料	22210102	应交税费	进项税额	27,200.00		李跃华	周春英	姜峰
记002	2017-5-2	1	购买材料	100201	银行存款	工行		187,200.00	李跃华	周春英	姜峰
记003	2017-5-3	1	材料验收入库	1403	原材料	原材料	110,000.00		李跃华	周春英	姜峰
记003	2017-5-3	1	材料验收入库	1402	在途物资	在途物资		110,000.00	李跃华	周春英	姜峰
记004	2017-5-4	1	购买材料	1403	原材料	原材料	99,800.00		李跃华	周春英	姜峰
记004	2017-5-4	1	购买材料	22210102	应交税费	进项税额	16,966.00		李跃华	周春英	姜峰
记004	2017-5-4	1	购买材料	100201	银行存款	工行	234.00		李跃华	周春英	姜峰
记004	2017-5-4	1	购买材料	101203	其他货币资金	银行汇票		117,000.00	李跃华	周春英	姜峰
记005	2017-5-5	1	生产领用材料	500101	生产成本	基本生产成本	700,000.00		李跃华	周春英	姜峰
记005	2017-5-5	1	生产领用材料	1403	原材料	原材料		650,000.00	李跃华	周春英	姜峰
记005	2017-5-5	1	生产领用材料	141102	周转材料	低值易耗品		50,000.00	李跃华	周春英	姜峰
记006	2017-5-6	1	销售产品	112201	应收账款	金源公司	351,000.00		李跃华	周春英	姜峰
记006	2017-5-6	1	销售产品	6001	主营业务收入	主营业务收入		300,000.00	李跃华	周春英	姜峰
记006	2017-5-6	1	销售产品	22210101	应交税费	销项税额		51,000.00	李跃华	周春英	姜峰
记007	2017-5-7	1	处置金融性资产	100201	银行存款	工行	30,000.00		李跃华	周春英	姜峰
记007	2017-5-7	1	处置金融性资产	1101	交易性金融资产	交易性金融资产		25,000.00	李跃华	周春英	姜峰
记007	2017-5-7	1	处置金融性资产	6111	投资收益	投资收益		5,000.00	李跃华	周春英	姜峰
记008	2017-5-8	1	购买设备	1601	固定资产	固定资产	101,000.00		李跃华	周春英	姜峰
记008	2017-5-8	1	购买设备	100201	银行存款	工行		101,000.00	李跃华	周春英	姜峰
记009	2017-5-9	1	在建工程完工	1601	固定资产	固定资产	1,400,000.00		李跃华	周春英	姜峰
记009	2017-5-9	1	在建工程完工	1604	在建工程	在建工程		1,400,000.00	李跃华	周春英	姜峰
记010	2017-5-10	1	固定资产报废	1606	固定资产清理	固定资产清理	20,000.00		李跃华	周春英	姜峰

借方金额合计数

借方金额合计数

图 2-13 凭证的 3 种状态

任务三 编制总账、试算平衡表、明细账

基础知识

一、总账

总分类账，简称总账，是根据总分类科目（一级科目）开设账户，用来登记全部经济

业务，进行总分类核算，提供总括核算资料的分类账簿。总分类账所提供的核算资料是编制会计报表的主要依据，任何单位都必须设置总分类账。其项目应包括科目编码、科目名称、期初借贷余额、本期借贷发生额和期末借贷余额。资产类科目的余额计算公式为：期末借方余额=期初借方余额+本期借方发生额−本期贷方发生额。负债及所有者权益类科目的余额计算公式为：期末贷方余额=期初贷方余额+本期贷方发生额−本期借方发生额。

二、试算平衡表

试算平衡表是列有总分类账中所有账户及余额的简单表格。这份表格有助于检查记录的准确性和编制财务报表。试算平衡的基本公式是：全部账户的借方期初余额合计数等于全部账户的贷方期初余额合计数；全部账户的借方发生额合计数等于全部账户的贷方发生额合计数；全部账户的借方期末余额合计数等于全部账户的贷方期末余额合计数。

三、明细账

明细分类账，简称明细账，是指根据总分类账科目设置的，由其所属的明细分类科目开设的明细分类账户组成，用以记录某一类经济业务明细核算资料的分类账簿，能提供有关经济业务的详细资料。明细分类账应根据经济业务的种类和经营管理的需要分别设置。按其外表形式，明细账采用活页式账簿和卡片式账簿；按其账页格式，明细账一般分为三栏式明细分类账簿、数量金额式明细分类账簿和多栏式明细分类账簿 3 种。

总账、明细账以及试算平衡表是财务报表中常用的报表，主要汇总某段时间内的公司所有财务信息以及检查借方金额与贷方金额是否平衡。

工作情境与分析

临近月末，李跃华需要根据前面填制并审核过的记账凭证制作账簿及试算平衡表。

本工作任务中用到的操作技能包括：单元格的绝对引用、数据透视表的制作、设置单元格格式和边框、合并及居中、增加行和列、删除行和列、冻结窗格、行间计算、列间计算、填充公式，以及函数 ABS、SUM、SUMIF 和 IF 的使用。

任务实施步骤

一、制作总账及试算平衡表

操作步骤如下：

（1）复制“201705 会计科目及余额表”的 A1:D76 区域。

（2）选中“201705 总账及试算平衡表”A1 单元格，右击打开快捷菜单，选择“选择性粘贴”，打开“选择性粘贴”对话框，选择单选项“值和数字格式”后单击“确定”

按钮。

(3) 删除二级以下科目所在的行，因为此表的科目均为总账科目。

(4) 选择 E1 单元格，输入“本期借方发生额合计”，选择 F1 单元格，输入“本期贷方发生额合计”；选择 G1 单元格，输入“期末借方余额”；选择 H1 单元格，输入“期末贷方余额”。

(5) 选择 A1:H1 区域，将其填充为青绿色。

(6) 选择 A1:H48 区域，设置边框类型为“所有框线”。

(7) 设置 E2 单元格的公式为“=SUMIF(‘201705 凭证’!F:F,B2,‘201705 凭证’!H:H)”。其含义是：在“‘201705 凭证’!F:F”范围内查找出科目名称为“库存现金”的行，并将所在行的 H 列（即借方发生额）进行求和。

(8) 设置 F2 单元格的公式为“=SUMIF(‘201705 凭证’!F:F,B2,‘201705 凭证’!I:I)”。其含义是：在“‘201705 凭证’!F:F”范围内查找科目名称为“库存现金”的行，并将所在行的 I 列（即贷方发生额）进行求和。

(9) 设置 G2 单元格的公式为“=IF((C2−D2)+(E2−F2)>=0,(C2−D2)+(E2−F2),0)”。其含义是：如果科目“库存现金”的借方期初余额减去贷方期初余额与科目“库存现金”的本期借方发生额减去贷方发生额之和大于或等于 0，G2 单元格的值等于“库存现金”的借方期初余额减去贷方期初余额与“库存现金”的本期借方发生额减去贷方发生额之和，否则等于 0。

IF 函数用于进行真假值判断，根据逻辑计算的真假值，返回不同的结果。

[类型] 逻辑函数

[格式] IF(logical_test,value_if_true,value_if_false)

[功能] 执行真假值判断，根据逻辑计算的真假值，返回不同的结果。

logical_test：表示计算值为“真”或“假”的任意值或表达式。

value_if_true：表示当 logical_test 为“真”时返回的值。

value_if_false：表示当 logical_test 为“假”时返回的值。

(10) 设置 H2 单元格的公式为“=IF((C2−D2)+(E2−F2)<0,ABS((C2−D2)+(E2−F2)),0)”。其含义是：如果科目“库存现金”的借方期初余额减去贷方期初余额与科目“库存现金”的本期借方发生额减去贷方发生额之和小于 0，H2 单元格的值等于科目“库存现金”的借方期初余额减去贷方期初余额与科目“库存现金”的本期借方发生额减去贷方发生额之和的绝对值，否则等于 0。这里的 ABS 函数的作用是求绝对值。

(11) 将 E2 单元格的公式纵向填充至 E47 单元格。

(12) 将 F2 单元格的公式纵向填充至 F47 单元格。

(13) 将 G2 单元格的公式纵向填充至 G47 单元格。

(14) 将 H2 单元格的公式纵向填充至 H47 单元格。

（15）选择 E48，输入“=SUM(E2:E47)”，并将公式横向向右填充至 H48 单元格。

（16）选择 I2 单元格，选择“视图→窗口”功能区中的“冻结窗格”命令，将 A1:H1 区域及内容固定在原来位置，不会随着行列的翻动而隐藏。

通过以上 16 步操作，完成了“201705 总账及试算平衡表”的制作，其最终结果如图 2-14 所示。

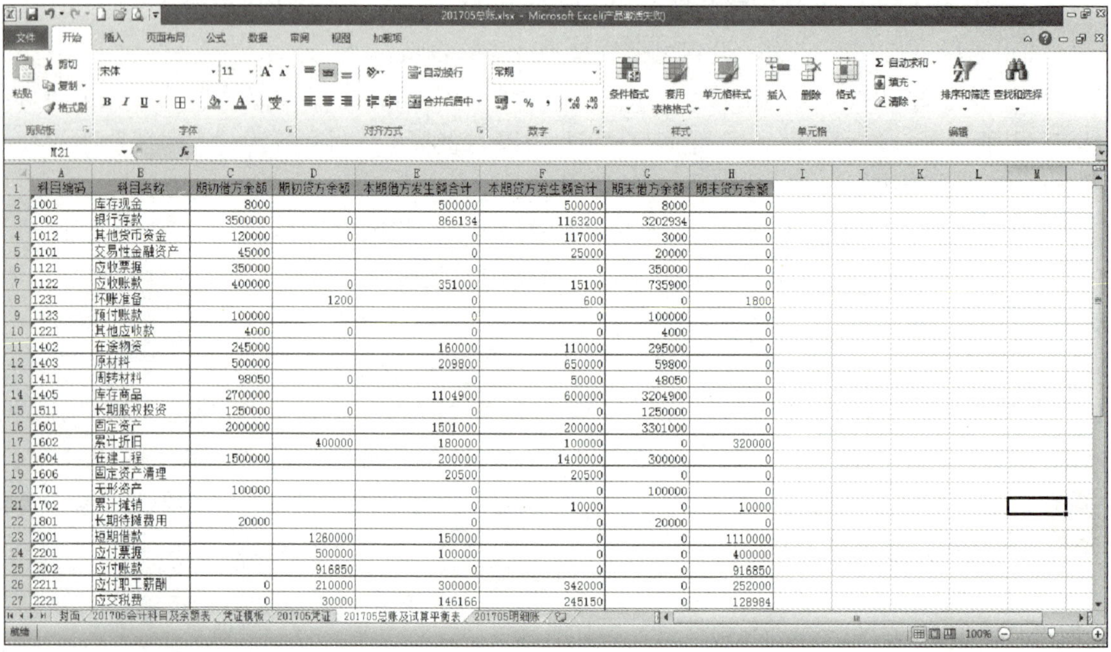

科目编码	科目名称	期初借方余额	期初贷方余额	本期借方发生额合计	本期贷方发生额合计	期末借方余额	期末贷方余额
1001	库存现金	8000		500000	500000	8000	0
1002	银行存款	3500000	0	866134	1163200	3202934	0
1012	其他货币资金	120000	0	0	117000	3000	0
1101	交易性金融资产	45000		0	25000	20000	0
1121	应收票据	350000		0	0	350000	0
1122	应收账款	400000	0	351000	15100	735900	0
1231	坏账准备		1200	0	600	0	1800
1123	预付账款	100000		0	0	100000	0
1221	其他应收款	4000	0	0	0	4000	0
1402	在途物资	245000		160000	110000	295000	0
1403	原材料	500000		209800	650000	59800	0
1411	周转材料	98050	0	0	50000	48050	0
1405	库存商品	2700000		1104900	600000	3204900	0
1511	长期股权投资	1250000	0	0	0	1250000	0
1601	固定资产	2000000		1501000	200000	3301000	0
1602	累计折旧		400000	180000	100000	0	320000
1604	在建工程	1500000		200000	1400000	300000	0
1606	固定资产清理			20500	20500	0	0
1701	无形资产	100000		0	0	100000	0
1702	累计摊销			0	10000	0	10000
1801	长期待摊费用	20000		0	0	20000	0
2001	短期借款		1260000	150000	0	0	1110000
2201	应付票据		500000	100000	0	0	400000
2202	应付账款		916850	0	0	0	916850
2211	应付职工薪酬	0	210000	300000	342000	0	252000
2221	应交税费	0	30000	146166	245150	0	128984

图 2-14　201705 总账及试算平衡表

二、重算总账及试算平衡表

根据试算平衡表的基本公式可知道：全部账户的借方期初余额合计数等于全部账户的贷方期初余额合计数，即 C48=D48；全部账户的本期借方发生额合计数等于全部账户的本期贷方发生额合计数，即 E48=F48；全部账户的借方期末余额合计数等于全部账户的贷方期末余额合计数，即 G48=H48。

因为“201705 总账及试算平衡表”的结果与“201705 会计科目及余额表”和“201705 凭证”的数据密不可分，为了重新计算所有工作表，可设置 Excel 的手动重算功能。

操作步骤如下：

单击窗口左上角的文件，选择“选项”按钮，选择“公式”选项卡，在“计算选项”选项组中选择“手动重算”单选按钮和“保存工作簿前重新计算”复选框，如图 2-15 所示。

设置结束后，可直接按功能键 F9 重新计算所有工作表或重新计算活动工作表。

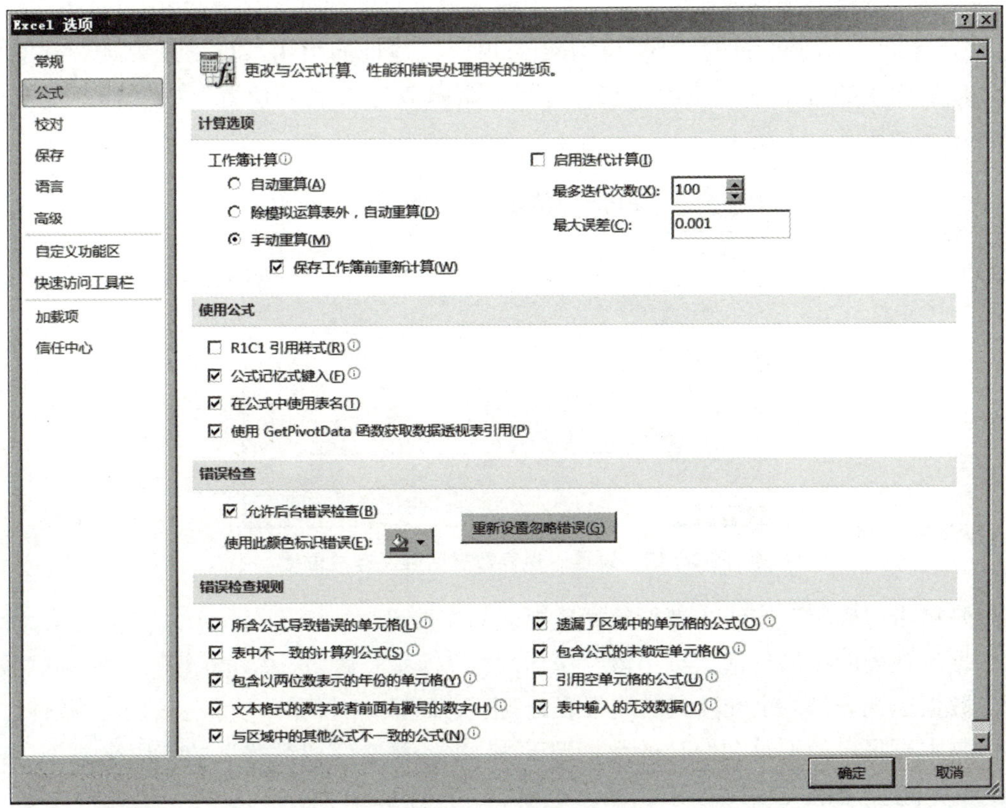

图 2-15　手动重算的设置

三、生成各类明细账

操作步骤如下：

（1）选择“201705 明细账”工作表的 A3 单元格。

（2）选择“插入→表格”功能区中的“数据透视表”命令，打开“创建数据透视表”对话框，如图 2-16 所示。

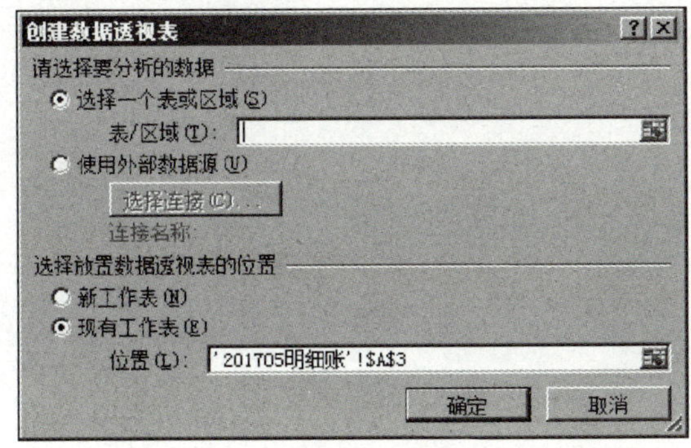

图 2-16　“创建数据透视表”对话框

（3）在“选择一个表或区域”文本框中输入要汇总的数据区域“‘201705 凭证’!＄A＄1:＄L＄200”，这里设置的“＄”表示绝对单元格地址的引用，行号设置到 200 的目的是保证以后输入的数据也能使用。在“选择放置数据透视表的位置”中选择“现有工作表”按钮。如图 2－17 所示。

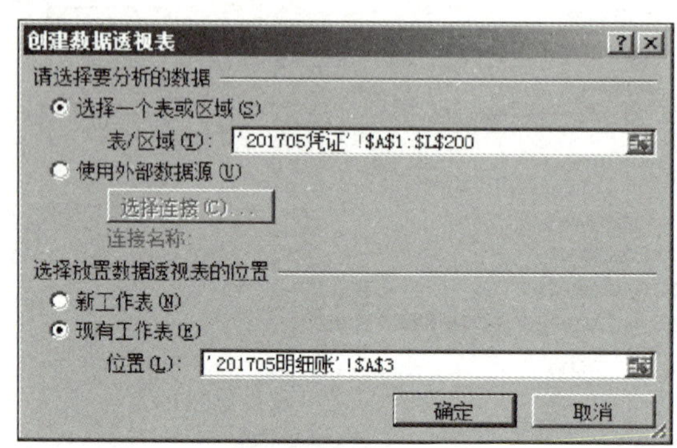

图 2－17　设置透视表数据区域及存放位置

（4）单击“确定”按钮，进行数据透视表的布局设置。

数据透视表的布局包括“页字段”区域、“行标签”区域、“列标签”区域和“数值”区域。数据透视表是一个交互式二维报表，“报表筛选”字段是本页报表的过滤条件，“行标签”是本页报表的汇总和统计的数据源。“数据透视表字段列表”的字段来源于工作表“201705 凭证”，如图 2－18 所示。

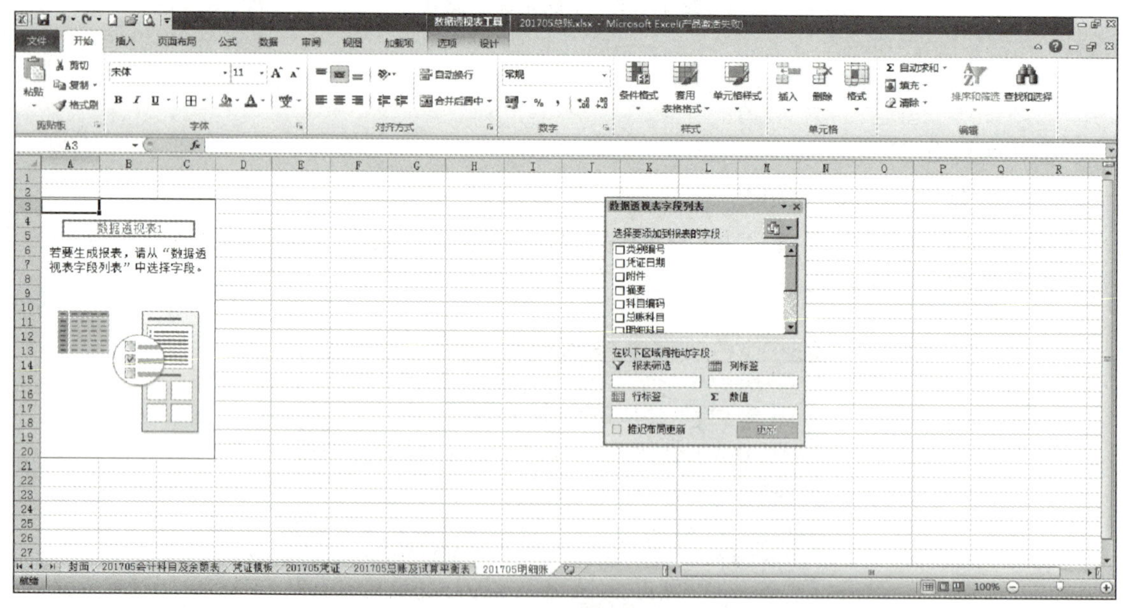

图 2－18　设置数据透视表的布局

（5）选择“数据透视表字段列表”的“类别编号”“凭证日期”“摘要”“科目编码”“总账科目”共 5 个字段，将都被添加到“行标签”中；将“明细科目”字段拖曳到“报表筛选”中；将“借方金额”和“贷方金额”两个字段拖曳到“数值”中，如图 2-19 所示。

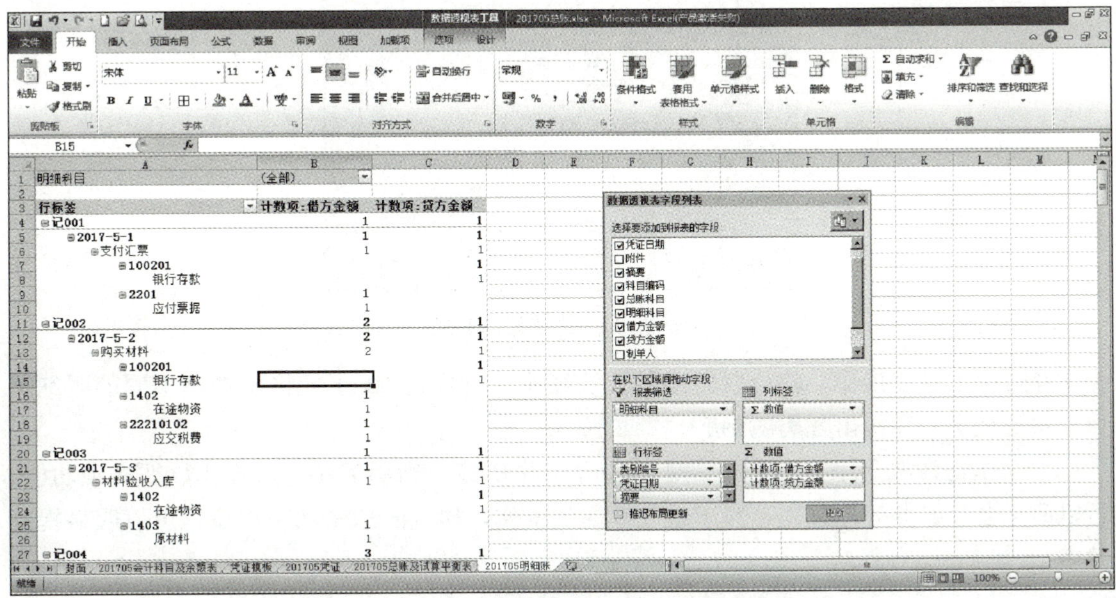

图 2-19　设置数据透视表的各区域字段

（6）右击 B4 单元格，打开快捷菜单，选择“值字段设置”命令，在打开的“值字段设置”对话框中，将“值汇总方式”列表框设为“求和”，如图 2-20、图 2-21 所示。

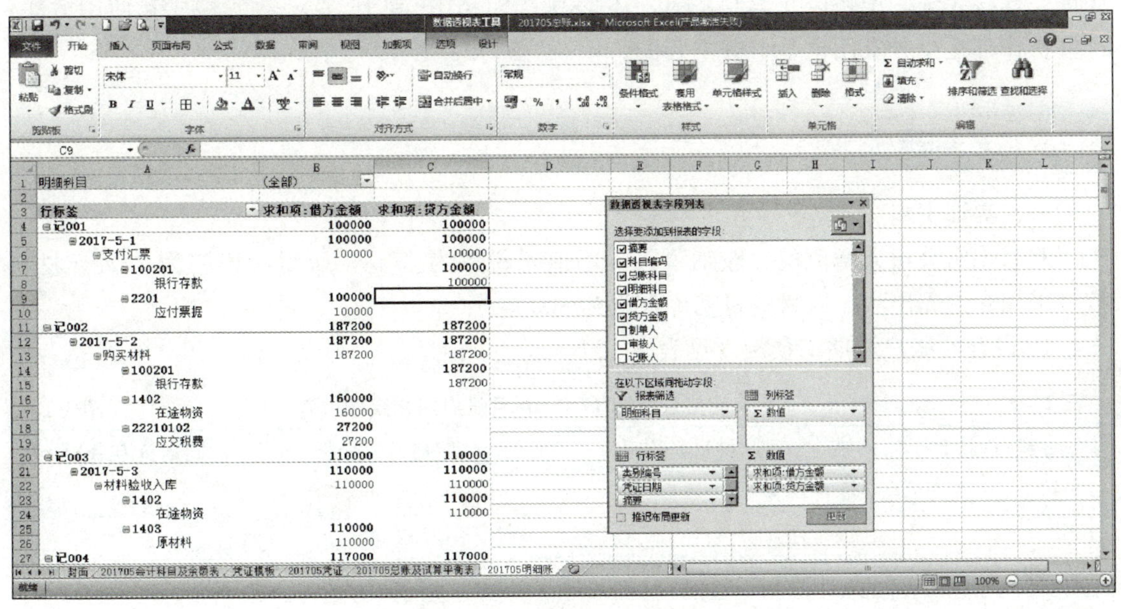

图 2-20　选择字段设置选项

（7）适当调整各行高和列宽。对于行高和列宽，我们可以根据自己的需要进行调整。

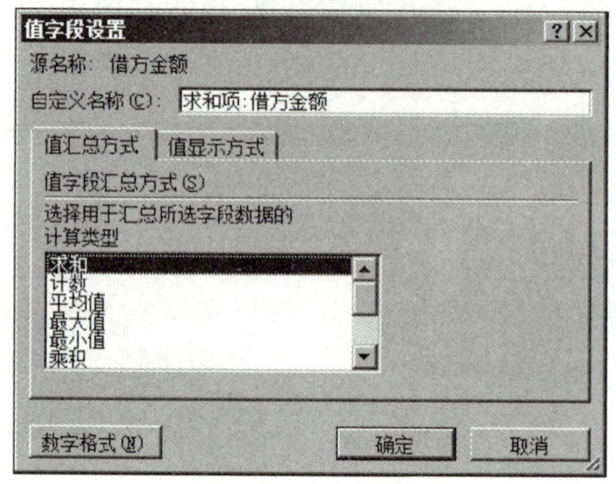

图 2-21　更改汇总方式

经过以上各步操作，就可以做出各类明细账，只要在 B1 单元格中选择不同的明细科目，系统就会自动给出各类明细账。

本操作是日常会计工作中最常见的账务工作任务。利用 Excel 函数和数据透视功能，可以简化会计账务处理过程，对于重复性高的工作，如生成总账和明细账，可以明显提高效率。

项目小结

本项目是账务处理系统的核心部分。我们主要学习了如何在 Excel 环境中建账、填制凭证、审核凭证、记账以及编制账簿，还学习了 SUMIF 和 IF 等函数的格式和使用方法，这些操作都是十分常用也是十分重要的。

技能训练

一、实训资料

北京伟信公司为增值税一般纳税人，增值税税率为 17%，所得税税率为 25%。材料核算采用先进先出法，原材料月初库存量为 800 吨。

1. 设置的账户及期初余额（见表 2-2）

表 2-2　北京伟信公司 2017 年 10 月账户期初余额　单位：元

科目编码	科目名称	期初借方余额	期初贷方余额
1001	库存现金	8 050.00	
1002	银行存款	759 025.00	
100201	工行	506 000.00	
100202	建行	253 025.00	
1012	其他货币资金	2 000 000.00	

续前表

科目编码	科目名称	期初借方余额	期初贷方余额
1101	交易性金融资产		
1121	应收票据	184 500.00	
1122	应收账款	658 000.00	
112201	北京水泥厂	100 000.00	
112202	天津物资贸易公司	300 000.00	
112203	上海玻璃制品厂	258 000.00	
1231	坏账准备		4 250.00
1123	预付账款	280 000.00	
1221	其他应收款	10 000.00	
122101	刘心	10 000.00	
1402	在途物资		
1403	原材料	1 268 300.00	
1411	周转材料	45 325.00	
141101	包装物	45 325.00	
1405	库存商品	368 000.00	
1511	长期股权投资	150 000.00	
151101	股票投资	150 000.00	
1601	固定资产	6 075 000.00	
1602	累计折旧		185 743.00
1604	在建工程		
1606	固定资产清理		
1701	无形资产	135 000.00	
1702	累计摊销		
1801	长期待摊费用		
2001	短期借款		400 000.00
2201	应付票据		300 000.00
2202	应付账款		1 076 460.00
220201	哈尔滨纺织公司		45 000.00
220202	北京水泥厂		49 460.00
220203	京津铝制品加工厂		27 000.00
220204	北京刀具厂		955 000.00
2211	应付职工薪酬		160 300.00
221101	工资		155 000.00
221102	福利费		5 300.00
2221	应交税费		155 747.00

续前表

科目编码	科目名称	期初借方余额	期初贷方余额
222101	应交增值税		
22210101	销项税额		
22210102	进项税额		
22210103	已交税金		
222102	未交增值税		52 114.00
222103	应交所得税		96 320.00
222104	应交城建税		3 842.00
222105	应交个人所得税		3 471.00
222110	应交教育费附加		
2231	应付利息		
2241	其他应付款		95 000.00
2501	长期借款		800 000.00
250101	本金		700 000.00
250102	应付利息		100 000.00
2502	应付债券		150 000.00
2701	长期应付款		632 500.00
4001	实收资本		6 000 000.00
4002	资本公积		553 200.00
4101	盈余公积		200 000.00
410101	法定盈余公积		200 000.00
4103	本年利润		
4104	利润分配		1 253 000.00
410401	未分配利润		1 253 000.00
5001	生产成本	30 000.00	
500101	基本生产成本	30 000.00	
500102	辅助生产成本		
5101	制造费用		
6001	主营业务收入		
6111	投资收益		
6401	主营业务成本		
6402	其他业务成本		
6403	税金及附加		
6601	销售费用		
6602	管理费用		
6603	财务费用		

续前表

科目编码	科目名称	期初借方余额	期初贷方余额
6711	营业外支出		
6801	所得税费用		
	合　　计	11 966 200.00	11 966 200.00

2. 2017 年 10 月发生的经济业务

(1) 10 月 4 日，从中国工商银行提取备用金 2 000 元。

(2) 10 月 5 日，购买材料，价款 50 000 元，进项税额 8 500 元。

(3) 10 月 6 日，销售部刘心预借差旅费 3 000 元。

(4) 10 月 8 日，计提生产工人工资 32 000 元、管理人员工资 8 000 元。

(5) 10 月 12 日，车间领用材料 32 000 元。

(6) 10 月 15 日，销售部销售产品，价款 250 000 元，销项税额 42 500 元，款项存入建设银行。

(7) 10 月 28 日，支付本月厂部电话费 580 元。

(8) 10 月 31 日，支付本月短期借款利息 320 元。

(9) 10 月 31 日，计提本月固定资产折旧 6 000 元，其中车间 4 000 元、厂部 2 000 元。

(10) 10 月 31 日，结转本月完工产品成本 32 000 元。

(11) 10 月 31 日，结转本月销售产品成本 12 000 元。

(12) 10 月 31 日，结转本月损益。

(13) 10 月 31 日，计算并结转应交所得税。

(14) 10 月 31 日，计算并结转本年利润。

二、实训要求

1. 建账

用 Excel 建立一个工作簿，并建立若干张工作表，用以分别存入会计科目及其期初余额、记账凭证，以及根据记账凭证自动生成的总账和明细账。

2. 设置账户

设置账户，即建立一个“会计科目及余额表”。

3. 输入期初余额

在“会计科目及余额表”中输入期初数据，并实现试算平衡。

4. 输入记账凭证

输入记账凭证，即建立一个“201710 凭证”工作表，在此表中输入所有业务凭证。

5. 生成总账

建立一个总账表，在此表中汇总所有凭证数据，并根据记账凭证自动生成总账。

6. 生成明细账

建立一个明细账，在此表中利用 Excel 的透视表功能自动生成明细账。

项目三 Excel 在工资核算中的应用

知识目标

- 了解工资的构成
- 熟练掌握 VLOOKUP 函数的格式

能力目标

- 掌握如何利用 Excel 输入工资数据
- 掌握如何利用 Excel 进行工资数据的处理与查询
- 掌握如何利用 Excel 编制工资费用分配表
- 掌握如何利用 Excel 进行工资账务处理

任务一 输入工资数据

基础知识

一、工资总额的构成

工资总额是指在一定时期内有计划地支付给职工劳动报酬的总额。为了统一工资的计划和核算工作，正确地计算工资总额和产品成本，国家对工资总额的组成做了统一规定，明确划分了工资性质的支出和非工资性质的支出。企业必须严格按照国家规定的工资总额组成内容进行工资核算，应该计入工资总额的支出不得漏计，不应该计入工资总额的支出不得任意计入。

按国家有关规定，工资总额由以下项目组成：

1. 计时工资

计时工资是指根据不同的职务、不同的工种及工资等级，在一定的时间（月、日、小时）按照每名职工的实际工作时间，支付给职工的工资数额。

2. 计件工资

计件工资是指根据规定的计件单位，按照每个人（或班组）完成的合格产量支付给职工的工资数额。它能比较准确地反映出劳动者实际付出的劳动量。

3. 加班加点工资

加班加点工资是指支付给职工在法定工作时间之外的劳动的报酬。

4. 经常性奖金

经常性奖金是指为了鼓励职工的生产积极性，更好地完成生产、技术、经济工作，给予职工的一种奖励。它是工资的补充形式，是与本企业生产经营活动有直接联系的劳动报酬，应直接计入当期成本费用。

5. 工资性津贴和补贴

津贴是指为了补偿职工特殊或额外的劳动消耗和其他特殊原因而支付给职工的津贴；补贴是指为了保证职工工资水平不受物价影响而支付给职工的物价补贴。

6. 特殊情况下支付的工资

特殊情况下支付的工资是指按照国家法令规定，在非正常工作情况下或者暂时离开工作岗位时支付给职工的工资，如病、伤、产、婚、丧、探亲假期的工资，女职工哺乳期间的工资，派出学习但仍算本单位编制内的职工的工资，出席各种会议、因公脱产时间的工资等。

二、应发工资与实发工资的计算

应发工资是劳动者提供正常劳动按照法律规定应当获得的全部工资，包括基本工资、加班工资、奖金、津贴等。实发工资是劳动者每月实际拿到的工资，通常会被扣减一些费用，如代扣代缴社会保险费、个人所得税等，劳动者实际到手的金额通常会比应发工资少。

应发工资与实发工资的计算公式为：

应发工资＝基本工资＋加班工资＋奖金＋津贴＋其他

实发工资＝应发工资－社会保险费－个人所得税－其他代扣款项

工作情境与分析

江西利民责任有限公司成立于 2000 年 1 月 1 日，设立了行政人事部、财务部、采购部、生产部、质检部、营销部六个部门，共 22 人，由人事部门提供了各员工的基本信息，见表 3－1。

表 3－1　职工基本信息表

职工代码	部门	职工类别	职工姓名	性别	年龄	入职时间
LM101	行政人事部	公司经理	刘志刚	男	46	2000 年 1 月
LM102	行政人事部	管理人员	李菲	女	28	2008 年 6 月

续前表

职工代码	部门	职工类别	职工姓名	性别	年龄	入职时间
LM201	财务部	部门经理	姜峰	男	40	2004 年 1 月
LM202	财务部	管理人员	李跃华	女	30	2003 年 3 月
LM203	财务部	管理人员	周春英	女	24	2010 年 9 月
LM301	采购部	部门经理	徐莉	女	32	2006 年 5 月
LM302	采购部	采购人员	刘凯强	男	25	2009 年 1 月
LM401	生产部	部门经理	黄良平	男	38	2000 年 1 月
LM402	生产部	基本生产人员	林杨	男	26	2007 年 4 月
LM403	生产部	基本生产人员	张洪健	男	33	2000 年 1 月
LM404	生产部	基本生产人员	李涛	男	27	2006 年 8 月
LM405	生产部	基本生产人员	张元庆	男	30	2004 年 5 月
LM406	生产部	基本生产人员	冯艳艳	女	26	2007 年 11 月
LM407	生产部	基本生产人员	刘鑫	男	25	2009 年 4 月
LM408	生产部	基本生产人员	曹敏	女	23	2010 年 3 月
LM501	质检部	部门经理	张勇	男	36	2008 年 1 月
LM502	质检部	质检人员	郑锐	女	27	2008 年 4 月
LM601	营销部	部门经理	陈浩	男	35	2000 年 1 月
LM602	营销部	销售人员	赵昌林	男	33	2000 年 1 月
LM603	营销部	销售人员	沈娟	女	25	2009 年 8 月
LM604	营销部	销售人员	孙炜	男	27	2006 年 2 月
LM605	营销部	销售人员	吴文建	男	23	2011 年 11 月

根据工资核算的操作流程，李跃华要完成的主要任务包括：输入工资数据→工资数据的处理与查询→工资费用分配→工资账务处理。

任务实施步骤

1. 建立职工基本信息表

（1）新建 Excel 工作簿，命名为“工资核算表”，将 Sheet1 命名为“职工基本信息表”，如图 3－1 所示，并据此设置职工基本信息的项目。

（2）由于部门的数目不多，采用下列表的形式输入。基本方法为：选定部门单元格区域 B3:B24，然后选择“数据→数据工具”功能区中的“数据有效性”命令，出现“数据有效性”对话框，在“设置”选项卡中“有效性条件”下的条件中选择“序列”，并在“来源”中输入部门的名称，如图 3－2 所示。单击“确定”按钮后，结果如图 3－3 所示。

（3）在“性别”项目栏也采用数据序列表的形式产生数据，方法如上。其他数据的输入采用直接输入法，同时注意在“入职时间”项目栏输入日期时，把格式调整为如图 3－3 所示的日期格式。

	A	B	C	D	E	F	G
1	职工基本信息表						
2	职工代码	部门	职工类别	职工姓名	性别	年龄	入职时间
3	LM101	行政人事部	公司经理	刘志刚	男	46	2000年1月
4	LM102	行政人事部	管理人员	李菲	女	28	2008年6月
5	LM201	财务部	部门经理	姜峰	男	40	2004年1月
6	LM202	财务部	管理人员	李跃华	女	30	2003年3月
7	LM203	财务部	管理人员	周春英	女	24	2010年9月
8	LM301	采购部	部门经理	徐莉	女	32	2006年5月
9	LM302	采购部	采购人员	刘凯强	男	25	2009年1月
10	LM401	生产部	部门经理	黄良平	男	38	2000年1月
11	LM402	生产部	基本生产人员	林杨	男	26	2007年4月
12	LM403	生产部	基本生产人员	张洪健	男	33	2000年1月
13	LM404	生产部	基本生产人员	李涛	男	27	2006年8月
14	LM405	生产部	基本生产人员	张元庆	男	30	2004年5月
15	LM406	生产部	基本生产人员	冯艳艳	女	26	2007年11月
16	LM407	生产部	基本生产人员	刘鑫	男	25	2009年4月
17	LM408	生产部	基本生产人员	曹敏	女	23	2010年3月
18	LM501	质检部	部门经理	张勇	男	36	2008年1月
19	LM502	质检部	质检人员	郑锐	女	27	2008年4月
20	LM601	营销部	部门经理	陈浩	男	35	2000年1月
21	LM602	营销部	销售人员	赵昌林	男	33	2000年1月
22	LM603	营销部	销售人员	沈娟	女	25	2009年8月
23	LM604	营销部	销售人员	孙炜	男	27	2006年2月
24	LM605	营销部	销售人员	吴文建	男	23	2011年11月

图 3-1　职工基本信息表

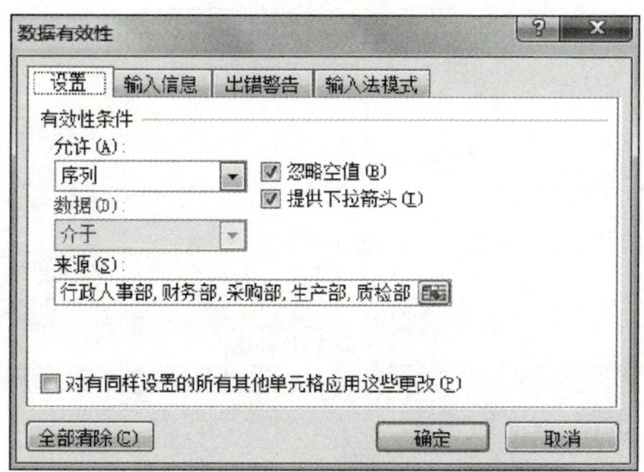

图 3-2　“数据有效性”对话框

	A	B	C	D	E	F	G
1	职工基本信息表						
2	职工代码	部门	职工类别	职工姓名	性别	年龄	入职时间
3	LM101	行政人事部	司经理	刘志刚	男	46	2000年1月
4	LM102	行政人事部	理人员	李菲	女	28	2008年6月
5	LM201	财务部 采购部	门经理	姜峰	男	40	2004年1月
6	LM202	生产部 质检部	理人员	李跃华	女	30	2003年3月
7	LM203	营销部	理人员	周春英	女	24	2010年9月
8	LM301	采购部	部门经理	徐莉	女	32	2006年5月
9	LM302	采购部	采购人员	刘凯强	男	25	2009年1月

图 3-3　部门数据序列的产生

为了工资计算方便，这里把职工基本信息表所在单元格区域 B2:G24 定义名称为“职工信息表”。

小提示：在“数据有效性”对话框的“来源”中输入数据时，两个序列之间用逗号隔开，并且逗号一定是半角状态下的。

同时，在“数据有效性”对话框的“来源”中的数据也可以通过引用单元格的方式获取。

2. 建立工资初始信息表

在“工资核算表”工作簿中，将 Sheet2 命名为“工资初始信息表”。根据企业工资核算制度，建立职工工资标准表，如图 3-4 所示。

	A	B	C	D
1	职工工资标准			
2	岗位	基本工资	岗位工资	奖金
3	公司经理	2200	2000	1000
4	部门经理	2000	1500	800
5	管理人员	1500	800	500
6	基本生产人员	1200	600	300
7	质检人员	1200	600	300
8	采购人员	1200	500	300
9	销售人员	1000	500	—
10	注意：销售人员奖金按销售业绩的1%计算。			

图 3-4 工资初始信息表

3. 建立职工考勤表

在“工资核算表”工作簿中，将 Sheet3 命名为“职工考勤表”。根据人事部门的考勤记录，汇总得到职工考勤表，如图 3-5 所示。

	A	B	C	D	E	F
1	职工考勤表					
2	职工代码	部门	职工姓名	病假（天）	事假（天）	加班小时
3	LM101	行政人事部	刘志刚			
4	LM102	行政人事部	李菲		1	
5	LM201	财务部	姜峰			10
6	LM202	财务部	李跃华	2		10
7	LM203	财务部	周春英			10
8	LM301	采购部	徐莉			
9	LM302	采购部	刘凯强			
10	LM401	生产部	黄良平			30
11	LM402	生产部	林杨			20
12	LM403	生产部	张洪健	2		20
13	LM404	生产部	李涛		3	20
14	LM405	生产部	张元庆			30
15	LM406	生产部	冯艳艳			30
16	LM407	生产部	刘鑫		1	30
17	LM408	生产部	曹敏			
18	LM501	质检部	张勇			15
19	LM502	质检部	郑锐			15
20	LM601	营销部	陈浩			
21	LM602	营销部	赵昌林			
22	LM603	营销部	沈娟			
23	LM604	营销部	孙炜			
24	LM605	营销部	吴文建			

图 3-5 职工考勤表

4. 建立销售业绩表

在"工资核算表"工作簿中，插入工作表，重命名为"销售业绩表"。从企业销售部门得到各销售人员的销售业绩，完成销售业绩表，如图 3-6 所示。

	A	B	C
1	销售业绩表		
2	职工代码	职工姓名	销售收入
3	LM601	陈浩	300000
4	LM602	赵昌林	200000
5	LM603	沈娟	150000
6	LM604	孙炜	150000
7	LM605	吴文建	100000

图 3-6　销售业绩表

5. 建立职工工资表

在"工资核算表"工作簿中，插入工作表，重命名为"职工工资表"，如图 3-7 所示。根据工资项目的组成设置工资表项目，姓名、部门、职工类别、性别、年龄数据通过 VLOOKUP 函数从"职工基本信息表"自动获取。

单元格 B4 公式为："＝VLOOKUP($B4,职工基本信息表!$A$1:$G$24,3,FALSE)"。本列其他单元格公式通过复制 B4 得到。结果如图 3-7 所示。

单元格 C4 公式为："＝VLOOKUP($C4,职工基本信息表!$A$1:$G$24,3,FALSE)"。本列其他单元格公式通过复制 C4 得到。结果如图 3-7 所示。

单元格 D4 公式为："＝VLOOKUP($D4,职工基本信息表!$A$1:$G$24,3,FALSE)"。本列其他单元格公式通过复制 D4 得到。结果如图 3-7 所示。

单元格 E4 公式为："＝VLOOKUP($E4,职工基本信息表!$A$1:$G$24,3,FALSE)"。本列其他单元格公式通过复制 E4 得到。结果如图 3-7 所示。

单元格 F4 公式为："＝VLOOKUP($F4,职工基本信息表!$A$1:$G$24,3,FALSE)"。本列其他单元格公式通过复制 F4 得到。结果如图 3-7 所示。

	A	B	C	D	E	F	G	H	I	J	K	L	M	N	O	P	Q
1	职工工资表																
2	日期：2017年5月31日																金额单位：元
3	职工代码	部门	职工类别	姓名	性别	年龄	基本工资	岗位工资	补贴	奖金	加班工资	缺勤扣款	全勤奖	应发工资	医疗保险	个人所得税	实发工资
4	LM101	行政人事部	公司经理	刘志刚	男	46											
5	LM102	行政人事部	管理人员	李菲	女	28											
6	LM201	财务部	部门经理	姜峰	男	40											
7	LM202	财务部	管理人员	李跃华	女	30											
8	LM203	财务部	管理人员	周春英	女	24											
9	LM301	采购部	部门经理	徐莉	女	32											
10	LM302	采购部	采购人员	刘凯强	男	25											
11	LM401	生产部	部门经理	黄良平	男	38											
12	LM402	生产部	基本生产人员	林杨	男	26											
13	LM403	生产部	基本生产人员	张洪健	男	33											

图 3-7　职工工资表

任务二　数据处理与查询

基础知识

一、五险一金的计提

"五险"指的是五种保险，包括养老保险、医疗保险、失业保险、工伤保险和生育保险；"一金"指的是住房公积金。其中养老保险、医疗保险和失业保险这三种保险由企业和个人共同缴纳，工伤保险和生育保险完全由企业承担，个人不需要缴纳。表 3－2 为职工五险一金缴纳比例参考表。

表 3－2　　职工五险一金缴纳比例参考表

项目名称	单位缴纳比例	个人缴纳比例
养老保险	20%	8%
医疗保险	6%	2%
失业保险	2%	1%
生育保险	1%	0
工伤保险	0.5%～2%	0
住房公积金	12%	12%

注意：五险一金是按照职工月缴费工资的一定缴纳比例缴纳的，月缴费工资一般是指职工当月的工资总额，但最低不低于当地月平均工资的 60%，最高不高于当地月平均工资的 300%。

二、个人所得税的计算

职工的工资收入所得，按税法规定，超过 3 500 元时，超出的部分按税率表缴纳个人所得税，所纳税金额由公司代扣代缴。工资、薪金所得个人所得税 7 级累进税率表见表 3－3。

表 3－3　　工资、薪金所得个人所得税税率表

级数	全月应纳税所得额	税率（%）	速算扣除数（元）
1	不超过 1 500 元的部分	3	0
2	超过 1 500 元至 4 500 元的部分	10	105
3	超过 4 500 元至 9 000 元的部分	20	555
4	超过 9 000 元至 35 000 元的部分	25	1 005
5	超过 35 000 元至 55 000 元的部分	30	2 755
6	超过 55 000 元至 80 000 元的部分	35	5 505
7	超过 80 000 元的部分	45	13 505

个人所得税的计算公式为：

个人所得税=[(工资－五险一金－起征点金额)*税率]－速算扣除数

工作情境与分析

根据公司职工薪资管理制度的规定，江西利民责任有限公司职工的工资由以下几部分构成：

（1）基本工资和岗位工资。与职工工作岗位相关，具体标准如图 3－4 所示。

(2) 补贴。即公司提供给职工的伙食补贴，为职工基本工资和岗位工资的 20%。

(3) 奖金。营销部职工按销售业绩的 1%发放奖金，其他部门职工奖金为：公司经理 1 000 元，部门经理 800 元，管理人员 500 元，其他职工 300 元。

(4) 加班工资。按加班时间计算，每小时 30 元。

(5) 全勤奖。当月没有病事假，可发放全勤奖 200 元。如果有病假，按日基本工资的一半扣款，事假则扣除当日的基本工资。

公司帮职工缴纳了医疗保险，其中个人缴纳比例为 2%，公司缴纳比例为 6%。

李跃华在了解了公司薪资制度后，着手开始编制职工本月的工资表，并为每名职工做了工资条，以便大家了解个人的工资发放情况。

任务实施步骤

1. “基本工资”“岗位工资”数据的输入

(1) 在“基本工资”数据单元格 G4 中输入公式“=VLOOKUP(C4,工资初始信息表!$A$1:$D$9,2,FALSE)”，表示为在工资初始信息表中查找岗位所对应的基本工资，如图 3-8 所示。单元格 G5:G25 公式通过复制单元格 G4 公式得到。

G4 =VLOOKUP(C4,工资初始信息表!$A$1:$D$9,2,FALSE)

	A	B	C	D	E	F	G	H	I	J	K	L	M	N	O	P	Q
1	职工工资表																
2	日期：2017年5月31日																金额单位：元
3	职工代码	部门	职工类别	姓名	性别	年龄	基本工资	岗位工资	补贴	奖金	加班工资	缺勤扣款	全勤奖	应发工资	医疗保险	个人所得税	实发工资
4	LM101	行政人事部	公司经理	刘志刚	男	46	2200										
5	LM102	行政人事部	管理人员	李菲	女	28	1500										

图 3-8 “基本工资”公式设置

(2) 在“岗位工资”数据单元格 H4 中输入公式“=VLOOKUP(C4,工资初始信息表!$A$1:$D$9,3,FALSE)”，表示为在工资初始信息表中查找岗位所对应的岗位工资，如图 3-9 所示。单元格 H5:H25 公式通过复制单元格 H4 公式得到。

H4 =VLOOKUP(C4,工资初始信息表!$A$1:$D$9,3,FALSE)

	A	B	C	D	E	F	G	H	I	J	K	L	M	N	O	P	Q
1	职工工资表																
2	日期：2017年5月31日																金额单位：元
3	职工代码	部门	职工类别	姓名	性别	年龄	基本工资	岗位工资	补贴	奖金	加班工资	缺勤扣款	全勤奖	应发工资	医疗保险	个人所得税	实发工资
4	LM101	行政人事部	公司经理	刘志刚	男	46	2200	2000									
5	LM102	行政人事部	管理人员	李菲	女	28	1500	800									

图 3-9 “岗位工资”公式设置

2. “补贴”数据的输入

根据公司规定，补贴为基本工资和岗位工资的 20%。在“补贴”数据单元格 I4 中输入公式“=(G4+H4)*20%”，如图 3-10 所示。本列其他单元格公式通过复制单元格 I4 公式得到。

3. “奖金”数据的输入

在“奖金”数据单元格 J4 中输入公式“=IF(B4=“营销部”,VLOOKUP(A4,销售业绩表!$A$1:$C$7,3,FALSE)*1%,VLOOKUP(C4,工资初始信息表!$A$1:$D

I4 =(G4+H4)*20%

职工工资表

日期：2017年5月31日 金额单位：元

职工代码	部门	职工类别	姓名	性别	年龄	基本工资	岗位工资	补贴	奖金	加班工资	缺勤扣款	全勤奖	应发工资	医疗保险	个人所得税	实发工资
LM101	行政人事部	公司经理	刘志刚	男	46	2200	2000	840								
LM102	行政人事部	管理人员	李菲	女	28	1500	800	460								

图 3-10 “补贴”公式设置

$10,4,FALSE))”，如图 3-11 所示。本列其他单元格公式通过复制单元格 J4 公式得到。

J4 =IF(B4="营销部",VLOOKUP(A4,销售业绩表!$A$1:$C$7,3,FALSE)*1%,VLOOKUP(C4,工资初始信息表!$A$1:$D$10,4,FALSE))

职工工资表

日期：2017年5月31日 金额单位：元

职工代码	部门	职工类别	姓名	性别	年龄	基本工资	岗位工资	补贴	奖金	加班工资	缺勤扣款	全勤奖	应发工资	医疗保险	个人所得税	实发工资
LM101	行政人事部	公司经理	刘志刚	男	46	2200	2000	840	1000							
LM102	行政人事部	管理人员	李菲	女	28	1500	800	460	500							

图 3-11 “奖金”公式设置

4. “加班工资”数据的输入

根据公司规定，加班工资为每小时 30 元。在“加班工资”数据单元格 K4 中输入公式“=职工考勤表!F3*30”，如图 3-12 所示。本列其他单元格公式通过复制单元格 K4 公式得到。

K4 =职工考勤表!F3*30

职工工资表

日期：2017年5月31日 金额单位：元

职工代码	部门	职工类别	姓名	性别	年龄	基本工资	岗位工资	补贴	奖金	加班工资	缺勤扣款	全勤奖	应发工资	医疗保险	个人所得税	实发工资
LM101	行政人事部	公司经理	刘志刚	男	46	2200	2000	840	1000	0						
LM102	行政人事部	管理人员	李菲	女	28	1500	800	460	500	0						

图 3-12 “加班工资”公式设置

5. “缺勤扣款”数据的输入

根据公司规定，病假按日基本工资的一半扣款，事假则扣除当日的基本工资，当月没有病事假，可发放全勤奖 200 元。

在“缺勤扣款”数据单元格 L4 中输入公式“=G4/22*职工考勤表!D3+G4/22*职工考勤表!E3”，如图 3-13 所示。本列其他单元格公式通过复制单元格 L4 公式得到。

L4 =G4/22*职工考勤表!D3+G4/22*职工考勤表!E3

职工工资表

日期：2017年5月31日 金额单位：元

职工代码	部门	职工类别	姓名	性别	年龄	基本工资	岗位工资	补贴	奖金	加班工资	缺勤扣款	全勤奖	应发工资	医疗保险	个人所得税	实发工资
LM101	行政人事部	公司经理	刘志刚	男	46	2200	2000	840	1000	0	0.00					
LM102	行政人事部	管理人员	李菲	女	28	1500	800	460	500	0	68.18					

图 3-13 “缺勤扣款”公式设置

6. “全勤奖”数据的输入

在“全勤奖”数据单元格 M4 中输入公式“=IF(L4=0,200,0)”，如图 3-14 所示。本列其他单元格公式通过复制单元格 M4 公式得到。

7. “应发工资”数据的输入

在“应发工资”数据单元格 N4 中输入公式“=G4+H4+I4+J4+K4+M4-L4”，

M4 fx =IF(L4=0,200,0)

	A	B	C	D	E	F	G	H	I	J	K	L	M	N	O	P	Q
1								职工工资表									
2	日期：2017年5月31日																金额单位：元
3	职工代码	部门	职工类别	姓名	性别	年龄	基本工资	岗位工资	补贴	奖金	加班工资	缺勤扣款	全勤奖	应发工资	医疗保险	个人所得税	实发工资
4	LM101	行政人事部	公司经理	刘志刚	男	46	2200	2000	840	1000	0	0.00	200				
5	LM102	行政人事部	管理人员	李菲	女	28	1500	800	460	500	0	68.18	0				

图 3-14 “全勤奖”公式设置

如图 3-15 所示。本列其他单元格公式通过复制单元格 N4 公式得到。

N4 fx =G4+H4+I4+J4+K4+M4-L4

	A	B	C	D	E	F	G	H	I	J	K	L	M	N	O	P	Q
1								职工工资表									
2	日期：2017年5月31日																金额单位：元
3	职工代码	部门	职工类别	姓名	性别	年龄	基本工资	岗位工资	补贴	奖金	加班工资	缺勤扣款	全勤奖	应发工资	医疗保险	个人所得税	实发工资
4	LM101	行政人事部	公司经理	刘志刚	男	46	2200	2000	840	1000	0	0.00	200	6240.00			
5	LM102	行政人事部	管理人员	李菲	女	28	1500	800	460	500	0	68.18	0	3191.82			

图 3-15 “应发工资”公式设置

8. “医疗保险”数据的输入

根据公司规定，医疗保险个人缴纳部分为应发工资的 2%。在“医疗保险”数据单元格 O4 中输入公式“＝N4＊2%”，如图 3-16 所示。本列其他单元格公式通过复制单元格 O4 公式得到。

O4 fx =N4*2%

	A	B	C	D	E	F	G	H	I	J	K	L	M	N	O	P	Q
1								职工工资表									
2	日期：2017年5月31日																金额单位：元
3	职工代码	部门	职工类别	姓名	性别	年龄	基本工资	岗位工资	补贴	奖金	加班工资	缺勤扣款	全勤奖	应发工资	医疗保险	个人所得税	实发工资
4	LM101	行政人事部	公司经理	刘志刚	男	46	2200	2000	840	1000	0	0.00	200	6240.00	124.80		
5	LM102	行政人事部	管理人员	李菲	女	28	1500	800	460	500	0	68.18	0	3191.82	63.84		

图 3-16 “医疗保险”公式设置

9. “个人所得税”数据的输入

个人所得税根据应发工资扣除个人缴纳五险一金后的数额来计算。在“个人所得税”数据单元格 P4 中输入公式“＝IF(N4－O4－3500＜＝0,0,IF(N4－O4－3500＜＝1500,(N4－O4)＊3%,(N4－O4)＊10%－105))”，如图 3-17 所示。本列其他单元格公式通过复制单元格 P4 公式得到。

P4 fx =IF(N4-O4-3500<=0,0,IF(N4-O4-3500<=1500,(N4-O4)*3%,(N4-O4)*10%-105))

	A	B	C	D	E	F	G	H	I	J	K	L	M	N	O	P	Q
1								职工工资表									
2	日期：2017年5月31日																金额单位：元
3	职工代码	部门	职工类别	姓名	性别	年龄	基本工资	岗位工资	补贴	奖金	加班工资	缺勤扣款	全勤奖	应发工资	医疗保险	个人所得税	实发工资
4	LM101	行政人事部	公司经理	刘志刚	男	46	2200	2000	840	1000	0	0.00	200	6240.00	124.80	506.52	
5	LM102	行政人事部	管理人员	李菲	女	28	1500	800	460	500	0	68.18	0	3191.82	63.84	0.00	

图 3-17 “个人所得税”公式设置

10. “实发工资”数据的输入

在“实发工资”数据单元格 Q4 中输入公式“＝N4－O4－P4”，如图 3-18 所示。本列其他单元格公式通过复制单元格 Q4 公式得到。

11. 工资数据的查询

(1) 利用筛选功能进行工资数据的查询。利用数据筛选的功能，则可以只显示查询的

Q4	=N4-O4-P4

职工工资表

日期：2017年5月31日　　金额单位：元

职工代码	部门	职工类别	姓名	性别	年龄	基本工资	岗位工资	补贴	奖金	加班工资	缺勤扣款	全勤奖	应发工资	医疗保险	个人所得税	实发工资
LM101	行政人事部	公司经理	刘志刚	男	46	2200	2000	840	1000	0	0.00	200	6240.00	124.80	506.52	5608.68
LM102	行政人事部	管理人员	李菲	女	28	1500	800	460	500	0	68.18	0	3191.82	63.84	0.00	3127.98

图 3－18 “实发工资”公式设置

数据。具体操作为：在数据区域中单击单元格区域 A3：Q3，然后选择“数据→排序和筛选”功能区中的“筛选”命令，则每一列数据顶端的项目名称右侧会出现一个下拉列表按钮。根据需要从中选择需要显示的数据要求后，符合条件的数据就被显示出来了。如图 3－19 所示。

职工工资表

日期：2017年5月31日　　金额单位：元

升序(S)
降序(O)
按颜色排序(T)
从“部门”中清除筛选(C)
按颜色筛选(I)
文本筛选(F)
搜索
(全选)
财务部
采购部
行政人事部
生产部
营销部
质检部
确定　取消

职工类别	姓名	性别	年龄	基本工资	岗位工资	补贴	奖金	加班工资	缺勤扣款	全勤奖	应发工资	医疗保险	个人所得税	实发工资
	刘志刚	男	46	2200	2000	840	1000	0	0.00	200	6240.00	124.80	506.52	5608.68
	李菲	女	28	1500	800	460	500	0	68.18	0	3191.82	63.84	0.00	3127.98
	姜峰	男	40	2000	1500	700	800	300	0.00	200	5500.00	110.00	434.00	4956.00
	李跃华	女	30	1500	800	460	500	300	136.36	0	3423.64	68.47	0.00	3355.16
	周春英	女	24	1500	800	460	500	300	0.00	200	3760.00	75.20	110.54	3574.26
	徐莉	女	32	2000	1500	700	800	0	0.00	200	5200.00	104.00	404.60	4691.40
	刘凯强	男	25	1200	500	340	300	0	0.00	200	2540.00	50.80	0.00	2489.20
	黄良平	男	38	2000	1500	700	800	900	0.00	200	6100.00	122.00	492.80	5485.20
人员	林杨	男	26	1200	600	360	300	600	0.00	200	3260.00	65.20	0.00	3194.80
人员	张洪健	男	33	1200	600	360	300	600	109.09	0	2950.91	59.02	0.00	2891.89
人员	李涛	男	27	1200	600	360	300	600	163.64	0	2896.36	57.93	0.00	2838.44
人员	张元庆	男	30	1200	600	360	300	900	0.00	200	3560.00	71.20	0.00	3488.80
人员	冯艳艳	女	26	1200	600	360	300	900	0.00	200	3560.00	71.20	0.00	3488.80
人员	刘鑫	男	25	1200	600	360	300	900	54.55	0	3305.45	66.11	0.00	3239.35
人员	曹敏	女	23	1200	600	360	300	0	0.00	200	2660.00	53.20	0.00	2606.80
	张勇	男	36	2000	1500	700	800	450	0.00	200	5650.00	113.00	448.70	5088.30
	郑锐	女	27	1200	600	360	300	450	0.00	200	3110.00	62.20	0.00	3047.80
	陈浩	男	35	2000	1500	700	3000	0	0.00	200	7400.00	148.00	620.20	6631.80
	赵昌林	男	33	1000	500	300	2000	0	0.00	200	4000.00	80.00	117.60	3802.40
	沈娟	女	25	1000	500	300	1500	0	0.00	200	3500.00	70.00	0.00	3430.00
	孙炜	男	27	1000	500	300	1500	0	0.00	200	3500.00	70.00	0.00	3430.00
	吴文建	男	23	1000	500	300	1000	0	0.00	200	3000.00	60.00	0.00	2940.00

图 3－19 进入筛选状态

比如，要想查找财务部人员的工资，则在复选框中只选择“财务部”，然后单击“确定”按钮，查询结果如图 3－20 所示。

职工工资表

日期：2017年5月31日　　金额单位：元

职工代码	部门	职工类别	姓名	性别	年龄	基本工资	岗位工资	补贴	奖金	加班工资	缺勤扣款	全勤奖	应发工资	医疗保险	个人所得税	实发工资
LM201	财务部	部门经理	姜峰	男	40	2000	1500	700	800	300	0.00	200	5500.00	110.00	434.00	4956.00
LM202	财务部	管理人员	李跃华	女	30	1500	800	460	500	300	136.36	0	3423.64	68.47	0.00	3355.16
LM203	财务部	管理人员	周春英	女	24	1500	800	460	500	300	0.00	200	3760.00	75.20	110.54	3574.26

图 3－20 查询结果

如果想取消筛选，则点击数据区域任一单元格，再次选择“数据→排序和筛选”功能区中的“筛选”命令，即可取消。

（2）利用高级筛选功能进行工资数据的查询。首先，进行筛选条件的设置，比如查询生产部应发工资小于 3 000 元的人员工资数据，条件为“部门＝生产部”，且“应发工资＜3000”，如图 3－21 所示。

然后选择“数据→排序和筛选”功能区中的“高级”命令，弹出“高级筛选”对话框，设置“条件区域”，如图 3－22 所示。

最后单击“确定”按钮，结果如图 3－23 所示。

S	T
条件区域	
部门	应发工资
生产部	<3000

图 3－21 筛选条件的设置

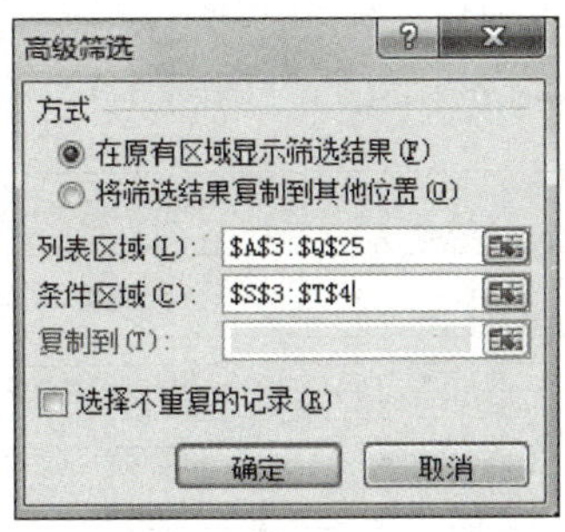

图 3－22 设置“条件区域”

	名称框	B	C	D	E	F	G	H	I	J	K	L	M	N	O	P	Q
1	职工工资表																
2	日期：2017年5月31日																金额单位：元
3	职工代码	部门	职工类别	姓名	性别	年龄	基本工资	岗位工资	补贴	奖金	加班工资	缺勤扣款	全勤奖	应发工资	医疗保险	个人所得税	实发工资
13	LM403	生产部	基本生产人员	张洪健	男	33	1200	600	360	300	600	109.09	0	2950.91	59.02	0.00	2891.89
14	LM404	生产部	基本生产人员	李涛	男	27	1200	600	360	300	600	163.64	0	2896.36	57.93	0.00	2838.44
18	LM408	生产部	基本生产人员	曹敏	女	23	1200	600	360	300	0	0.00	200	2660.00	53.20	0.00	2606.80

图 3－23 筛选结果

小提示：设置条件区域时，字段名在上，条件在下，同时平行的条件为“并且”的意思，一个字段名下现列的条件为“或”的意思。

12. 工资条的制作

（1）打开“工资核算表”工作簿，新建工作表，重命名为“职工工资条”。

（2）选中单元格 A1，输入公式“＝IF(MOD(ROW(),3)＝1,职工工资表!A＄3,IF(MOD(ROW(),3)＝2,OFFSET(职工工资表!A＄3,ROW()/3＋1,0),""))”。

（3）选中单元格 A1，鼠标置于单元格右下角，当箭头变成十字形时，则向右拉至 Q1 单元格。然后再选中 A1:Q1 向下拉，直至显示出全部职工的工资条。

（4）选中单元格区域 A1:Q2，选择添加边框工具栏下拉菜单“所有框线”，如图 3－24 所示。

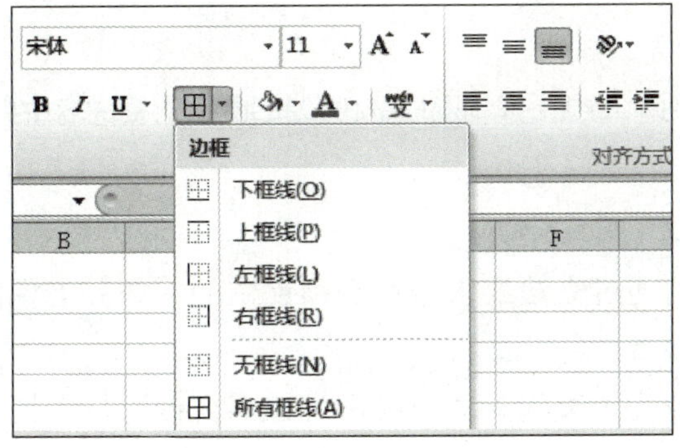

图 3－24 添加所有框线

（5）选中A3:Q3单元格，然后选择“合并后居中”，再选中A1:Q3向下拉，给所有职工工资条添加完边框。如图3-25所示。

	A	B	C	D	E	F	G	H	I	J	K	L	M	N	O	P	Q
1	职工代码	部门	职工类别	姓名	性别	年龄	基本工资	岗位工资	补贴	奖金	加班工资	缺勤扣款	全勤奖	应发工资	医疗保险	个人所得税	实发工资
2	LM101	行政人事部	公司经理	刘志刚	男	46	2200	2000	840	1000	0	0	200	6240	124.8	506.52	5608.68
3																	
4	职工代码	部门	职工类别	姓名	性别	年龄	基本工资	岗位工资	补贴	奖金	加班工资	缺勤扣款	全勤奖	应发工资	医疗保险	个人所得税	实发工资
5	LM102	行政人事部	管理人员	李菲	女	28	1500	800	460	500	0	68.18182	0	3191.818	63.83636	0	3127.982
6																	
7	职工代码	部门	职工类别	姓名	性别	年龄	基本工资	岗位工资	补贴	奖金	加班工资	缺勤扣款	全勤奖	应发工资	医疗保险	个人所得税	实发工资
8	LM201	财务部	部门经理	龚峰	男	40	2000	1500	700	800	300	0	200	5500	110	434	4956
9																	
10	职工代码	部门	职工类别	姓名	性别	年龄	基本工资	岗位工资	补贴	奖金	加班工资	缺勤扣款	全勤奖	应发工资	医疗保险	个人所得税	实发工资
11	LM202	财务部	管理人员	李跃华	女	30	1500	800	460	500	300	136.3636	0	3423.636	68.47273	0	3355.164
12																	
13	职工代码	部门	职工类别	姓名	性别	年龄	基本工资	岗位工资	补贴	奖金	加班工资	缺勤扣款	全勤奖	应发工资	医疗保险	个人所得税	实发工资
14	LM203	财务部	管理人员	周春英	女	24	1500	800	460	500	300	0	200	3760	75.2	110.544	3574.256

图3-25　工资条的制作效果

小提示： 对公式“=IF(MOD(ROW(),3)=1,职工工资表!A$3,IF(MOD(ROW(),3)=2,OFFSET(职工工资表!A$3,ROW()/3+1,0),""))”的说明如下：

（1）MOD函数是求余数函数，支持两个参数，第一个参数是被除数，第二个参数是除数，结果返回余数。

（2）ROW函数是返回指定行行号的函数，若省略参数则返回当前行。

（3）OFFSET函数是返回偏移量的函数，支持5个参数，分别是“参照区域”“行数”“列数”“高度”“宽度”。

（4）""表示空白，返回空。

任务三　工资费用分配

基础知识

一、职工福利费

根据《企业财务通则》的规定，职工福利费按照月工资总额的14%提取，专门用于职工的福利性支出。

1. 福利费的开支范围

（1）法定福利：政府通过立法要求企业必须提供的，如养老保险、失业保险、医疗保险、工伤保险、生育保险等。

（2）企业福利：企业为了吸引人才或稳定员工而自行为员工提供的福利措施，如工作餐、工作服、团体保险等。

企业福利根据享受的范围不同，可以分以下两种：（1）全员性福利，指全体员工可以

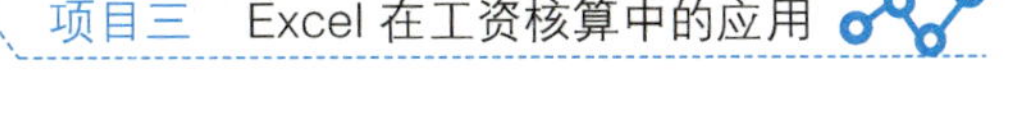

享受的福利，如工作餐、节日礼物、健康体检、带薪年假等。(2) 特殊群体福利，指专供特殊群体享用的福利，包括住房、汽车等福利项目。这些特殊群体往往是对企业做出特殊贡献的技术专家、管理专家等企业核心人员。

2. 提取福利费的作用

(1) 福利是对员工生活的照顾，是企业为员工提供的除工资与奖金之外的物质待遇，是劳动的间接回报。

(2) 福利对企业的发展具有重要意义，主要有以下作用：1) 吸引优秀员工；2) 提高员工的士气，解决员工的后顾之忧；3) 降低员工的流动率；4) 激励员工；5) 提高企业的经济效益。

(3) 法定福利是在员工因年老、疾病、生育、伤残、死亡等而丧失劳动能力或不能劳动，或者因失业而中断劳动，本人和家属失去工资收入时，国家或社会根据他们特殊的基本生活需要，按照物质帮助原则所给予的生活保障，其本质是国家或社会提供的一种社会保障制度。

(4) 企业福利是对正在劳动岗位上的员工，在参加按劳分配的同时，为解决他们共同的和特殊的需要，改善其物质文化生活所给予的一种帮助。企业根据总体发展情况，可以自行决定企业福利，不受相关法律法规的限制。

二、工会经费

根据《中华人民共和国工会法》(简称《工会法》) 的规定，企业有职工 25 人以上的，应当建立基层工会委员会；不足 25 人的，可以单独建立或者联合建立基层工会委员会，也可以选举组织员一人，组织会员开展活动。任何组织和个人不得随意撤销、合并工会组织。职工 200 人以上的企业、事业单位的工会，可以设专职工会主席。企业、事业单位研究经营管理和发展的重大问题应当听取工会的意见；召开讨论有关工资、福利、劳动安全卫生、社会保险等涉及职工切身利益的会议，必须有工会代表参加。

建立工会组织的企业，按每月全部职工工资总额的 2%向工会拨缴经费，并在成本 (费用) 中列支。企业无正当理由拖延或者拒不拨缴工会经费的，基层工会或者上级工会可以向当地人民法院申请支付令；拒不执行支付令的，工会可以依法申请人民法院强制执行。

1. 工会经费的来源

企业工会组织的财产分为两类：一是由企业提供的办公设施，其财产所有权属于企业，不属于工会；二是从企业计提的工会经费和工会会员缴纳的会费形成的财产，这些财产的所有权属于工会组织，不再属于企业。因此，工会组织的活动经费通常包括三部分：

(1) 由企业向工会组织提供的办公设施。包括工会日常活动所必需的房屋设备，以及有关水电、办公用品等设施，通常由企业提供，其维修费用通常也由企业承担。

(2) 企业按规定计提的工会经费。根据我国《工会法》的规定，企业每月应按全部职工实际工资总额的 2%向本企业工会拨缴工会经费，在管理费中列支。但必须收到专用收据后才可以在所得税税前扣除。

（3）工会会员缴纳的会费。根据我国《工会法》的规定，工会会员每月按基本工资的5‰缴纳会费。

2. 工会经费上缴的管理

根据我国《工会法》的规定，企业计提的工会经费，本企业工会留用比例不少于60%，拨缴给上级工会的比例不应超过40%。其中，拨缴给省、自治区、直辖市总工会和市（县）总工会两级的留用比例应不超过35%，其余5%上缴给全国总工会。

3. 工会经费的列支

工会经费主要用于职工的教育和工会活动，其开支范围如下：

（1）宣传活动支出，包括工会组织日常的学习、劳动竞赛，举办各种报告会、展览会、讲座和其他技术交流的宣传费用，以及各种宣传工具的购置维修和集体订阅的报纸杂志等支出。

（2）文艺活动支出，包括工会开展业余文艺活动所需的设备购置费和维修费，举办联欢会、艺术展览等文艺活动的经费，还包括工人文化宫、工人俱乐部、工人图书馆的设备购置维修费和日常经费。

（3）体育活动支出，包括工会举办的各种体育活动的设备购置费和维修费、运动用品和服装费等。

（4）工会干部训练费，即培训工会专职人员的费用。

（5）工会行政费有关支出，包括工会专职人员的人员经费、办公费、差旅费等费用。

（6）补助支出，包括工会会员的困难补助和职工集体福利事业的补助费用。

（7）工会专职人员的工资，该部分由工会经费开支，其他各种待遇与本企业其他职工相同，由企业负担。

4. 暂不计提工会经费的情况

（1）未成立工会组织的企业，可以不计提工会经费。

（2）处于停产或半停产状态的企业，可以不计提工会经费。

但是，以上两条各地方规定不一，具体情况应查询当地工会的有关组织。

三、职工教育经费

企业一般按照职工工资总额的1.5%从成本（费用）中提取职工教育经费，作为负债管理。对员工技术素质要求高、培训任务重、经济效益较好的企业可按2.5%提取。

根据财政部、全国总工会等11个部门联合印发的《关于企业职工教育经费提取与使用管理的意见》，职工教育培训经费必须专款专用，面向全体职工开展教育培训，特别是要加强各类高技能人才的培养。具体列支范围包括：

（1）上岗和转岗培训。

（2）各类岗位适应性培训。

（3）岗位培训、职业技术等级培训、高技能人才培训。

(4) 专业技术人员继续教育。

(5) 特种作业人员培训。

(6) 企业组织的职工外送培训的经费支出。

(7) 职工参加的职业技能鉴定、职业资格认证等经费支出。

(8) 购置教学设备与设施。

(9) 职工岗位自学成才奖励费用。

(10) 职工教育培训管理费用。

(11) 有关职工教育的其他开支。

经单位批准参加继续教育以及政府有关部门集中举办的专业技术、岗位培训、职业技术等级培训、高技能人才培训所需经费，可从职工教育经费中列支。企业职工参加社会上的学历教育以及个人为取得学位而参加的在职教育，所需费用应由个人承担。企业高层管理人员的境外培训和考察，其一次性单项支出较高的费用应从其他管理费用中支出。

职工教育经费由企业按照国家有关财务规定自主支配使用，任何政府部门或其他单位不得以统筹的名义直接向企业收取职工教育经费。为保障企业职工的学习权利和提高他们的基本技能，职工教育经费的60%以上应用于企业一线职工的教育和培训。企业应当按规定向职工公开职工教育经费有关财务、会计信息。

工作情境与分析

为了保障员工的经济利益，吸引优秀员工为企业工作，江西利民责任有限公司决定：按工资总额的14%计提福利费，以便满足各项福利开支；按工资总额的2%计提工会经费，用于开展员工活动，丰富员工业余生活；按工资总额的1.5%计提职工教育经费，用于员工培训、继续教育方面的开支。

任务实施步骤

工资费用的分配是财务工作中非常重要的一项工作，财务人员要根据各部门的人员工资以及工作性质进行汇总分配，记入不同的会计科目。江西利民责任有限公司设计的工资费用分配表见表3-4。

表3-4 工资费用分配表

借方科目 \ 项目		应发工资总额	职工福利费(14%)	工会经费(2%)	教育经费(1.5%)	社会保险费(2%)
生产成本	生产部					
	合计					
制造费用	采购部					
	质检部					
	合计					

续前表

借方科目＼项目		应发工资总额	职工福利费（14%）	工会经费（2%）	教育经费（1.5%）	社会保险费（2%）
管理费用	行政人事部					
	财务部					
	合计					
销售费用	营销部					
	合计					
合计						

1. 设计工资费用分配表格式

打开“工资核算表”工作簿，新建工作表，重命名为“工资费用分配表”，输入应发工资总额、职工福利费、工会经费、教育经费及社会保险费等项目，如图 3－26 所示。

	A	B	C	D	E	F	G
1	工资费用分配表						
2			应发工资总额	职工福利费（14%）	工会经费（2%）	教育经费（1.5%）	社会保险费（2%）
3	生产成本	生产部					
4		合计					
5	制造费用	采购部					
6		质检部					
7		合计					
8	管理费用	行政人事部					
9		财务部					
10		合计					
11	销售费用	营销部					
12		合计					
13	合计						

图 3－26　建立工资费用分配表

（1）A2:B2 单元格区域，A3:A4 单元格区域，A5:A7 单元格区域，A8:A10 单元格区域，A11:A12 单元格区域，均设置为“合并后居中”。

（2）选择 A2 单元格，单击“开始→字体”功能区中的“田·”命令的下拉菜单，选择“其他边框”命令，打开“设置单元格格式”对话框，选择“边框”选项卡，单击＼按钮，然后单击“确定”按钮，如图 3－27 所示，则可在该单元格内画出斜线。

（3）在 A2 单元格中输入“项目借方科目”，单击“开始→对齐方式”功能区中右下角的箭头，打开“设置单元格格式”对话框，选择“对齐”选项卡，在“水平对齐”选项中选择“靠左（缩进）”，在“垂直对齐”选项中选择“靠上”，在“文本控制”选项中选择“自动换行”和“合并单元格”复选框，在“文字方向”选项中选择“根据内容”，然后单击“确定”按钮，如图 3－28 所示。

完成以上操作后，显示结果如图 3－29 所示。

2. 输入工资分配表数据

（1）“应发工资总额”数据的输入。

打开“工资核算表”工作簿中“职工工资表”工作表，选中要进行数据分析的区域

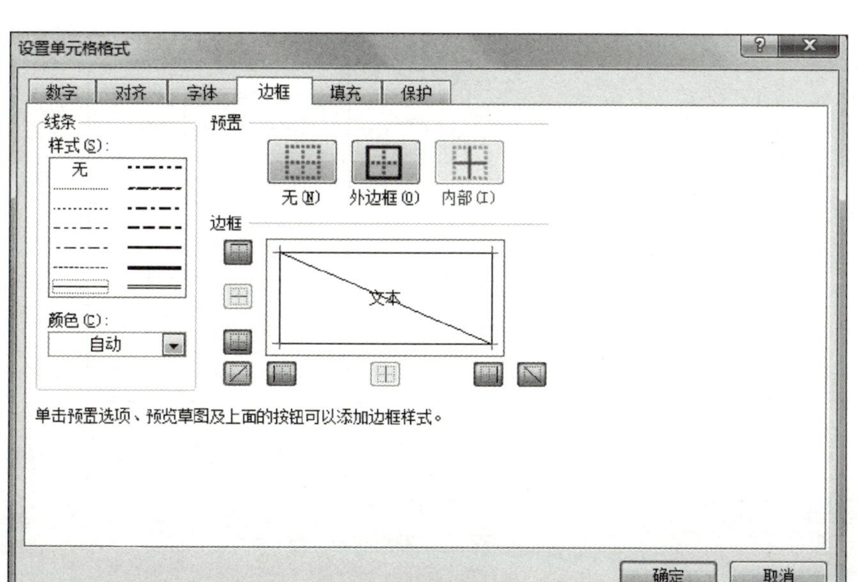

图 3-27 设置边框对话框

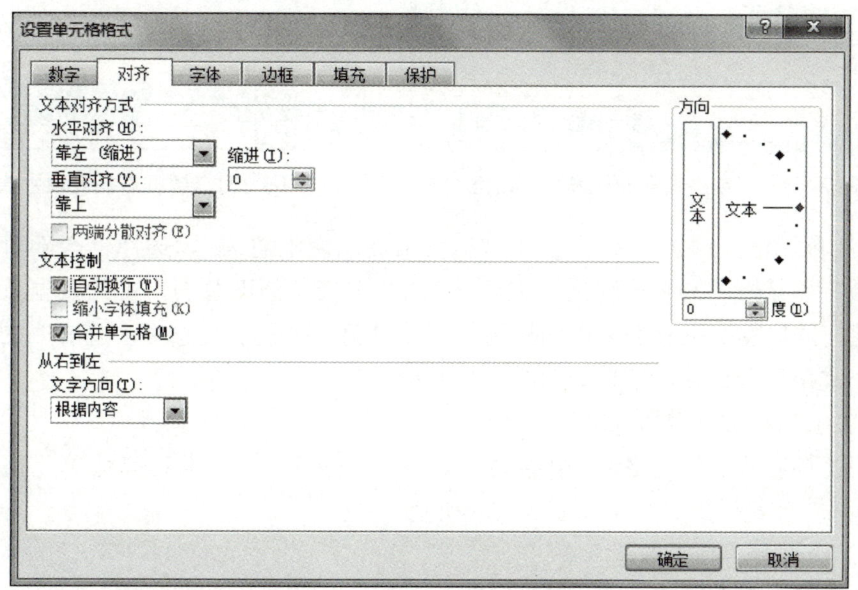

图 3-28 设置对齐方式对话框

A3:Q25，选择“插入→表格”功能区中的“数据透视表”命令，选择“数据透视表”，弹出“创建数据透视表”对话框，在“选择放置数据透视表的位置”选项组中选择“新工作表”选项，如图 3-30 所示。

单击“确定”按钮，进入数据透视表界面，将“应发工资”项目拖到数据透视表布局中的“数值”区域，将“部门”项目拖到“行标签”处。数据透视表生成结果如图 3-31 所示。设置完成后将工作表名改为“应发工资总额汇总表”。

	A	B	C	D	E	F	G
1	工资费用分配表						
2	借方科目	项 目	应发工资总额	职工福利费（14%）	工会经费（2%）	教育经费（1.5%）	社会保险费（2%）
3	生产成本	生产部					
4		合计					
5	制造费用	采购部					
6		质检部					
7		合计					
8	管理费用	行政人事部					
9		财务部					
10		合计					
11	销售费用	营销部					
12		合计					
13	合计						

图 3-29　工资费用分配表

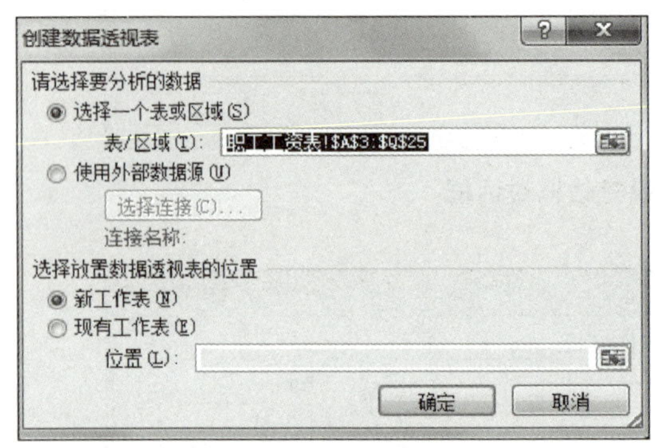

图 3-30　“创建数据透视表”对话框

行标签	求和项:应发工资
财务部	12683.64
采购部	7740.00
行政人事部	9431.82
生产部	28292.73
营销部	21400.00
质检部	8760.00
总计	88308.18

图 3-31　数据透视表设置结果

选择 C3 单元格，输入“=”，点击“应发工资总额汇总表”，选择生产部对应的“应发工资总额”单元格，按回车键确认之后，“应发工资总额汇总表”中的数据就会引用过来，其他部门的应发工资总额采用同样的方法去引用“应发工资总额汇总表”的数据。可输入求和公式得到合计数，结果如图 3-32 所示。

（2）“职工福利费”数据的输入。

在“职工福利费”单元格 D3 中输入公式“=C3＊14%”，本列其他单元格公式通过复制单元格 D3 公式得到。结果如图 3-33 所示。

（3）“工会经费”数据的输入。

在“工会经费”单元格 E3 中输入公式“=C3＊2%”，本列其他单元格公式通过复制单元格 E3 公式得到。结果如图 3-33 所示。

（4）“教育经费”数据的输入。

在“教育经费”单元格 F3 中输入公式“=C3＊1.5%”，本列其他单元格公式通过复制单元格 F3 公式得到。结果如图 3-33 所示。

（5）“社会保险费”数据的输入。

在“社会保险费”单元格 G3 中输入公式“=C3＊2%”，本列其他单元格公式通过复制单元格 G3 公式得到。结果如图 3-33 所示。

	A	B	C	D	E	F	G	H	I
1	工资费用分配表								
2	借方科目 / 项目		应发工资总额	职工福利费（14%）	工会经费（2%）	教育经费（1.5%）	社会保险费（2%）		
3	生产成本	生产部	28292.73						
4		合计	28292.73						
5	制造费用	采购部	7740.00						
6		质检部	8760.00						
7		合计	16500.00						
8	管理费用	行政人事部	9431.82						
9		财务部	12683.64						
10		合计	22115.45						
11	销售费用	营销部	21400.00						
12		合计	21400.00						
13	合计		88308.18						

C3 =GETPIVOTDATA("应发工资",应发工资总额汇总表!$A$3,"部门","生产部")

图 3－32 “应发工资总额”数据的输入

	A	B	C	D	E	F	G
1	工资费用分配表						
2	借方科目 / 项目		应发工资总额	职工福利费（14%）	工会经费（2%）	教育经费（1.5%）	社会保险费（2%）
3	生产成本	生产部	28292.73	3960.98	565.85	424.39	565.85
4		合计	28292.73	3960.98	565.85	424.39	565.85
5	制造费用	采购部	7740.00	1083.60	154.80	116.10	154.80
6		质检部	8760.00	1226.40	175.20	131.40	175.20
7		合计	16500.00	2310.00	330.00	247.50	330.00
8	管理费用	行政人事部	9431.82	1320.45	188.64	141.48	188.64
9		财务部	12683.64	1775.71	253.67	190.25	253.67
10		合计	22115.45	3096.16	442.31	331.73	442.31
11	销售费用	营销部	21400.00	2996.00	428.00	321.00	428.00
12		合计	21400.00	2996.00	428.00	321.00	428.00
13	合计		88308.18	12363.15	1766.16	1324.62	1766.16

图 3－33 工资费用分配表结果

任务四 工资账务处理

基础知识

一、职工工资的核算

企业应当根据职工提供服务的受益对象，对发生的职工工资分别按下面的情况进行处理：生产部门人员的职工工资，借记“生产成本”“制造费用”科目，贷记“应付职工薪酬”科目；管理部门人员的职工工资，借记“管理费用”科目，贷记“应付职工薪酬”科目；销售人员的职工工资，借记“销售费用”科目，贷记“应付职工薪酬”科目。因此，会计分录可编制为：

借：生产成本

制造费用
管理费用
销售费用
贷：应付职工薪酬——工资

二、职工福利费的核算

企业应当按照职工工资总额的14%计提职工福利费，用于职工福利开支。根据职工提供服务的受益对象，对计提的福利费分别按下面的情况进行处理：生产部门人员的福利费，借记“生产成本”“制造费用”科目，贷记“应付职工薪酬”科目；管理部门人员的福利费，借记“管理费用”科目，贷记“应付职工薪酬”科目；销售人员的福利费，借记“销售费用”科目，贷记“应付职工薪酬”科目。因此，会计分录可编制为：

借：生产成本
制造费用
管理费用
销售费用
贷：应付职工薪酬——职工福利费

三、职工工会经费、教育经费的核算

企业应当按照职工工资总额的2%计提工会经费，按照职工工资总额的1.5%计提职工教育经费。根据职工提供服务的受益对象，对计提的工会经费、教育经费（以下简称两费）分别按下面的情况进行处理：生产部门人员的两费，借记“生产成本”“制造费用”科目，贷记“应付职工薪酬”科目；管理部门人员的两费，借记“管理费用”科目，贷记“应付职工薪酬”科目；销售人员的两费，借记“销售费用”科目，贷记“应付职工薪酬”科目。因此，会计分录可编制为：

借：生产成本
制造费用
管理费用
销售费用
贷：应付职工薪酬——工会经费
——职工教育经费

四、职工社会保险费的核算

企业应当根据职工提供服务的受益对象，对计提的社会保险费分别按下面的情况进行处理：生产部门人员的社会保险费，借记“生产成本”“制造费用”科目，贷记“应付职工薪酬”科目；管理部门人员的社会保险费，借记“管理费用”科目，贷记“应付职工薪酬”科目；销售人员的社会保险费，借记“销售费用”科目，贷记“应付职工薪酬”科目。因此，会计分录可编制为：

借：生产成本

　　制造费用

　　管理费用

　　销售费用

　贷：应付职工薪酬——社会保险费

工作情境与分析

月底，李跃华像往常一样，根据工资费用分配表进行了相应的账务处理。如下所示：

借：生产成本

　　制造费用

　　管理费用

　　销售费用

　贷：应付职工薪酬——工资

　　　　　　　　——福利费

　　　　　　　　——社会保险费

　　　　　　　　——工会及教育经费

为了能在 Excel 中进行账务处理，需要设计常用的记账凭证格式，并在 Excel 中进行编制记账凭证的工作。

任务实施步骤

1. 设置记账凭证格式

打开“工资核算表”工作簿，新建工作表，重命名为“工资账务处理”，设置类别编号、凭证日期、附件、摘要、科目编码、总账科目、明细科目、借方金额、贷方金额、制单人、审核人及记账人栏目，在凭证右方设置借方金额合计数及贷方金额合计数两栏，如图 3-34 所示。

	A	B	C	D	E	F	G	H	I	J	K	L	M	N	O
1	类别编号	凭证日期	附件	摘要	科目编码	总账科目	明细科目	借方金额	贷方金额	制单人	审核人	记账人			
2														借方金额合计数：	
3														贷方金额合计数：	
4															
5															
6															
7															
8															
9															
10															

图 3-34　记账凭证格式

2. 编制记账凭证

根据工资费用分配表，编制会计分录，完成记账凭证的录入，如图 3-35 所示。其中，借方金额、贷方金额的输入方法如下：

在 H2 单元格中输入公式“=工资费用分配表!C4+工资费用分配表!D4+工资费用分配表!E4+工资费用分配表!F4+工资费用分配表!G4”；

在 H3 单元格中输入公式“=工资费用分配表!C7+工资费用分配表!D7+工资费用分配表!E7+工资费用分配表!F7+工资费用分配表!G7”；

在 H4 单元格中输入公式“=工资费用分配表!C10+工资费用分配表!D10+工资费用分配表!E10+工资费用分配表!F10+工资费用分配表!G10”；

在 H5 单元格中输入公式“=工资费用分配表!C12+工资费用分配表!D12+工资费用分配表!E12+工资费用分配表!F12+工资费用分配表!G12”；

在 I6 单元格中输入公式“=工资费用分配表!C13”；

在 I7 单元格中输入公式“=工资费用分配表!D13”；

在 I8 单元格中输入公式“=工资费用分配表!G13”；

在 I9 单元格中输入公式“=工资费用分配表!E13+工资费用分配表!F13”。

	A	B	C	D	E	F	G	H	I	J	K	L	M	N	O
1	类别编号	凭证日期	附件	摘要	科目编码	总账科目	明细科目	借方金额	贷方金额	制单人	审核人	记账人			
2		2017/5/31	1	分配工资费用		生产成本	基本生产成本	33809.81						借方金额合计数：	105528.28
3						制造费用		19717.5						贷方金额合计数：	105528.28
4						管理费用		26427.97							
5						销售费用		25573							
6						应付职工薪酬	工资		88308.18						
7							福利费		12363.15						
8							社会保险		1766.164						
9							工会及教育经费		3090.786						

图 3－35　工资费用账务处理

项目小结

本项目主要介绍了如何利用 Excel 工作簿的制表及数据处理功能，在 Excel 中制作工资表及工资条，进行工资数据的查询，编制工资费用分配表并进行工资账务处理，以减轻工资计算的工作量，快速查找所需工资数据，实现工资核算的高效管理。

技能训练

MG 公司是一家小型工业企业，主要有 4 个部门，即办公室、财务部、营销部、生产车间，职工人数不多，主要有 3 种职务类别——管理人员、辅助管理人员、生产工人。职工的工资由基本工资、年限工资、职务津贴、奖金、病事假扣款这几部分构成。

2014 年 5 月公司职工基本工资情况与出勤情况见表 3－5。

表 3－5　　2014 年 5 月 MG 公司职工基本工资情况与出勤情况表

工号	部门	姓名	职务类别	入职时间	基本工资
1101	办公室	李永军	管理人员	2004 年 9 月	3 000
1102	办公室	刘燕	辅助管理人员	2007 年 7 月	2 000

续前表

工号	部门	姓名	职务类别	入职时间	基本工资
1103	办公室	张小蕾	辅助管理人员	2008年3月	1 600
1201	财务部	赵红莉	管理人员	2007年4月	2 600
1202	财务部	王强	辅助管理人员	2008年3月	2 200
1203	财务部	杨阳	辅助管理人员	2010年11月	1 800
1301	营销部	王昌林	管理人员	2013年6月	2 500
1302	营销部	胡伟	辅助管理人员	2008年12月	1 500
1303	营销部	孙笛	辅助管理人员	2008年12月	1 500
1401	生产车间	李志强	辅助管理人员	2004年9月	2 800
1402	生产车间	黄建勇	生产工人	2004年9月	1 800
1403	生产车间	罗涛	生产工人	2006年5月	1 600
1404	生产车间	余峰	生产工人	2006年5月	1 600
1405	生产车间	高翔	生产工人	2008年7月	1 500
1406	生产车间	姜宇	生产工人	2009年1月	1 400
1407	生产车间	刘永泽	生产工人	2009年1月	1 400
1408	生产车间	郭睿	生产工人	2009年1月	1 400
1409	生产车间	周媛	生产工人	2012年11月	1 200
1410	生产车间	曹杰	生产工人	2013年8月	1 000

其他工资项目的有关规定如下：

（1）年限工资按照职工工作年限来计算，工作时间每满一年增加100元。

（2）职务津贴根据职工职务等级来计算：管理人员职务津贴为2 000元，辅助管理人员职务津贴为1 500元，生产工人职务津贴为1 000元。

（3）奖金由公司经济效益决定，营销部奖金为1 000元，办公室、财务部奖金为600元，生产部奖金为500元。

（4）5月考勤情况如下：张小蕾病假2天，杨阳事假3天，高翔病假5天，刘永泽事假2天，郭睿事假5天。公司规定：病假每日扣款40元，事假每日扣款80元。

（5）职工按应发工资的2%缴纳医疗保险，由公司代扣代缴。

（6）个人所得税税率见表3-6。

表3-6　　工资、薪金所得个人所得税税率表

级数	全月应纳税所得额	税率（%）	速算扣除数（元）
1	不超过1 500元的部分	3	0
2	超过1 500元至4 500元的部分	10	105
3	超过4 500元至9 000元的部分	20	555
4	超过9 000元至35 000元的部分	25	1 005

续前表

级数	全月应纳税所得额	税率（%）	速算扣除数（元）
5	超过 35 000 元至 55 000 元的部分	30	2 755
6	超过 55 000 元至 80 000 元的部分	35	5 505
7	超过 80 000 元的部分	45	13 505

要求：制作本月职工工资表，计算每名职工的应发工资及实发工资，并制作职工的工资条。

项目四 Excel 在固定资产管理中的应用

知识目标

- 掌握构建固定资产初始卡片数据库的方法
- 掌握固定资产的变动、固定资产的折旧模型设计方法
- 掌握固定资产的查询和固定资产数据的汇总分析等方法

能力目标

- 学会使用 Excel 处理固定资产核算
- 学会使用 Excel 处理固定资产常用折旧的计算方法
- 学会运用数据分析工具进行固定资产数据的汇总和分析

任务一 固定资产初始数据的输入

基础知识

一、固定资产概述

固定资产，是指企业为生产商品、提供劳务、出租或经营管理而持有的、使用寿命超过一个会计年度的有形资产，属于产品生产过程中用来改变或者影响劳动对象的劳动资料，是固定资本的实物形态。固定资产在生产过程中可以长期发挥作用，长期保持原有的实物形态，但其价值则随着企业生产经营活动而逐渐地转移到产品成本中去，并成为产品价值的组成部分。

从会计的角度划分，固定资产一般分为生产用固定资产、非生产用固定资产、租出固定资产、未使用固定资产、不需用固定资产、融资租赁固定资产、接受捐赠固定资产等。

固定资产的价值是根据它本身的磨损程度逐渐转移到产品中去的，它的磨损有有形磨损和无形磨损两种情况。固定资产在使用过程中因损耗而转移到产品中去的那部分价值的一种补偿方式，叫作折旧，折旧的计算方法主要有平均年限法、工作量法、年限总和法

等；固定资产在物质形式上进行替换，在价值形式上进行补偿，就是更新；此外，还有固定资产的维护和修理等。

二、固定资产初始计量原则

固定资产应当按照成本进行初始计量。固定资产的成本，是指企业购建某项固定资产达到预定可使用状态前所发生的一切合理、必要的支出。这些支出包括直接发生的价款、运杂费、包装费和安装成本等，也包括间接发生的，如应承担的借款利息、外币借款折算差额以及应分摊的其他间接费用。对于特殊行业的特定固定资产，确定其初始入账成本时还应考虑弃置费用。

三、不同方式取得固定资产的初始计量

1. 外购的固定资产

企业外购固定资产的成本，包括购买价款、相关税费以及使固定资产达到预定可使用状态前所发生的可归属于该项资产的运输费、装卸费、安装费和专业人员服务费等。

2. 自行建造的固定资产

自行建造的固定资产，按建造该项资产达到预定可使用状态前所发生的必要支出，作为入账价值。其中，“建造该项资产达到预定可使用状态前所发生的必要支出”，包括工程用物资成本、人工成本、缴纳的相关税费、应予资本化的借款费用以及应分摊的间接费用等。企业为在建工程准备的各种物资，应以实际支付的购买价款、增值税税额、运输费、保险费等相关税费作为实际成本，并按各种专项物资的种类进行明细核算。

3. 租入的固定资产

融资租赁，是指实质上转移了与资产所有权有关的全部风险和报酬的租赁。其所有权最终可能转移，也可能不转移。在融资租赁方式下，承租人应于租赁开始日将租赁开始日租入固定资产公允价值与最低租赁付款额现值两者中较低者作为租入固定资产入账价值，将最低租赁付款额作为长期应付款的入账价值，其差额作为未确认融资费用。

4. 其他方式取得的固定资产

（1）投资者投入固定资产的成本，应当按照投资合同或协议约定的价值确定，但合同或协议约定价值不公允的除外。

（2）非货币性资产交换、债务重组等方式取得的固定资产的成本，应当分别按照非货币性资产交换、债务重组的有关规定确定。

四、常用日期函数的使用

1. YEAR函数——返回日期的年份值函数

此函数的格式为：YEAR(serial-number)

此函数的功能为：查找日期中的年份值。

2. MONTH函数——返回日期的月份值函数

此函数的格式为：MONTH(serial-number)

此函数的功能为：查找日期中的月份值。

3. TODAY函数——返回日期格式的当前日期

此函数的格式为：TODAY()

此函数的功能为：查找当期日期，不需要设置参数。

工作情境与分析

公司决定从2017年5月启用Excel管理固定资产。公司现有企划部、财务部、采购部、生产部和销售部。目前固定资产的集中管理由财务部负责，每项固定资产都有自己的一张卡片，记录其增加方式、减少方式、开始使用日期、固定资产编号、规格型号、类别名称、所属部门、原始价值、累计折旧、净值、折旧方法等信息，见表4-1、表4-2。

表4-1　固定资产类别

编码	类别名称	编码	类别名称
01	交通运输及生产设备	02	电子通信设备
011	经营用	021	经营用
012	非经营用	022	非经营用

表4-2　固定资产信息汇总表

固定资产名称	类别编号	折旧方法	使用年限（工作量）	开始使用时间	使用部门	原值（元）
货运卡车	011	直线法	8	2014.6.1	采购部	400 000
轿车	011	双倍余额递减法	8	2014.6.1	企划部	240 000
厂房	011	直线法	20	2014.6.1	生产部	1 000 000
设备1	011	直线法	6	2014.6.1	生产部	200 000
设备2	011	直线法	6	2014.6.1	生产部	180 000
电脑1	021	直线法	5	2014.6.1	企划部	4 000
电脑2	021	直线法	5	2014.6.1	企划部	4 000
电脑3	021	直线法	5	2014.6.1	财务部	4 000
电脑4	021	直线法	5	2014.6.1	财务部	4 000
电脑5	021	直线法	5	2014.6.1	销售部	4 000
传真机	021	年数总和法	4	2014.6.1	企划部	5 000

说明：厂房的增加方式为“在建工程转入”，其余为“直接购入”，使用状况均为“在用”，净残值率为“5%”。

公司现有固定资产卡片样式见表4-3。

表 4-3　　　　固定资产卡片样式

卡片编号				日期	
固定资产编号		固定资产名称			
类别编号		类别名称			
规格型号		部门名称			
增加方式		存放地点			
使用状况		使用年限		折旧方法	
开始使用日期		已计提月份		尚可使用月份	
原值		净残值率		净残值	
年份	年折旧额			累计折旧	年末折余价值
0					
1					

任务实施步骤

固定资产初始卡片是记录固定资产购置、使用、折旧和处置等各个方面信息的 Excel 工作表，是固定资产手工记录向计算机管理的衔接。它要求把企业现有的固定资产重新进行核对，按照统一的格式将各项固定资产的有关信息全部录入 Excel 工作表中。

一、设计固定资产卡片样式

操作步骤如下：

（1）新建 Excel 工作簿，命名为“固定资产管理”，将 Sheet1 命名为“固定资产卡片样式”，用以建立固定资产初始数据库。

（2）在该 Excel 工作表中建立固定资产卡片中的所有项目。

在 A1 中输入“固定资产卡片”。

在 A2 中输入“卡片编号”，在 E2 中输入“日期”。

在 A3 中输入“固定资产编号”，在 C3 中输入“固定资产名称”。

在 A4 中输入“类别编号”，在 C4 中输入“类别名称”。

在 A5 中输入“规格型号”，在 C5 中输入“部门名称”。

在 A6 中输入“增加方式”，在 C6 中输入“存放地点”。

在 A7 中输入“使用状况”，在 C7 中输入“使用年限”，在 E7 中输入“折旧方法”。

在 A8 中输入“开始使用日期”，在 C8 中输入“已计提月份”，在 E8 中输入“尚可使用月份”。

在 A9 中输入“原值”，在 C9 中输入“净残值率”，在 E9 中输入“净残值”。

在 A10 中输入“年份”，在 C10 中输入“年折旧额，” E10 中输入“累计折旧”，在 F10 中输入“年末折余价值”。

在 A11 中输入“0”，在 A12 中输入“1”。

(3) 合并单元格。

范围：A1：F1，B2：D2，D3：F3，D4：F4，D5：F5，D6：F6，B10：D10，B11：D11，B12：D12。

(4) 定义单元格属性。

打开 Excel 工作表“开始→字体”功能区右下方的小图标，弹出“设置单元格格式”对话框，选中“数字”选项卡设置为文本类型，“对齐”选项卡水平对齐设置为居中，A1，A2:A12，C3:C10，E2，E7:E10，F10 按此设置。

定义 B2，B3:B7，D3:D6，F7 为：文本类型，水平对齐靠左。

定义 F2，B8 为：日期型，选择格式为“2001/3/14”。

定义 D7:D8，B9，F8:F9，B11:F11 为：数值型，小数位数为 2，使用千位分隔符并设置右对齐。

定义 D9 为：百分比、小数位为 2，设置靠右。

(5) 添加表格线。

选中 A2:F12 的区域，设置所有框线，再将外边框设置成粗框线。

完成以上所有步骤后，Excel 工作表中显示如图 4－1 所示的固定资产卡片。

F18　fx

	A	B	C	D	E	F
1	固定资产卡片					
2	卡片编号				日期	
3	固定资产编号		固定资产名称			
4	类别编号		类别名称			
5	规格型号		部门名称			
6	增加方式		存放地点			
7	使用状况		使用年限		折旧方法	
8	开始使用日期		已计提月份		尚可使用月份	
9	原值		净残值率		净残值	
10	年份	年折旧额			累计折旧	年末折余价值
11	0					
12	1					
13						

图 4－1　固定资产卡片样式

二、设置数据有效性

操作步骤如下：

(1) 选中 D5 单元格，选择“数据→数据有效性”命令，弹出“数据有效性”对话框。在“设置”选项卡下，“允许”中选中“序列”，“数据”中选中“介于”，“来源”中输入固定资产部门名称：“企划部，财务部，采购部，生产部，销售部”，注意使用英文状态下的标点符号。参数设置如图 4－2 所示。

(2) 单击“确定”按钮，退出“数据有效性”对话框，选中 D5 单元格，用鼠标双击。数据有效性生成结果如图 4－3 所示。

(3) 用同样方法，在“增加方式”行上添加有效性控制，输入固定资产增加方式的种类：直接购入、在建工程转入、部门调拨。

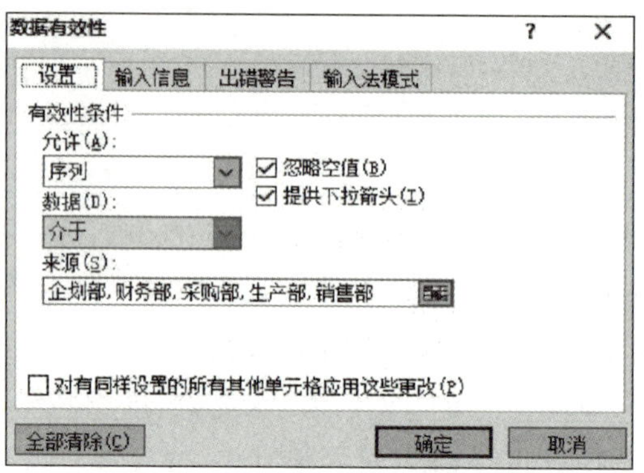

图 4－2　数据有效性参数设置

D5

	A	B	C	D	E	F
1	固定资产卡片					
2	卡片编号	地点			日期	
3	固定资产编号		固定资产名称			
4	类别编号		类别名称			
5	规格型号		部门名称			
6	增加方式		存放地点	企划部		
7	使用状况		使用年限	财务部		
8	开始使用日期		已计提月份	采购部 生产部		
9	原值		净残值率	销售部	净残值	
10	年份	年折旧额			累计折旧	年末折余价值
11	0					
12	1					

图 4－3　数据有效性

（4）用同样方法，在“使用状况”行上添加有效性控制，输入固定资产的所有使用状态：在用、停用和季节性停用、报废。

（5）用同样方法，在“折旧方法”行上添加有效性控制，输入固定资产的折旧方法：直线法、工作量法、双倍余额递减法、年数总和法。

三、定义固定资产的折旧期限

操作步骤如下：

（1）在录入“使用年限”时，需要将年限转换成月份填写，使用年限＊12。选中 F2 单元格，单击“公式→插入函数”按钮，在选择类别中选中“日期与时间”，选择函数“TODAY”。

（2）选中 D8 单元格，单击“公式→插入函数”按钮，在选择类别中选中“日期与时间”，选择函数“YEAR()”，如图 4－4 所示。“已计提月份”函数公式为：“＝(YEAR(F2)－YEAR(B8))＊12＋(MONTH(F2)－MONTH(B8))－1”。

（3）“尚可使用月份”的设置：选中 F8 单元格，输入“＝D7－D8”，即“使用年限－已计提月份”。

（4）“净残值”的设置：选中 F9 单元格，输入“＝B9－B9＊D9”，即“原值－原值＊

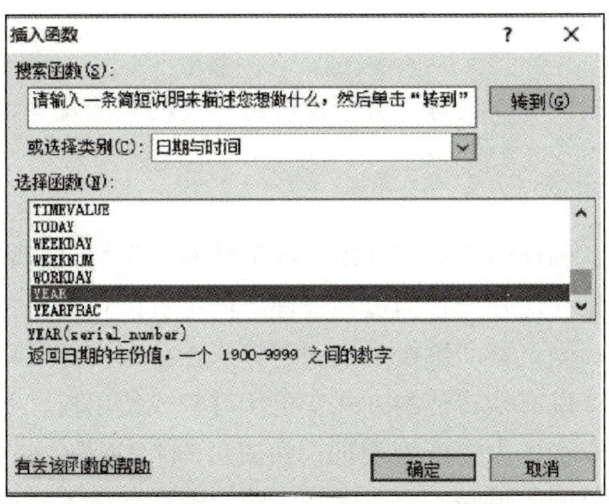

图 4-4 "插入函数"对话框

净残值率"。

完成以上所有步骤后，Excel 工作表中显示如图 4-5 所示的固定资产卡片。

D8 =(YEAR(F2)-YEAR(B8))*12+MONTH(F2)-MONTH(B8)-1

	A	B	C	D	E	F	G
1			固定资产卡片				
2	卡片编号	001			日期	2017/5/9	
3	固定资产编号	011	固定资产名称	货运卡车			
4	类别编号	011	类别名称				
5	规格型号		部门名称	采购部			
6	增加方式	直接购入	存放地点				
7	使用状况	在用	使用年限	96.00	折旧方法	直线法	
8	开始使用日期	2014/6/1	已计提月份	34.00	尚可使用月份	62.00	
9	原值	400,000.00	净残值率	5.00%	净残值	20,000.00	
10	年份		年折旧额		累计折旧	年末折余价值	
11	0						
12	1						
13							

图 4-5 固定资产卡片

任务二 固定资产的增加、减少与调拨

基础知识

一、固定资产的增加

固定资产的增加是指通过投资活动形成的新的固定资产价值，包括已经建成投入生产或交付使用的工程价值和达到固定资产标准的设备、工具、器具的价值及有关应摊入的费用。它是以价值形式表示的固定资产投资成果的综合性指标，可以综合反映不同时期、不同部门、不同地区的固定资产投资成果。

二、固定资产的减少

固定资产的出售、报废和毁损等业务会使固定资产的数量减少，从而转入清理。

三、固定资产的调拨

为了合理调配资源，确保固定资产利用的经济性和有效性，应做好公司固定资产的内部转移、各部门间的调拨和对外处置的过程管理。固定资产转移是指固定资产在公司内部调动或安装位置的移动；固定资产调拨是指固定资产在公司内部及单位间的划拨；固定资产对外处置是指固定资产以有偿转让的方式变更所有权或使用权，并收取相应收益。

固定资产转移管理职责：由资产管理部门负责办理相应平台部门间的固定资产转移，相关责任部门负责转移单据的传递、台账更新。固定资产调拨管理职责：由固定资产移出部门上报闲置固定资产信息，填写“闲置固定资产申请单”，并报分管领导审批。固定资产由管理部门负责汇总并发布公司闲置固定资产信息，固定资产移入部门向闲置资产部门提出固定资产需求申请报告。固定资产移出部门负责“固定资产调拨通知单”的开出、会签及单据的传递。固定资产对外处置管理职责：由固定资产管理部门负责公司闲置和报废固定资产的对外处置，其他部门或个人不得对外处置资产。固定资产管理部门负责对所属待处置闲置资产组织评审，并报公司领导批准。

固定资产在独立核算企业或单位之间的调出和拨入分为有偿转让和无偿调拨两种形式。采取有偿转让方式，要对转让的固定资产实行按质论价，经双方协商同意，办理有关手续，进行结算或支付货币。采取无偿调拨方式，调拨的固定资产经由财政转账，不进行结算，根据上级有关部门的调拨命令，或经双方同意，主管部门批准，办理调拨手续，做好账务处理。

工作情境与分析

经公司批准，5月20日采购部因业务需要购入联想电脑一台，价值6 000元。此电脑的预计净残值率为5%，预计使用年限为6年，使用双倍余额递减法计提折旧。5月22日，企划部2号电脑遭受雷电破坏，整机报废，残值变价收入为200元，经公司批准，作报废处理。5月25日经公司决定，将传真机由企划部调拨给销售部使用。

任务实施步骤

一、固定资产的增加

操作步骤如下：

（1）打开“固定资产管理”工作簿，复制“固定资产卡片样式”工作表到“卡片11”之后，并将工作表名称修改为“卡片12”。

(2) 输入新增固定资产所有信息，如图 4－6 所示。

在 B2 中输入“12”，在 F2 中输入“2017/5/20”。

在 B3 中输入“12”，在 D3 中输入“联想电脑”。

在 B4 中输入“21”。

在 D5 中输入“采购部”。

在 B6 中输入“直接购入”。

在 B7 中输入“在用”，在 D7 中输入“72”，在 F7 中输入“双倍余额递减法”。

在 B8 中输入“2017/5/20”，在 D8 中输入“0”，在 F8 中自动计算为“72”。

在 B9 中输入“6000”，在 D9 中输入“5%”，在 F9 中自动计算为“300”。

F10 年末折余价值

	A	B	C	D	E	F	G
1			固定资产卡片				
2	卡片编号	012			日期	2017/5/20	
3	固定资产编号	012	固定资产名称	联想电脑			
4	类别编号	021	类别名称				
5	规格型号		部门名称	采购部			
6	增加方式	直接购入	存放地点				
7	使用状况	在用	使用年限	72.00	折旧方法	双倍余额递减法	
8	开始使用日期	2017/5/20	已计提月份	0.00	尚可使用月份	72.00	
9	原值	6,000.00	净残值率	5.00%	净残值	300.00	
10	年份		年折旧额		累计折旧	年末折余价值	
11	0						
12	1						
13							

图 4－6 新增固定资产卡片

二、固定资产的减少

操作步骤如下：

(1) 打开“固定资产管理”，将 Sheet14 命名为“固定资产清理”。

(2) 在工作表中输入下列字段名：资产编号、使用部门、资产名称、增加方式、减少方式、使用状况、可使用年限、开始使用日期、折旧方法、资产原值、净残值、残值收入。

(3) 完成多个工作表之间的数据连接。

(4) 选择“数据→筛选”功能区中的“筛选”命令，单击“资产名称”列按钮，并选择“电脑 2”。

(5) 将电脑 2 的“使用状况”调整为“报废”，“减少方式”调整为“出售”，残值收入中录入“200”，如图 4－7 所示。

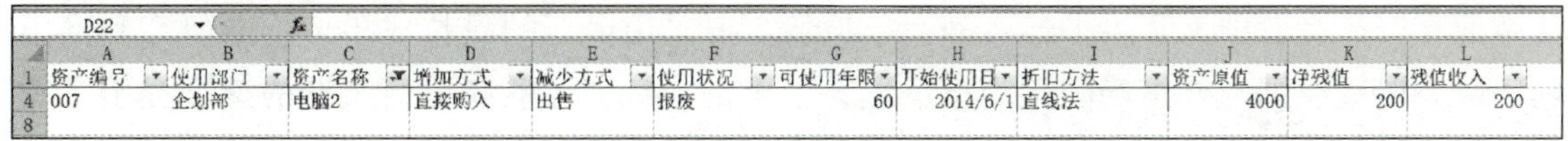

D22

	A	B	C	D	E	F	G	H	I	J	K	L
1	资产编号	使用部门	资产名称	增加方式	减少方式	使用状况	可使用年限	开始使用日	折旧方法	资产原值	净残值	残值收入
4	007	企划部	电脑2	直接购入	出售	报废	60	2014/6/1	直线法	4000	200	200
8												

图 4－7 固定资产的减少

三、固定资产的调拨

操作步骤如下：

（1）打开“固定资产清理”工作表，选择“数据→排序和筛选”功能区中的“筛选”命令，单击“固定资产名称”列按钮，并选择“传真机”。

（2）在本月，将此固定资产的“减少方式”修改为“部门调拨”，如图 4－8 所示。

E5 部门调拨

	资产编号	使用部门	资产名称	增加方式	减少方式	使用状况	可使用年限	开始使用日	折旧方法	资产原值	净残值	残值收入
5	011	销售部	传真机	部门调拨	部门调拨	在用	48	2014/6/1	年数总和法	5000	250	

图 4－8　固定资产的“减少方式”修改为“部门调拨”

（3）在下月，将“固定资产管理”工作簿中的“卡片 11”，即“传真机”卡片中的“增加方式”修改为“部门调拨”，“部门名称”修改为“销售部”，按回车键确认之后，“固定资产清单”工作表会做出相应调整，如图 4－9 所示。

B6 部门调拨

	A	B	C	D	E	F	G
1			固定资产卡片				
2	卡片编号	011			日期	2017/5/9	
3	固定资产编号	021	固定资产名称	传真机			
4	类别编号	021	类别名称				
5	规格型号		部门名称	销售部			
6	增加方式	部门调拨	存放地点				
7	使用状况	在用	使用年限	48.00	折旧方法	年数总和法	
8	开始使用日期	2014/6/1	已计提月份	24.00	尚可使用月份	24.00	
9	原值	5,000.00	净残值率	5.00%	净残值	250.00	
10	年份		年折旧额		累计折旧	年末折余价值	
11	0						
12	1						
13							

图 4－9　固定资产减少后下月修改其卡片

任务三　固定资产折旧的计提

基础知识

一、固定资产的折旧

随着社会主义市场经济的发展和科技进步的加快，固定资产的更新周期大大缩短。现代企业在资产经营中为了追求最大利润，迫切需要采用最新的科技成果，不断研究和推出新产品，以适应国内外市场的激烈竞争形势。于是，对固定资产更新改造的速度提出了更高的要求，加速折旧从而加速资金的回收就变得更加重要。因此，折旧方法的选定也就显得尤为重要了。

企业应当根据与固定资产有关的经济利益的预期实现方式合理选择折旧方法。可选用的折旧方法包括年限平均法、工作量法、双倍余额递减法和年数总和法等。其中，双倍余额递减法和年数总和法是加速折旧法。固定资产的折旧方法一经确定，不得随意变更。

二、年限平均法

年限平均法又称直线法，是最简单并且常用的一种方法。此法是以固定资产的原价减去预计净残值除以预计使用年限，求得每年的折旧费用。在各使用年限中，固定资产转移到产品成本中的价值均是相等的，折旧的累计额呈直线上升的趋势。这种方法具有易懂和易操作的优点，但也存在一些明显的局限性：它忽略了“何时受益，何时付费”的配比原则。

（1）年限平均法的计算公式为：

年折旧率＝(1－预计净残值率)÷预计使用寿命(年)×100％

月折旧额＝固定资产原价×年折旧率÷12

（2）年限平均法的缺点包括：

首先，固定资产在使用前期操作效能高，使用资产所获得的收入比较高。根据收入与费用配比的原则，前期应提的折旧额应该相应较多。

其次，固定资产使用的总费用包括折旧费和修理费两部分。通常在固定资产使用后期修理费会逐渐增加。而年限平均法的折旧费用在各期是不变的。这造成了总费用逐渐增加，不符合配比的原则。

再次，年限平均法未考虑固定资产的利用程度和强度，忽视了固定资产使用磨损程度的差异及工作效能的差异。

最后，年限平均法没有考虑到无形损耗对固定资产的影响。

（3）年限平均法的优点包括：

年限平均法最大的优点是简单明了，易于掌握，简化了会计核算。因此年限平均法在实际工作中得到了广泛的应用。

（4）年限平均法的适用范围为：

根据影响折旧方法的合理性因素，当一项固定资产在各期使用情况大致相同，其负荷程度也相同时，或者修理和维护费用在资产的使用期内没有显著的变化，资产的收入在整个年限内差不多时，或者满足或部分满足这些条件时，选择年限平均法比较合理。在实际工作中，年限平均法适用于房屋、建筑物等固定资产折旧的计算。

三、工作量法

工作量法，又称变动费用法，是根据实际工作量计提折旧额的一种方法。它的理论依据在于资产价值的降低是资产使用状况的函数，根据企业的经营活动情况或设备的使用状况来计提折旧。假定固定资产成本代表了购买一定数量的服务单位（可以是行驶里程数、工作小时数或产量数），然后按服务单位分配成本，这种方法弥补了年限平均法只重使用时间、不考虑使用强度的缺点。

（1）工作量法的计算公式为：

单位工作量折旧额=固定资产原价×(1－预计净残值率)÷预计总工作量

某项固定资产月折旧额=该项固定资产当月工作量×单位工作量折旧额

（2）工作量法的缺点包括：

首先，同年限平均法一样，未能考虑到修理费用递增以及操作效能或收入递减等因素。

其次，资产所能提供的服务数量难以准确地估计。

最后，工作量法忽视了无形损耗对资产的影响。

（3）工作量法的优点包括：

由于工作量法自身的特点，在有些情况下使用工作量法反而比较合理。在下列条件下，可以选择使用工作量法：有形损耗比无形损耗更重要；或者在各个期间资产使用不均衡的情况下，不经常使用的；或者其使用程度与产品的生产工作量有关。

（4）工作量法的适用范围为：

实际工作中，对运输企业和其他的专业车队，某些价值大而又不经常使用或季节性使用的大型机器设备，可以用工作量法来计提折旧。

四、双倍余额递减法

双倍余额递减法，是指在不考虑固定资产预计净残值的情况下，根据每期期初固定资产原价减去累计折旧后的金额（即固定资产净值）和双倍的直线法折旧率计算固定资产折旧的一种方法。

双倍余额递减法的计算公式为：

年折旧率=2÷预计使用寿命(年)×100%

月折旧额=固定资产净值×年折旧率÷12

每年年初固定资产净值没有扣除预计净残值，因此，在双倍余额递减法下，必须注意不能使固定资产的净值低于其预计净残值。通常在其折旧年限到期前两年内，将固定资产净值扣除预计净残值后的余额平均摊销。

五、年数总和法

年数总和法，又称年限合计法，是用以固定资产的原价减去预计净残值的余额乘以一个固定资产尚可使用寿命为分子、以预计使用寿命逐年数字之和为分母的逐年递减的分数计算每年的折旧额。

年数总和法的计算公式为：

年折旧率=尚可使用寿命÷预计使用寿命的年数总和×100%

月折旧额=(固定资产原价－预计净残值)×年折旧率÷12

例如：某台设备预计使用 5 年，则预计使用寿命的年数总和为 15(=5+4+3+2+1)。第 2 年时尚可使用寿命为 4 年，此年的年折旧率为 4/15。

六、常用的折旧函数

1. DDB 函数——双倍余额递减法折旧函数

此函数的格式为：DDB(cost,salvage,life,period,factor)

(1) cost 为固定资产原值。

(2) salvage 为固定资产残值。

(3) life 为固定资产预计使用年限或月限。

(4) period 为固定资产计提折旧的年份或月份。如果 life 用年限表示，则要求 period 用年表示，计算某一年的折旧；如果 life 用月表示，则要求 period 也用月表示，计算某一月的折旧。

(5) factor 默认值为 2，意为双倍余额递减；也可以是其他的整数，如为 3，则为三倍余额递减。

此函数的功能为：用双倍余额递减法或其他指定方法计提固定资产折旧。

2. SYD 函数——年数总和法折旧函数

此函数的格式为：SYD(cost,salvage,life,per)

此函数的功能为：用年数总和法计提固定资产折旧。

3. SLN 函数——直线法折旧函数

此函数的格式为：SLN(cost,salvage,life)

此函数的功能为：用直线法计提固定资产折旧。

工作情境与分析

公司在 5 月底按会计制度要求对固定资产按月计提折旧，同时相关会计人员需要编制该月的资产折旧清单。

任务实施步骤

一、直线法下的固定资产卡片折旧

操作步骤如下：

(1) 把光标放在 B12 单元格处，选择“公式”中的“插入函数”命令，选择“财务”中的 SLN 函数，如图 4-10 所示。

(2) 在“函数参数”对话框中，参数“Cost”即原始价值框中输入“$B$9”；参数“Salvage”即净残值框中输入“$F$9”；参数“Life”即折旧年限框中输入“$D$7”，注意固定资产预计使用年限可以是按年或按月，这里选用按月份折旧。

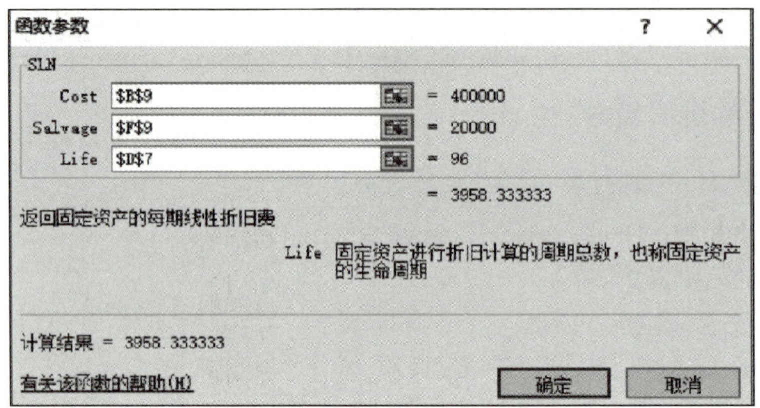

图 4-10　输入 SLN 函数参数

(3) 在 F11 单元格中输入“＝$B$9”，在 E12 单元格中输入“＝E11＋B12”，在 F12 单元格中输入“＝$F$11－E12”。用鼠标选中单元格 F12，鼠标单击自动填充柄，往下拖到 F31。

完成以上操作步骤的结果如图 4-11 所示。

I28

	A	B	C	D	E	F	G
1			固定资产卡片				
2	卡片编号	001			日期	2017/5/9	
3	固定资产编号	011	固定资产名称	货运卡车			
4	类别编号	011	类别名称				
5	规格型号		部门名称	采购部			
6	增加方式	直接购入	存放地点				
7	使用状况	在用	使用年限	96.00	折旧方法	直线法	
8	开始使用日期	2014/6/1	已计提月份	34.00	尚可使用月份	62.00	
9	原值	400,000.00	净残值率	5.00%	净残值	20,000.00	
10	月份		月折旧额		累计折旧	年末折余价值	
11	0		0.00		0.00	400,000.00	
12	1		3,958.33		3,958.33	396,041.67	
13	2		3,958.33		7,916.67	392,083.33	
14	3		3,958.33		11,875.00	388,125.00	
15	4		3,958.33		15,833.33	384,166.67	
16	5		3,958.33		19,791.67	380,208.33	
17	6		3,958.33		23,750.00	376,250.00	
18	7		3,958.33		27,708.33	372,291.67	
19	8		3,958.33		31,666.67	368,333.33	
20	9		3,958.33		35,625.00	364,375.00	
21	10		3,958.33		39,583.33	360,416.67	
22	11		3,958.33		43,541.67	356,458.33	
23	12		3,958.33		47,500.00	352,500.00	
24	13		3,958.33		51,458.33	348,541.67	
25	14		3,958.33		55,416.67	344,583.33	
26	15		3,958.33		59,375.00	340,625.00	
27	16		3,958.33		63,333.33	336,666.67	
28	17		3,958.33		67,291.67	332,708.33	
29	18		3,958.33		71,250.00	328,750.00	
30	19		3,958.33		75,208.33	324,791.67	
31	20		3,958.33		79,166.67	320,833.33	

图 4-11　直线法下的固定资产折旧

二、双倍余额递减法下的固定资产卡片折旧

操作步骤如下：

(1) 把光标放在 B12 单元格处，选择“公式”中的“插入函数”命令，选择“财务”中的 DDB 函数。

(2) 在“函数参数”对话框中，参数“Cost”即原始价值框中输入“$B$9”；参数“Salvage”即净残值框中输入“$F$9”；参数“Life”即折旧年限框中输入“$D$7”，注意固定资产预计使用年限或月限，这里选用按月份折旧；参数“Period”即折旧计算的期次框中输入“A12”；参数“Factor”即折旧的加速因子框中，可以输入“2 或 3”，省略则表示“2”。如图 4-12 所示。

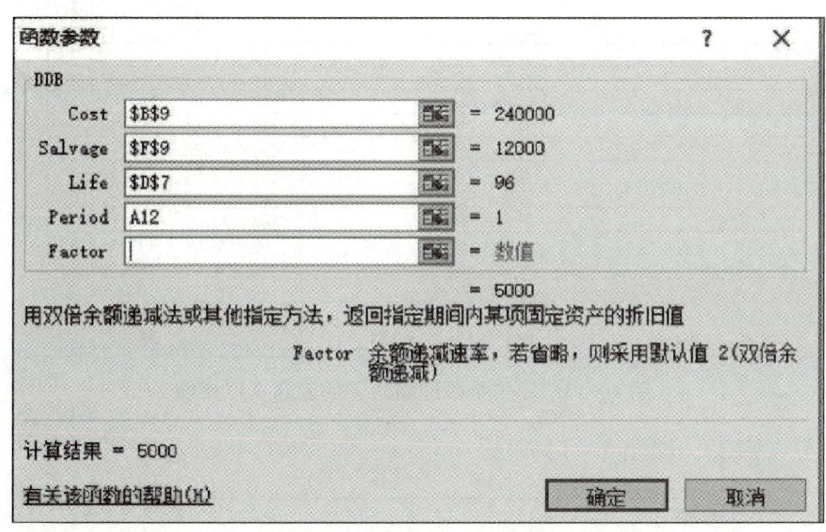

图 4-12 输入 DDB 函数参数

(3) 在 F11 单元格中输入“=$B$9”，在 E12 单元格中输入“=E11+B12”，在 F12 单元格中输入“=$F$11-E12”。用鼠标选中单元格 F12，鼠标单击自动填充柄，往下拖到 F31。

完成以上操作步骤的结果如图 4-13 所示。

三、年数总和法下的固定资产卡片折旧

操作步骤如下：

(1) 把光标放在 B12 单元格处，选择“公式”中的“插入函数”命令，选择“财务”中的 SYD 函数。

(2) 在“函数参数”对话框中，参数“Cost”即原始价值框中输入“$B$9”；参数“Salvage”即净残值框中输入“$F$9”；参数“Life”即折旧年限框中输入“$D$7”，注意固定资产预计使用年限或月限，文中选用按月份折旧；参数“Period”即折旧计算的

	A	B	C	D	E	F
1	固定资产卡片					
2	卡片编号	002			日期	2017/5/9
3	固定资产编号	011	固定资产名称	轿车		
4	类别编号	011	类别名称			
5	规格型号		部门名称	企划部		
6	增加方式	直接购入	存放地点			
7	使用状况	在用	使用年限	96.00	折旧方法	双倍余额递减法
8	开始使用日期	2014/6/1	已计提月份	34.00	尚可使用月份	62.00
9	原值	240,000.00	净残值率	5.00%	净残值	12,000.00
10	年份	年折旧额			累计折旧	年末折余价值
11	0	0.00			0.00	240,000.00
12	1	5,000.00			5,000.00	235,000.00
13	2	4,895.83			9,895.83	230,104.17
14	3	4,793.84			14,689.67	225,310.33
15	4	4,693.97			19,383.64	220,616.36
16	5	4,596.17			23,979.81	216,020.19
17	6	4,500.42			28,480.23	211,519.77
18	7	4,406.66			32,886.89	207,113.11
19	8	4,314.86			37,201.75	202,798.25
20	9	4,224.96			41,426.71	198,573.29
21	10	4,136.94			45,563.66	194,436.34
22	11	4,050.76			49,614.41	190,385.59
23	12	3,966.37			53,580.78	186,419.22
24	13	3,883.73			57,464.51	182,535.49
25	14	3,802.82			61,267.34	178,732.66
26	15	3,723.60			64,990.93	175,009.07
27	16	3,646.02			68,636.95	171,363.05
28	17	3,570.06			72,207.02	167,792.98
29	18	3,495.69			75,702.71	164,297.29
30	19	3,422.86			79,125.57	160,874.43
31	20	3,351.55			82,477.12	157,522.88

图 4-13　双倍余额递减法下的固定资产折旧

期次框中输入“A12”。如图 4-14 所示。

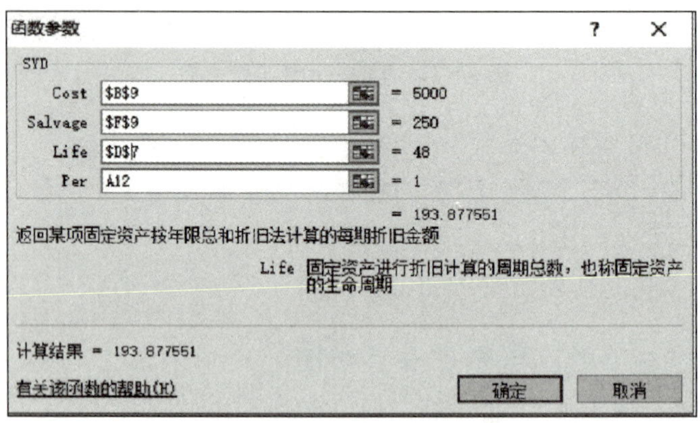

图 4-14　输入 SYD 函数参数

（3）在 F11 单元格中输入“=$B$9”，在 E12 单元格中输入“=E11+B12”，在 F12 单元格中输入“=$F$11-E12”。用鼠标选中单元格 F12，鼠标单击自动填充柄，往下拖到 F31。

完成以上操作步骤的结果如图 4-15 所示。

I33

	A	B	C	D	E	F
1	固定资产卡片					
2	卡片编号	011			日期	2017/5/9
3	固定资产编号	021	固定资产名称	传真机		
4	类别编号	021	类别名称			
5	规格型号		部门名称	销售部		
6	增加方式	部门调拨	存放地点			
7	使用状况	在用	使用年限	48.00	折旧方法	年数总和法
8	开始使用日期	2014/6/1	已计提月份	34.00	尚可使用月份	14.00
9	原值	5,000.00	净残值率	5.00%	净残值	250.00
10	年份	年折旧额			累计折旧	年末折余价值
11	0	0.00			0.00	5,000.00
12	1	193.88			193.88	4,806.12
13	2	189.84			383.72	4,616.28
14	3	185.80			569.52	4,430.48
15	4	181.76			751.28	4,248.72
16	5	177.72			929.00	4,071.00
17	6	173.68			1,102.68	3,897.32
18	7	169.64			1,272.32	3,727.68
19	8	165.60			1,437.93	3,562.07
20	9	161.56			1,599.49	3,400.51
21	10	157.53			1,757.02	3,242.98
22	11	153.49			1,910.50	3,089.50
23	12	149.45			2,059.95	2,940.05
24	13	145.41			2,205.36	2,794.64
25	14	141.37			2,346.73	2,653.27
26	15	137.33			2,484.06	2,515.94
27	16	133.29			2,617.35	2,382.65
28	17	129.25			2,746.60	2,253.40
29	18	125.21			2,871.81	2,128.19
30	19	121.17			2,992.98	2,007.02
31	20	117.13			3,110.12	1,889.88

图 4－15　年数总和法下的固定资产折旧

四、编制固定资产折旧清单

操作步骤如下：

（1）打开名为“固定资产管理”的工作簿，新增一个工作表，命名为“固定资产折旧清单”。

（2）在工作表中输入下列字段名，包括：资产编号、使用部门、资产名称、资产原值、本月计提折旧额、累计折旧、开始使用日期、已提月份、净残值率、折旧方法。

（3）在“固定资产管理”工作簿，完成其工作表之间数据传递的操作。

（4）在 A14 输入“合计”，将 D14 设置为“＝SUM(D3:D13)”，E14 及 F14 设置为自动求和。结果如图 4－16 所示。

B19

	A	B	C	D	E	F	G	H	I	J
1	2017年5月　固定资产折旧清单									
2	资产编号	使用部门	资产名称	资产原值	本月计提折旧额	累计折旧	开始使用日期	已提月份	净残值率	折旧方法
3	001	采购部	货运卡车	400000.00	3958.33	138541.67	2014/6/1	34	5.00%	直线法
4	002	企划部	轿车	240000.00	2443.97	125133.61	2014/6/1	34	5.00%	双倍余额递减法
5	003	生产部	厂房	1000000.00	3958.33	138541.67	2014/6/1	34	5.00%	直线法
6	004	生产部	设备1	200000.00	2638.89	92361.11	2014/6/1	34	5.00%	直线法
7	005	生产部	设备2	180000.00	2375.00	83125.00	2014/6/1	34	5.00%	直线法
8	006	企划部	电脑1	4000.00	63.33	2216.67	2014/6/1	34	5.00%	直线法
9	007	企划部	电脑2	4000.00	63.33	2216.67	2014/6/1	34	5.00%	直线法
10	008	财务部	电脑3	4000.00	63.33	2216.67	2014/6/1	34	5.00%	直线法
11	009	财务部	电脑4	4000.00	63.33	2216.67	2014/6/1	34	5.00%	直线法
12	010	销售部	电脑5	4000.00	63.33	2216.67	2014/6/1	34	5.00%	直线法
13	011	企划部	传真机	5000.00	56.55	4382.44	2014/6/1	34	5.00%	年数总和法
14	合计			2045000.00	15747.72	593168.84				

图 4－16　固定资产折旧清单

任务四 固定资产数据的查询与汇总分析

基础知识

一、固定资产数据分析概述

固定资产管理过程中，需要及时统计资产的各类信息，并以账表的形式提供给财务人员和资产管理人员。日常常用的各种报表包括固定资产清单、固定资产增减表、固定资产变动情况表、固定资产明细账、固定资产及累计折旧明细账、折旧费用分配表（分部门）、折旧费用分配表（分类别）、固定资产使用情况分析表、固定资产构成分析表、固定资产价值结构分析表、固定资产折旧表、固定资产折旧汇总表、固定资产处理情况表。

二、固定资产清单

固定资产清单可以用来存放与该项固定资产相关的所有数据，以便于对企业的固定资产进行详细、全面的管理。固定资产清单输出中，显示了按“编号”排序的全部固定资产。在上述固定资产清单的基础上，还可以使用“过滤”功能列示符合条件的固定资产清单。浏览、查看固定资产清单，根据前面所选定的条件，将固定资产资料以列表的形式列示在固定资产清单窗口中，可以用光标移动键或鼠标来翻阅查看。单击工具条中的“打印”按钮或从“文件”菜单中选择“打印”命令，将固定资产清单打印输出。

三、折旧费用分配表

固定资产折旧费也是产品成本的组成部分，但是，它不单独设置成本项目，而是按照固定资产的使用部门归集，然后再与车间、部门的其他费用一起分配计入产品成本和期间费用，借记“制造费用”“管理费用”“销售费用”等账户，贷记“累计折旧”账户。

折旧费用的分配，通过固定资产折旧费用分配表进行。固定资产折旧费用分配表用于查询固定资产折旧计提的费用分配明细，窗口中可以选择不同期间的数据进行查询。

四、固定资产使用情况分析表

固定资产使用情况分析表是一张固定资产分析的辅助报表，按照固定资产的使用情况分析，系统可生成相应的分析情况圆饼图，供查询、分析。

五、常用功能：数据透视表和数据透视图

使用数据透视表可以汇总、分析、浏览和提供汇总数据。使用数据透视图可以在数据透视表中显示该汇总数据，并且可以直观地查看、比较。

数据透视表是一种可以快速汇总大量数据的交互式方法。使用数据透视表可以深入分析数值数据，并且可以回答一些预料不到的数据问题。数据透视表是专门针对以下用途设计的：以多种用户友好方式查询大量数据；对数值数据进行分类汇总和聚合，按分类和子分类对数据进行汇总，创建自定义计算和公式；展开或折叠要关注结果的数据级别，查看感兴趣区域汇总数据的明细；将行移动到列或将列移动到行（或“透视”），以查看源数据的不同汇总；对最有用和最关注的数据子集进行筛选、排序、分组和有条件地设置格式，提供简明、有吸引力并且带有批注的联机报表或打印报表。

数据透视图为数据透视表中的数据提供图形表示形式，此时的数据透视表称为关联的数据透视表。数据透视图也是交互性的。创建数据透视图时，会出现数据透视图筛选窗格。可以使用此筛选窗格对数据透视图的基础数据进行排序和筛选。对关联的数据透视表中的布局和数据所做的更改会立即在数据透视图的布局和数据中得到反映。

工作情境与分析

5月底，公司总经理要求财务部提供一份以部门进行的统计分析报告，以及5月份的固定资产折旧数据并附图表显示折旧。

任务实施步骤

一、编制折旧汇总表

操作步骤如下：

(1) 单击“插入→表格”功能区中的“数据透视表”命令，在下拉菜单中选择“数据透视表”，弹出“创建数据透视表”对话框。

(2) 在“选择一个表或区域”中输入要汇总的数据区域，即选中“固定资产折旧清单!$A$2:$J$13”的范围。在“选择放置数据透视表的位置”中选择“新工作表”单选按钮，其参数设置如图4-17所示。

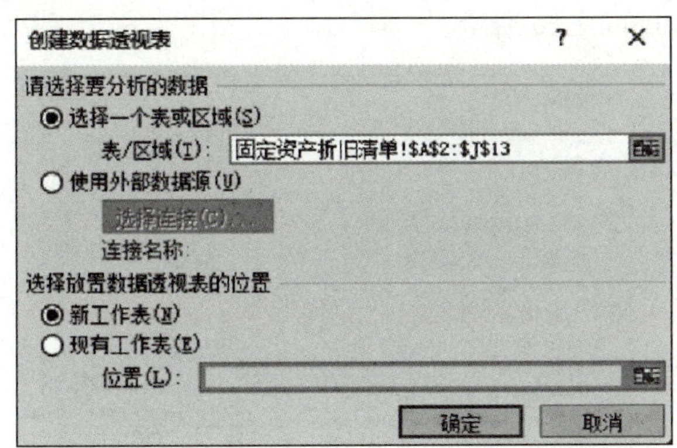

图4-17 创建数据透视表参数设置

（3）单击“确定”按钮，弹出“数据透视表字段列表”对话框。在“选择要添加到报表的字段”中选择要添加到报表的字段，即在“使用部门”“资产名称”“本月计提折旧额”前打√，如图 4－18 所示。

（4）完成后，进入透视表界面，显示结果如图 4－19 所示。

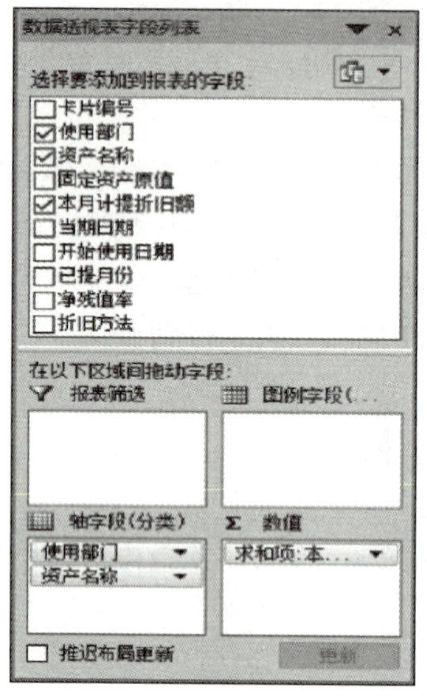

图 4－18　数据透视表字段列表对话框

行标签	求和项:本月计提折旧额
⊟财务部	126.66
电脑3	63.33
电脑4	63.33
⊟采购部	3958.333333
货运卡车	3958.333333
⊟企划部	2627.176635
传真机	56.54761905
电脑1	63.33333333
电脑2	63.33
轿车	2443.965683
⊟生产部	8972.222222
厂房	3958.333333
设备1	2638.888889
设备2	2375
⊟销售部	63.33
电脑5	63.33
总计	15747.72219

图 4－19　固定资产折旧部门汇总表

二、编制折旧汇总图

操作步骤如下：

（1）选择“插入→表格”功能区中的“数据透视表”命令，在下拉菜单中选择“数据透视图”，弹出“创建数据透视图”对话框。

（2）在“选择一个表或区域”中输入要汇总的数据区域，即选中“固定资产折旧清单!＄A＄2:＄J＄13”的范围。在“选择放置数据透视图的位置”中选择“新工作表”单选按钮，其参数设置如图 4－20 所示。

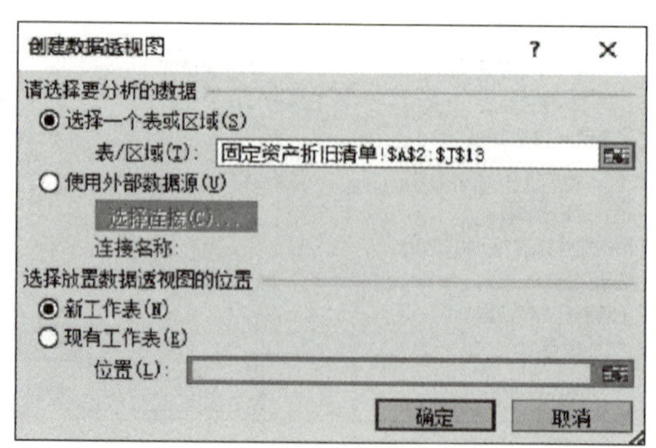

图 4－20　创建数据透视图参数设置

(3) 单击“确定”按钮，弹出“数据透视表字段列表”对话框。在“选择要添加到报表的字段”中选择要添加到报表的字段，即在“使用部门”“本月计提折旧额”前打√，如图 4-21 所示。

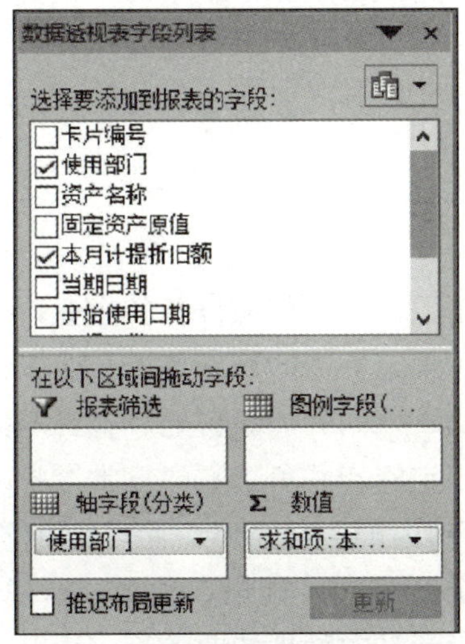

图 4-21　创建折旧数据透视图步骤之 3

(4) 完成后，进入数据透视图界面，显示结果如图 4-22 所示。

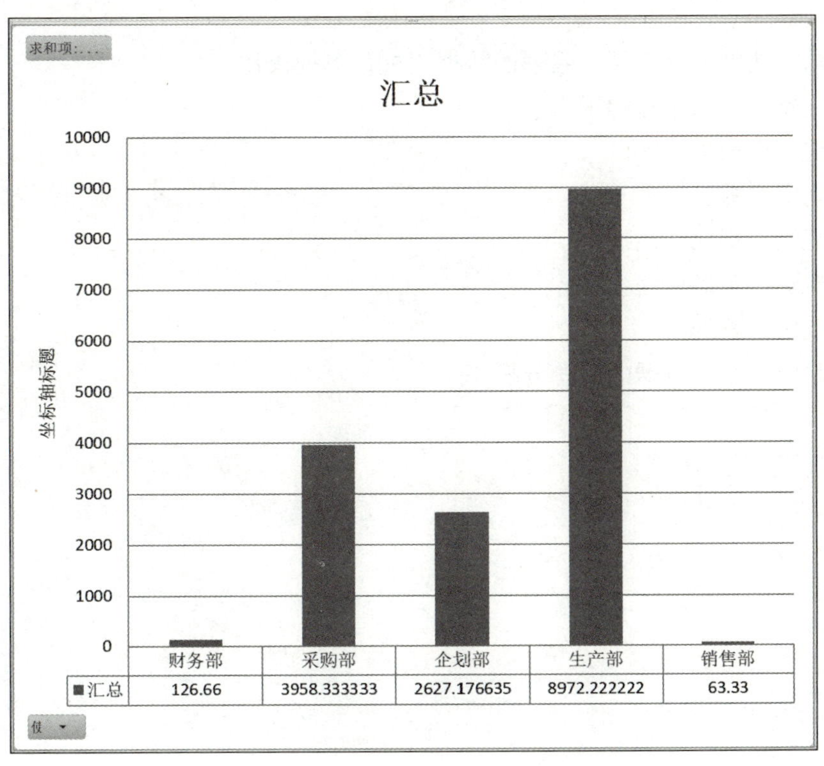

图 4-22　固定资产折旧部门汇总图

项目小结

通过前面所述的操作处理，企业已建立了基本的固定资产数据库，并按月对每项固定资产进行了折旧处理。要将这一数据库用于日常的固定资产管理，同时运用该数据库去查询特定的固定资产。

技能训练

实训资料：江西能源公司是一家生产机械设备的企业，企业规模虽然不大，但固定资产较多，而且价值较高，因此，固定资产的管理对于企业来说是相当重要的。该公司有厂部、财务处、结算中心、人事处、计划处、销售处、金工车间、结构车间、机装车间等部门。固定资产的所属部门使用固定资产并负责它的日常维护。目前，该公司已有各类固定资产10台，固定资产的集中管理由财务处负责，每个固定资产都有一张卡片记录其增加的方式、开始使用日期、固定资产编码、规格、种类、所属部门、原始价值、累计价值、净值和折旧方法等信息。固定资产日常管理的业务有：固定资产的增加或减少、部门间的调拨、月折旧的计提及折旧数据的汇总分析。该公司公司的固定资产分为如下几类：房屋类建筑、机械设备类、制冷设备类、汽车类和电子设备类，它们的编码分别为02、03、05、06和07。

实训要求：请处理该公司一系列的数据，进行下列操作。

（1）固定资产初始卡片的录入。

（2）固定资产增加。

（3）固定资产减少。

（4）固定资产部门间调拨。

（5）固定资产折旧计提。

（6）固定资产查询。

（7）固定资产折旧数据的汇总分析。

项目五 Excel 在财务报表中的应用

知识目标

- 了解会计报表的概念、内容和格式
- 掌握编制会计报表的方法

能力目标

- 掌握如何利用 Excel 编制资产负债表
- 掌握如何利用 Excel 编制利润表

任务一 编制资产负债表

基础知识

财务报告包括会计报表和其他应当在财务报告中披露的相关信息和资料。会计报表是对企业财务状况、经营成果和现金流量的结构性表述。会计报表至少应当包括下列组成部分：(1) 资产负债表；(2) 利润表；(3) 现金流量表；(4) 所有者权益（或股东权益，下同）变动表；(5) 附注。

编制会计报表的目的是向会计报表的使用者提供对其经济决策有用的信息，包括企业的财务状况、经营成果及现金流量的资料。在本项目中，仅限于介绍 Excel 在狭义会计报表（资产负债表和利润表）编制中的应用。

用 Excel 编制资产负债表和利润表，可以分成以下几项工作任务：编制资产负债表→编制利润表→编排会计报表。

一、资产负债表的概念

资产负债表是反映企业在某一特定日期财务状况的会计报表。它反映企业在某一特定日期所拥有或控制的经济资源、所承担的现时义务和所有者对净资产的要求权。

二、资产负债表的基本格式和内容

资产负债表分为表头和表体两个部分。

表头包括报表的标题、报表的编号、编制单位、编制日期及计量单位等部分，编表时间应为某年某月某日。

表体部分一般为账户式，资产负债表的左部为资产类科目，右部为负债及所有者权益类科目。编制资产负债表时，项目的排列顺序主要按项目流动性排列。

资产负债表的具体格式见表5－1。

表5－1 **资产负债表** 会企01表

编制单位： 20××年12月31日 单位：元

行次	资产类科目	年初数	期末数	行次	负债及所有者权益类科目	年初数	期末数
001	流动资产：			001	流动负债：		
002	货币资金			002	短期借款		
003	交易性金融资产			003	交易性金融负债		
004	应收票据			004	应付票据		
005	应收账款			005	应付账款		
006	预付账款			006	预收账款		
007	应收利息			007	应付职工薪酬		
008	应收股利			008	应交税费		
009	其他应收款			009	应付利息		
010	存货			010	应付股利		
011	一年内到期的非流动资产			011	其他应付款		
012	其他流动资产			012	一年内到期的非流动负债		
013	流动资产合计			013	其他流动负债		
014	非流动资产：			014	流动负债合计		
015	可供出售金融资产			015	非流动负债：		
016	持有至到期投资			016	长期借款		
017	长期应收款			017	应付债券		
018	长期股权投资			018	长期应付款		
019	投资性房地产			019	专项应付款		
020	固定资产			020	预计负债		
021	在建工程			021	递延所得税负债		
022	工程物资			022	其他非流动负债		
023	固定资产清理			023	非流动负债合计		

续前表

行次	资产类科目	年初数	期末数	行次	负债及所有者权益类科目	年初数	期末数
024	生产性生物资产			024	负债合计		
025	油气资产			025	所有者权益：		
026	无形资产			026	实收资本		
027	开发支出			027	资本公积		
028	商誉			028	减：库存股		
029	长期待摊费用			029	盈余公积		
030	递延所得税资产			030	未分配利润		
031	其他非流动资产			031	所有者权益合计		
032	非流动资产合计			032			
033	资产总计			033	负债及所有者权益总计		

三、资产负债表的编制方法

资产负债表主要是根据资产账户和负债、所有者权益账户的期末余额和其他有关资料编制而成的。具体编制方法如下：

（1）直接根据总账科目的余额填列。如“交易性金融资产”“短期借款”“应付票据”“应付职工薪酬”等项目。有些项目则需要根据几个总账科目的余额计算填列。如“货币资金”项目需要根据“库存现金”“银行存款”“其他货币资金”三个总账科目余额合计填列。

（2）根据有关明细科目的余额计算填列。如“应付账款”项目，需要分别根据“应付账款”和“预付账款”两个科目所属明细科目的期末贷方余额计算填列。

（3）根据总账科目和明细科目的余额分析计算填列。如“长期借款”项目，应根据“长期借款”总账科目余额扣除“长期借款”科目所属的明细科目中将在资产负债表日起一年内到期，且企业不能自主地将清偿义务展期的长期借款后的金额计算填列。

（4）根据总账科目与其备抵科目抵消后的净额填列。如资产负债表中的“长期股权投资”项目，应根据“长期股权投资”科目的期末余额减去“长期股权投资减值准备”科目余额后的净额填列；“固定资产”项目，应根据“固定资产”科目期末余额减去“累计折旧”“固定资产减值准备”科目余额后的净额填列；“无形资产”项目，应根据“无形资产”科目期末余额减去“累计摊销”“无形资产减值准备”科目余额后的净额填列。

（5）综合运用上述填列方法分析填列。如“应收账款”项目，应根据“应收账款”和“预收账款”科目所属各明细科目的期末借方余额合计数，减去“坏账准备”科目中有关应收账款计提的坏账准备期末余额后的金额填列；“存货”项目，应根据“材料采购”“在途物资”“原材料”“发出商品”“库存商品”“周转材料”“委托加工物资”“生产成本”“受托代销商品”等科目的期末余额合计数，减去“受托代销商品款”“存货跌价准备”科目期末余额后的金额填列。

工作情境与分析

李跃华完成了用 Excel 进行账务处理工作后，开始着手练习用 Excel 编制会计报表。资产负债表主要通过公式引用试算平衡表的期初、期末余额数据编制而成。

在项目二中已经生成江西利民公司 2017 年 5 月的总账及试算平衡表，见表 5－2。

表 5－2　　江西利民公司 2017 年 5 月总账及试算平衡表

科目编码	科目名称	期初借方余额	期初贷方余额	本期借方发生额合计	本期贷方发生额合计	期末借方余额	期末贷方余额
1001	库存现金	8 000		500 000	500 000	8 000	0
1002	银行存款	3 500 000		866 134	1 163 200	3 202 934	0
1012	其他货币资金	120 000		0	117 000	3 000	0
1101	交易性金融资产	45 000		0	25 000	20 000	0
1121	应收票据	350 000		0	0	350 000	0
1122	应收账款	400 000		351 000	151 000	735 900	0
1231	坏账准备		1 200	0	600	0	1 800
1123	预付账款	100 000		0	0	100 000	0
1221	其他应收款	4 000	0	0	0	4 000	0
1402	在途物资	245 000		160 000	110 000	295 000	0
1403	原材料	500 000		209 800	650 000	59 800	0
1411	周转材料	98 050		0	50 000	48 050	0
1405	库存商品	2 700 000		1 104 900	600 000	3 204 900	0
1511	长期股权投资	1 250 000		0	0	1 250 000	0
1601	固定资产	2 000 000		1 501 000	200 000	3 301 000	0
1602	累计折旧		400 000	180 000	100 000	0	320 000
1604	在建工程	1 500 000		200 000	1 400 000	300 000	0
1606	固定资产清理			20 500	20 500	0	0
1701	无形资产	100 000		0	0	100 000	0
1702	累计摊销			0	10 000	0	10 000
1801	长期待摊费用	20 000		0	0	20 000	0
2001	短期借款		1 260 000	150 000	0	0	1 110 000
2201	应付票据		500 000	100 000	0	0	400 000
2202	应付账款		916 850	0	0	0	916 850
2211	应付职工薪酬		210 000	300 000	342 000	0	252 000
2221	应交税费		30 000	146 166	245 150	0	128 984

续前表

科目编码	科目名称	期初借方余额	期初贷方余额	本期借方发生额合计	本期贷方发生额合计	期末借方余额	期末贷方余额
2231	应付利息			0	11 500	0	11 500
2241	其他应付款		966 600	0	0	0	966 600
2501	长期借款		1 600 000	0	10 000	0	1 610 000
4001	实收资本		6 000 000	0	0	0	6 000 000
4002	资本公积		593 000	0	0	0	593 000
4101	盈余公积		250 000	0	0	0	250 000
4103	本年利润			785 550	869 100	0	219 450
4104	利润分配		212 400	0	0	0	212 400
5001	生产成本			1 104 900	1 104 900	0	0
5101	制造费用			91 400	91 400	0	0
6001	主营业务收入			1 000 000	1 000 000	0	0
6111	投资收益			5 000	5 000	0	0
6401	主营业务成本			600 000	600 000	0	0
6402	其他业务成本			0	0	0	0
6403	税金及附加			2 000	2 000	0	0
6601	销售费用			20 000	20 000	0	0
6602	管理费用			47 700	47 700	0	0
6603	财务费用			24 000	24 000	0	0
6711	营业外支出			18 700	18 700	0	0
6801	所得税费用			73 150	73 150	0	0
合计		12 940 050	12 940 050	9 697 800	9 697 800	13 002 584	13 002 584

任务实施步骤

下面我们将为该公司编制资产负债表。

一、建立表头

(1) 打开“201705 总账”工作簿，在“201705 总账及试算平衡表”后面插入一张新工作表，并将其命名为“201705 资产负债表”，在工作表的 A1 单元格中输入表头“资产负债表”。选中 A1:H1，设置“合并后居中”。

(2) 选择 A3:B3，设置“合并后居中”，在 A3 单元格中输入“编制单位：江西利民公司”；选择 D3，在 D3 单元格中输入“2017 年 5 月 31 日”；选择 G2:H2，设置“合并后居中”，在 G2 单元格中输入“会企 01 表”；选择 G3:H3，设置“合并后居中”，在 G3 单元格中输入“单位：元”。如图 5－1 所示。

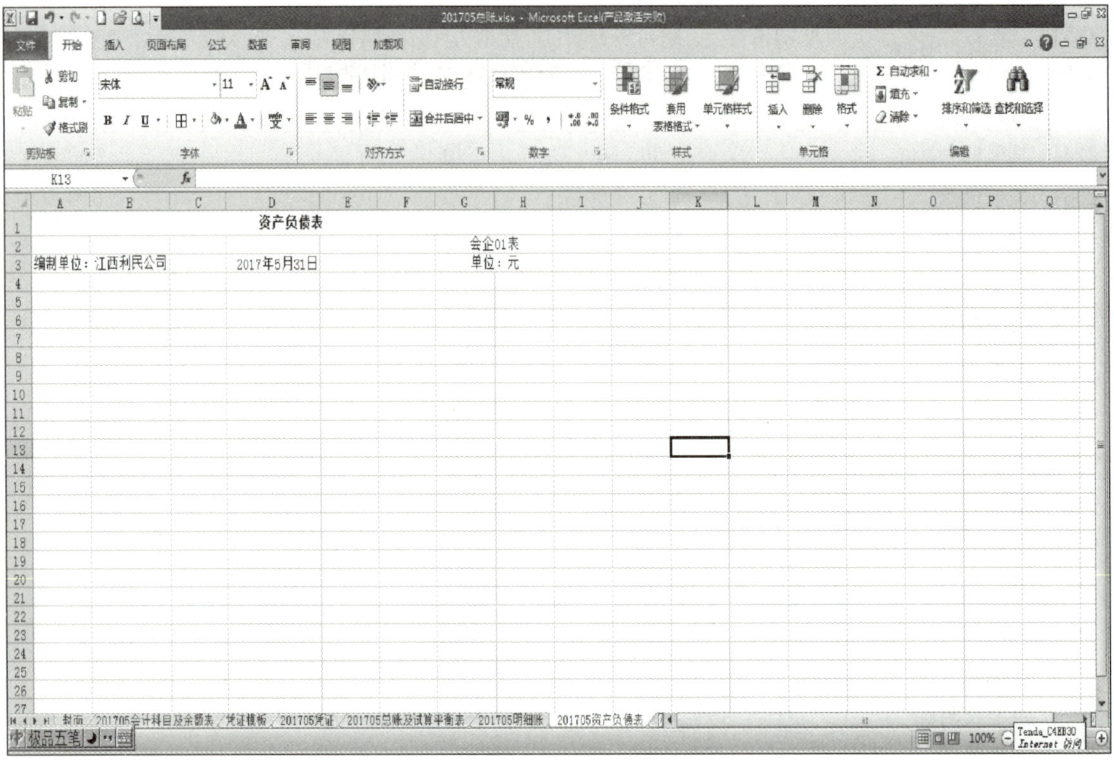

图 5-1 建立资产负债表表头

二、“项目”名称栏及“行次”栏的输入

在 A4:H37 的单元格中分别输入项目名称及行次。

三、数据的填充

完成表格文字输入和格式设置后，下一个工作就是填充表格中的其他数据。其中“年初数”可以按上月资产负债表中的数据进行填充，“期末数”可以以链接的方式引用“201705 总账及试算平衡表”中的相关数据。

例如：“货币资金”项目需根据“库存现金”“银行存款”“其他货币资金”三个总账科目的期末余额的合计数填列，而这几项的数据分别存放在“201705 总账及试算平衡表”中的单元格 G2、G3、G4 处。因此，可在“201705 资产负债表”中存放“货币资金”期末数的单元格 D6 中输入相应的数据填制公式。具体的操作步骤如下：

（1）选中单元格 D6 后，直接输入“=”符号。

（2）单击“201705 总账及试算平衡表”标签，将界面切换至“201705 总账及试算平衡表”中。

（3）单击“201705 总账及试算平衡表”中的单元格 G2，键入“+”符号；再单击该表中的单元格 G3，键入“+”符号；最后再单击该表中的单元格 G4；按回车键后，会自动切换到“201705资产负债表”工作表中，并在单元格D6中显示出计算结果。此时，在公式编辑栏中显示出单元格D6所采用的计算公式，其公式表示为“=‘201705总账及试算平衡表’!G2+‘201705总账及试算平衡表’!G3+‘201705总账及试算平衡表’!G4”。该公式表明，“201705资产负债表”工作表中单元格D6的数据，是“201705总账及试算平衡表”工作表中单元格G2、G3、G4的数据之和，如图5-2所示。可以用同样的方法填制其他项目的数据。

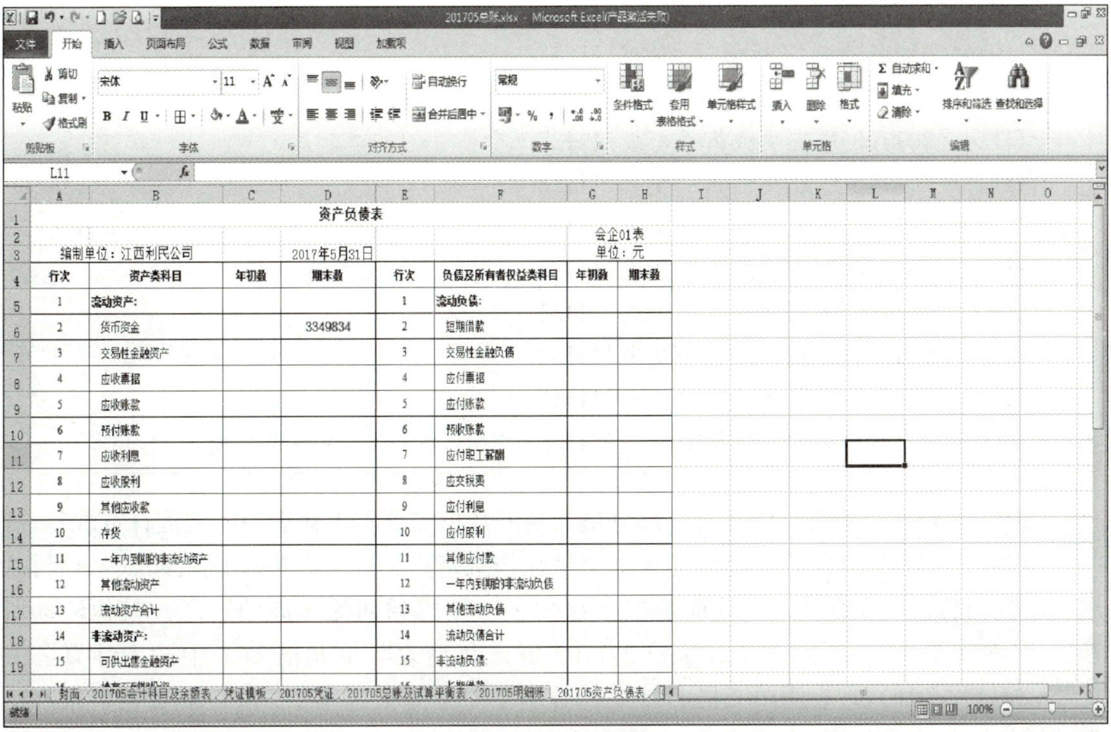

资产负债表

会企01表

编制单位：江西利民公司　　2017年5月31日　　单位：元

行次	资产类科目	年初数	期末数	行次	负债及所有者权益类科目	年初数	期末数
1	流动资产：			1	流动负债：		
2	货币资金		3349834	2	短期借款		
3	交易性金融资产			3	交易性金融负债		
4	应收票据			4	应付票据		
5	应收账款			5	应付账款		
6	预付账款			6	预收账款		
7	应收利息			7	应付职工薪酬		
8	应收股利			8	应交税费		
9	其他应收款			9	应付利息		
10	存货			10	应付股利		
11	一年内到期的非流动资产			11	其他应付款		
12	其他流动资产			12	一年内到期的非流动负债		
13	流动资产合计			13	其他流动负债		
14	非流动资产：			14	流动负债合计		
15	可供出售金融资产			15	非流动负债：		

图5-2 填充数据

附：资产负债表期末数取数公式：

D6=‘201705总账及试算平衡表’!G2+‘201705总账及试算平衡表’!G3+‘201705总账及试算平衡表’!G4

D7=‘201705总账及试算平衡表’!G5

D8=‘201705总账及试算平衡表’!G6

D9=‘201705总账及试算平衡表’!G7-‘201705总账及试算平衡表’!H8

D10=‘201705总账及试算平衡表’!G9

D13=‘201705总账及试算平衡表’!G10

D14=‘201705总账及试算平衡表’!G11+‘201705总账及试算平衡表’!G12+‘201705总账及试算平衡表’!G13+‘201705总账及试算平衡表’!G14

D22＝'201705 总账及试算平衡表'!G15
D24＝'201705 总账及试算平衡表'!G16－'201705 总账及试算平衡表'!H17
D25＝'201705 总账及试算平衡表'!G18
D30＝'201705 总账及试算平衡表'!G20－'201705 总账及试算平衡表'!H21
D33＝'201705 总账及试算平衡表'!G22
H6＝'201705 总账及试算平衡表'!H23
H8＝'201705 总账及试算平衡表'!H24
H9＝'201705 总账及试算平衡表'!H25
H11＝'201705 总账及试算平衡表'!H26
H12＝'201705 总账及试算平衡表'!H27
H13＝'201705 总账及试算平衡表'!H28
H15＝'201705 总账及试算平衡表'!H39
H20＝'201705 总账及试算平衡表'!H30
H30＝'201705 总账及试算平衡表'!H31
H31＝'201705 总账及试算平衡表'!H32
H33＝'201705 总账及试算平衡表'!H33
H34＝'201705 总账及试算平衡表'!H34＋'201705 总账及试算平衡表'!H35

"201705 资产负债表"中还有一部分单元格的数据需要本工作表中的数据计算取得。

例如，"流动资产合计＝货币资金＋交易性金融资产＋应收票据＋应收账款＋预付款项＋应收利息＋应收股利＋其他应收款＋存货＋一年内到期的非流动资产＋其他流动资产"，可在如图5-3所示的工作表"201705 资产负债表"单元格 D17 中输入计算公式"＝SUM(D6:D16)"，表明单元格 D17 中的数据是对单元格区域 D6 和 D16 数据的求和结果。又如"非流动负债合计＝长期借款＋应付债券＋长期应付款＋专项应付款＋预计负债＋递延所得税负债＋其他流动负债"，所以可在单元格 H27 中输入计算公式"＝SUM(H20:H26)"。在其他需要输入公式的地方，可以用同样的方法输入相应的公式。

小提示："201705 资产负债表"期末数有关运算公式：

D17＝SUM(D6:D16)
D36＝SUM(D19:D35)
D37＝D17＋D36
H18＝SUM(H6:H17)
H27＝SUM(H20:H26)
H28＝H18＋H27
H35＝SUM(H30:H34)
H37＝H28＋H35

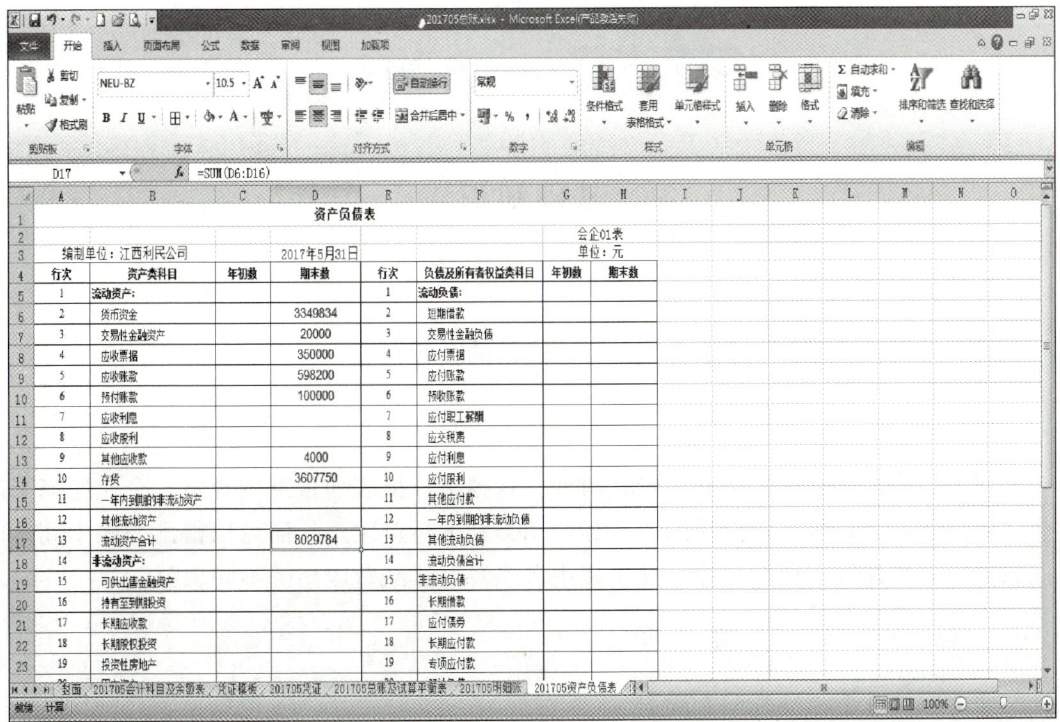

资产负债表

						会企01表	
编制单位：江西利民公司			2017年5月31日			单位：元	
行次	资产类科目	年初数	期末数	行次	负债及所有者权益类科目	年初数	期末数
1	流动资产：			1	流动负债：		
2	货币资金		3349834	2	短期借款		
3	交易性金融资产		20000	3	交易性金融负债		
4	应收票据		350000	4	应付票据		
5	应收账款		598200	5	应付账款		
6	预付账款		100000	6	预收账款		
7	应收利息			7	应付职工薪酬		
8	应收股利			8	应交税费		
9	其他应收款		4000	9	应付利息		
10	存货		3607750	10	应付股利		
11	一年内到期的非流动资产			11	其他应付款		
12	其他流动资产			12	一年内到期的非流动负债		
13	流动资产合计		8029784	13	其他流动负债		
14	非流动资产：			14	流动负债合计		
15	可供出售金融资产			15	非流动负债		
16	持有至到期投资			16	长期借款		
17	长期应收款			17	应付债券		
18	长期股权投资			18	长期应付款		
19	投资性房地产			19	专项应付款		

图 5-3 输入公式

由以上操作可以看出，资产负债表中的数据不需要从键盘输入，只要前期有关的资料表格齐全，均可通过链接得到，公式建立好了，数据会同时显示在表格中。资产负债表的编制结果如图 5-4 所示。

行次	资产类科目	年初数	期末数	行次	负债及所有者权益类科目	年初数	期末数
1	流动资产：			1	流动负债：		
2	货币资金	3628000	3349834	2	短期借款	1260000	1110000
3	交易性金融资产	45000	20000	3	交易性金融负债		
4	应收票据	350000	350000	4	应付票据	500000	400000
5	应收账款	398800	598200	5	应付账款	916850	916850
6	预付账款	100000	100000	6	预收账款		
7	应收利息			7	应付职工薪酬	210000	252000
8	应收股利			8	应交税费	30000	128984
9	其他应收款	4000	4000	9	应付利息		11500
10	存货	3543050	3607750	10	应付股利		
11	一年内到期的非流动资产			11	其他应付款	966600	966600
12	其他流动资产			12	一年内到期的非流动负债		
13	流动资产合计	8068850	8029784	13	其他流动负债		
14	非流动资产：			14	流动负债合计	3883450	3785934
15	可供出售金融资产			15	非流动负债：		
16	持有至到期投资			16	长期借款	1600000	1610000
17	长期应收款			17	应付债券		
18	长期股权投资	1250000	1250000	18	长期应付款		
19	投资性房地产			19	专项应付款		
20	固定资产	1600000	2981000	20	预计负债		
21	在建工程	1500000	300000	21	递延所得税负债		
22	工程物资			22	其他非流动负债		
23	固定资产清理			23	非流动负债合计	1600000	1610000
24	生产性生物资产			24	负债合计	5483450	5395934
25	油气资产			25	所有者权益：		
26	无形资产	100000	90000	26	实收资本	6000000	6000000
27	开发支出			27	资本公积	593000	593000
28	商誉			28	减：库存股		
29	长期待摊费用	20000	20000	29	盈余公积	250000	250000
30	递延所得税资产			30	未分配利润	212400	431850
31	其他非流动资产			31	所有者权益合计	7055400	7274850
32	非流动资产合计	4470000	4641000	32			
33	资产总计	12538850	12670784	33	负债及所有者权益总计	12538850	12670784

图 5-4 资产负债表的编制结果

任务二 编制利润表

基础知识

一、利润表的概念

利润表是反映企业在一定会计期间经营成果的会计报表。

二、利润表的格式和内容

利润表结构主要有单步式和多步式两种。我国会计报表列报准则规定，企业应当采用多步式列报利润表，将不同性质的收入和费用类别进行对比，从而可以得出一些中间性的利润数据，分步计算当期净损益，便于使用者理解企业经营成果的不同来源。

三、利润表的编制方法

企业可以分3个步骤编制利润表。

第一步，以营业收入为基础，减去营业成本、税金及附加、销售费用、管理费用、财务费用、资产减值损失，加上公允价值变动收益（减去公允价值变动损失）和投资收益（减去投资损失），计算出营业利润。

第二步，以营业利润为基础，加上营业外收入，减去营业外支出，计算出利润总额。

第三步，以利润总额为基础，减去所得税费用，计算出净利润（或净亏损）。

普通股或潜在普通股已公开交易的企业，以及正处于公开发行普通股或潜在普通股过程中的企业，还应当在利润表中列示每股收益信息。

利润表的“本期金额”栏反映各项目的本期实际发生数。如果上年度利润表的项目名称和本年度利润表不一致，应对上年度利润表项目的名称和数字按本年度的规定进行调整，填入报表的“上期金额”栏。报表中各项目根据各损益类科目的发生额分析填列。

利润表的具体格式见表5-3。

表5-3 利润表 会企02表

编制单位：江西利民公司 2017年5月 单位：元（列至角分）

项目	行次	本期金额	上期金额
一、营业收入	1		
减：营业成本	2		
税金及附加	3		
销售费用	4		
管理费用	5		

续前表

项目	行次	本期金额	上期金额
财务费用	6		
资产减值损失①	7		
加：公允价值变动收益（损失以“—”号填列）	8		
投资收益（损失以“—”号填列）	9		
其中：对联营企业和合营企业的投资收益	10		
二、营业利润（亏损以“—”号填列）	11		
加：营业外收入	12		
减：营业外支出	13		
其中：非流动资产处置损失	14		
三、利润总额（亏损总额以“—”号填列）	15		
减：所得税费用	16		
四、净利润（净亏损以“—”号填列）	17		
五、每股收益：	18		
（一）基本每股收益	19		
（二）稀释每股收益	20		

工作情境与分析

与资产负债表的编制方法相同，利润表的编制也是通过公式引用试算平衡表的数据编制而成。但此处引用的是借方和贷方的发生额数据。

任务实施步骤

利润表的建立与资产负债表的建立相类似，具体操作步骤如下：

打开“201705 总账”工作簿，在“201705 资产负债表”后面插入一张新工作表，并将其命名为“201705 利润表”，在该张工作表中，按照利润表的格式，填写报表项目。

与“资产负债表”的编制方法相似，利润表项目的数据需要引用“201705 总账及试算平衡表”中的数据。具体操作步骤不再赘述，取数公式如下。

附：利润表本期金额取数公式：

C5=‘201705 总账及试算平衡表’!E38

C6=‘201705 总账及试算平衡表’!E40+‘201705 总账及试算平衡表’!E41

C7=‘201705 总账及试算平衡表’!E42

C8=‘201705 总账及试算平衡表’!E43

① 利润表有关项目位置，如资产减值损失的位置于 2019 年 5 月发生变动，读者可根据有关规定调整。

C9＝'201705 总账及试算平衡表'!E44
C10＝'201705 总账及试算平衡表'!E45
C13＝'201705 总账及试算平衡表'!F39
C17＝'201705 总账及试算平衡表'!E46
C20＝'201705 总账及试算平衡表'!E47
C15＝C5－C6－C7－C8－C9－C10－C11＋C12＋C13
C19＝C15＋C16－C17
C21＝C19－C20

利润表的编制结果如图 5－5 所示。

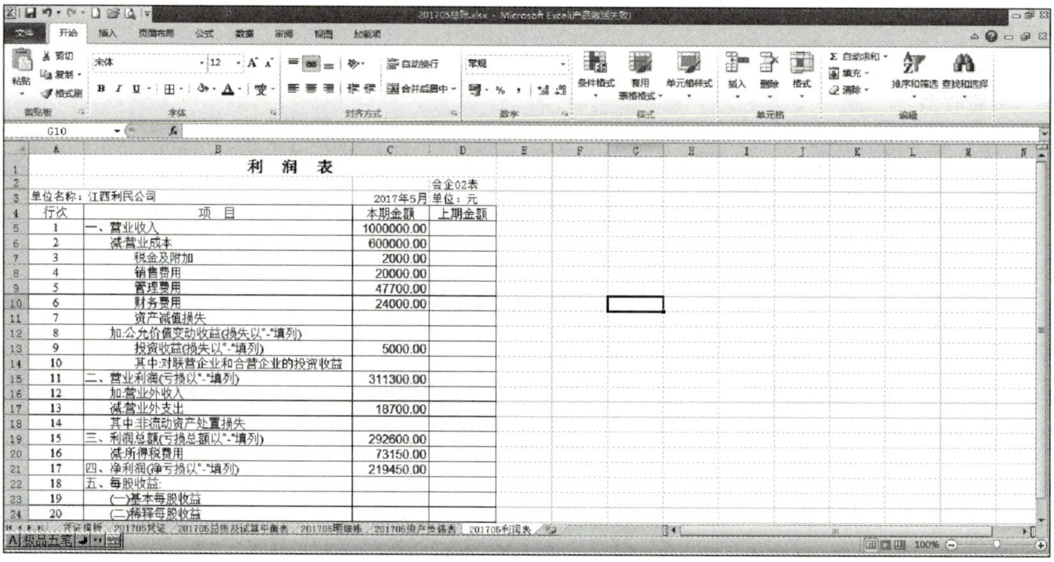

利 润 表

会企02表

单位名称：江西利民公司　　2017年5月　单位：元

行次	项　目	本期金额	上期金额
1	一、营业收入	1000000.00	
2	减:营业成本	600000.00	
3	税金及附加	2000.00	
4	销售费用	20000.00	
5	管理费用	47700.00	
6	财务费用	24000.00	
7	资产减值损失		
8	加:公允价值变动收益(损失以"-"填列)		
9	投资收益(损失以"-"填列)	5000.00	
10	其中:对联营企业和合营企业的投资收益		
11	二、营业利润(亏损以"-"填列)	311300.00	
12	加:营业外收入		
13	减:营业外支出	18700.00	
14	其中:非流动资产处置损失		
15	三、利润总额(亏损总额以"-"填列)	292600.00	
16	减:所得税费用	73150.00	
17	四、净利润(净亏损以"-"填列)	219450.00	
18	五、每股收益:		
19	(一)基本每股收益		
20	(二)稀释每股收益		

图 5－5　利润表的编制结果

任务三　编排会计报表

基础知识

通过前面的操作，制作出来的会计报表只含有系统的默认格式，我们可以根据自己的需要将表格进行编排，使之更加美观。涉及的常用操作主要有以下几项：

一、调整列宽

打开一个新的工作表时，系统产生的标准列宽是 8 个字符，任何工作表的标准列宽都能改变。

方法一：选择“开始→单元格”功能区，单击“格式”命令，弹出“格式”下拉菜单，选择“列宽”命令。

“格式”选项命令中的“列宽”命令可以用 0 到 255 个字符定义列的宽度。“格式”选项命令中的“自动调整列宽”命令，可以使数字或文字都能全部在自己列内显示而不侵占其他列。选择这条命令之前，至少需要在改动的各列上选择一个单元格。

方法二：用鼠标调整。

使用鼠标调整列宽时不需要选择命令，只要用鼠标指向该列列头右方的列界，然后拖到所需的宽度，即可改变列宽。处于列界时，鼠标指针变为有左右双向箭头的黑色十字。

二、调整行高

打开一个新的工作表时，系统产生的标准行高是根据工作表中的正常字体设置的。改变单元格内字体的大小时，系统自动调整行高，也可以通过选择命令和拖动鼠标来完成。

方法一：选择“开始→单元格”功能区，单击“格式”命令，弹出“格式”下拉菜单，选择“行高”命令。

“格式”选项命令中的“行高”命令可以改变行高。行高是以“磅”而不是以字符度量的，一英寸等于 72 磅。“格式”选项命令中的“自动调整行高”命令，可以根据该行中最大字体设置正确的行高。选择这条命令之前，至少需要在改动的各行中选择一个单元格。

方法二：用鼠标调整。

使用鼠标改变行高时不需要选择命令，只要用鼠标指向该行的下边界，然后拖到所需的行高。处于行下边界时，鼠标指针变为有上下箭头的黑色十字。

三、对齐单元格输入项

Excel 自动把文字排成左对齐，把数字排成右对齐。改变对齐单元格输入项的方法有如下两种。

方法一：选择“开始→单元格”功能区，单击“格式”命令，弹出“格式”下拉菜单，选择“设置单元格格式”命令。

利用“格式”选项命令中的“设置单元格格式”命令的“对齐”选项卡，可以实现数据的水平对齐、垂直对齐、文字方向和自动换行等选择，可以改变选中单元格中的数字、正文和日期的对齐状态。

方法二：对齐工具。

利用“格式”工具栏的“对齐方式”选项卡中的相关命令按钮，可以快速改变一个单元格或单元格区域的数字、文本或日期的排列。方法是先选中该单元格或单元格区域，然后单击左对齐工具、右对齐工具或居中对齐工具等。

四、编辑数字

Excel 提供多种数字格式，编辑数字有如下两种方法。

方法一：选择“开始→单元格”功能区，单击“格式”命令，弹出“格式”下拉菜单，选择“设置单元格格式”命令。

利用“格式”选项命令中的“设置单元格格式”命令的“数字”选项卡，能够按照内部数字格式或自己的习惯格式编排数字。

内部数字格式的分类包括 8 类：

(1) 数值型。数值型又可定义为以下具体格式：

整数，如 365、9、456。

两位小数，如 456.12。

加千分位号的整数，如 1 674。

加千分位号的小数，如 1 090 456.15。

负数红字，如－389.88，表示为红字的 389.88。

(2) 会计专用。会计专用的数字格式，如：12 565 表示为（12 565）。

(3) 日期。日期格式，如：2018 年 10 月 12 日表示为 2018/10/22。

(4) 时间。时间格式，如：3 时 45 分表示为 3:45。

(5) 百分比。将单元格中的数值乘以 100，并以百分数形式显示。

(6) 分数。如：0.5 表示为 1/2。

(7) 科学计数。如：12 300 表示为 1.23E+04。

(8) 货币。在数值前加美元或人民币符号，如＄100、￥100 等。

方法二：数字工具。

利用“开始→数字”功能区中的格式工具可以快速改变一个单元格或单元格区域的数字格式。方法是先选中该单元格或单元格区域，然后单击货币样式工具、百分比样式工具或千位分隔样式工具等。

五、改变字体

字体是指在屏幕上和打印机上打印的字符样式，每种字体都有一个名字（如宋体、楷体）、大小（如 12 磅）和格式（如粗体、斜体）。

方法一：选择“开始→单元格”功能区，单击“格式”命令，弹出“格式”下拉菜单，选择“设置单元格格式”命令。

利用“格式”选项命令中的“设置单元格格式”命令的“字体”选项卡，能够按照要求改变单元格的字体、字形和字号大小。

方法二：字体工具。

用“开始→字体”功能区的字体工具（字体尺寸、粗体、斜体等工具）可以快速改变单元格或单元格区域的字体。方法是先选中该单元格或单元格区域，然后单击字体工具。

六、改变背景颜色

Excel提供多种颜色供单元格或单元格区域设置背景使用。

方法一：选择“开始→单元格”功能区，单击“格式”命令，弹出“格式”下拉菜单，选择“设置单元格格式”命令。

利用“格式”选项命令中的“设置单元格格式”命令的“填充”标签，能够按照需要设置单元格或单元格区域的颜色。

方法二：颜色工具。

用“开始→字体”功能区的“填充颜色”工具，可以快速改变一个单元格或单元格区域的颜色。方法是先选中该单元格或单元格区域，然后单击“填充颜色”工具。

七、改变字体颜色

Excel提供多种字体颜色，使用改变字体颜色命令或工具，可以改变单元格或单元格区域字体的颜色。

方法一：选择“开始→单元格”功能区，单击“格式”命令，弹出“格式”下拉菜单，选择“设置单元格格式”命令。

利用“格式”选项命令中的“设置单元格格式”命令的“字体”标签，能够按照需要改变单元格或单元格区域的字体的颜色。

方法二：字体颜色工具。

用“开始→字体”功能区的“字体颜色”工具，可以快速改变一个单元格或单元格区域的文字的颜色。方法是先选中该单元格或单元格区域，然后单击“字体颜色”工具。

工作情境与分析

一张会计报表编制完后，还应该加以编排，调整列宽、行高、数字格式等，使报表的外形更加美观，数据格式更加符合财务人员的习惯。

Excel提供的编辑方法主要有：“开始→字体”功能区、“开始→对齐方式”功能区、“开始→数字”功能区中的工具和鼠标等。

1.“开始→字体”功能区

利用该功能区中的工具按钮，可以完成设置表格中的字体、字号、颜色和背景等操作。

2.“开始→对齐方式”功能区

利用该功能区中的工具按钮，可以对表格中的数字进行多种形式的对齐操作。

3.“开始→数字”功能区

利用该功能区中的工具按钮，可以对表格中的数字进行百分比设置、千位分隔符设置和增减小数位设置等。

4. 鼠标拖动操作

Excel 提供使用鼠标对工作表进行编辑的功能。使用鼠标时不需要选择命令，只是用鼠标指向要编辑的对象，然后拖动鼠标就可以完成调整行高、列宽等编辑工作。

任务实施步骤

表格格式的编排可以由用户根据自己个人的审美观点，同时参考上述基础知识和操作提示，在此不再赘述。

项目小结

编制报表是企业会计期末的一项重要工作，在手工状态下工作量也相对较大。在 Excel 中，利用工作表数据的引用功能，能够比较轻松地实现表格的制作。同时，为了使表格更加美观，还需要利用软件的菜单或工具按钮对表格的格式进行编排。

技能训练

一、实训资料

承接项目二。

二、实训要求

（1）生成“201710 总账及试算平衡表”。

（2）编制 2017 年 10 月资产负债表。

（3）编制 2017 年 10 月利润表。

项目六 Excel 在财务分析中的应用

知识目标

- 了解财务分析的概念和 Excel 应用的意义
- 理解财务分析的基本方法

能力目标

- 掌握财务比率分析指标的计算公式
- 掌握财务图解分析的各种方法，并能熟练进行计算分析，熟练应用 Excel 建立财务比率分析模型，根据财务数据的性质合理选择图表类型和图解分析方法
- 掌握杜邦系统分析图的建立方法，能熟练应用 Excel 建立本量利分析模型

任务一 财务比率分析

基础知识

一、财务分析以及 Excel 应用的意义

财务分析是以企业的财务报表等会计资料为依据，用联系的观点看问题，采用专门的方法，系统分析和评价企业过去和现在的经营成果、财务状况及其变动情况，揭示会计报表数据之间的内在联系，总结过去，把握现在，预测未来。

财务报表分析的内容非常广泛，不同的使用者出于不同的目的，使用不同的财务分析方法。财务分析不是一种有固定程序的工作，而是因人而异的研究和探索过程，不存在唯一的通用分析程序。尽管分析的具体步骤和程序应根据分析目的由分析人员个别设计，但总体来说，财务报表分析可遵循如下一般步骤：明确分析目的，收集有关信息，根据分析目的重新组织整体，深入研究各部分的特殊本质，进一步研究各部分的相互关系，解释结果，提供决策有用信息。

财务报表分析见仁见智，没有严格规定，但也应遵循如下一些基本原则：全面性原

则、客观性原则、相关性原则、可比性原则、灵活性原则。

财务报表中涉及的数据不仅种类繁多，而且关系到不同时期、不同企业之间的比较，借助 Excel 2010 中的功能和技巧，财务人员可以快速准确地完成财务分析工作。

二、财务分析的基本方法

财务分析的基本方法有财务比率分析法、财务比较分析法、财务图解分析法和财务综合分析法等。

财务比率分析法是对财务报表中的有关项目进行对比而得出的一系列的财务比率，以据此发现和评价企业的财务状况和经营中存在的问题。

财务比较分析法是通过主要项目或者指标数值变化的对比确定差异，从而分析和判断企业经营及财务状况的分析方法。

财务图解分析法是指将企业几个连续会计期间的财务数据或指标绘制成图表，并根据直观的图形变化趋势来判断企业的经营状况及盈利能力，它能够使分析者直观地了解到一些在报表中不易发现的财务关系或现象。

财务综合分析法是指将各项财务指标作为一个整体，系统、全面、综合地对企业财务状况和经营成果进行剖析和评价，以便说明企业整体财务状况和效益的好坏。

三、财务比率分析指标

比率分析是财务分析的核心，财务人员可以根据需要计算出很多有意义的比率分析值，从而揭示企业经营管理中各个方面的状况。

常用的财务比率包括变现能力比率、资产管理比率、负债比率、盈利能力比率等几大类。

1. 变现能力比率

变现能力比率又称短期偿债能力比率，是衡量企业产生现金能力大小的比率，它取决于可以在近期转变为现金的流动资产的多少。反映变现能力的财务比率主要有流动比率和速动比率。

（1）流动比率。流动比率是企业流动资产与流动负债之比。其计算公式为：

流动比率＝流动资产÷流动负债

流动比率表明企业每一元流动负债有多少流动资产作为偿付保证，是衡量企业短期偿债能力的一个重要指标。该比率越大，说明企业对短期债务的偿付能力越强，流动负债得到偿还的保障越大。但过高的流动比率也并非好现象，因为流动比率越高，企业可能滞留在流动资产上的资金越多，而未能有效地加以利用，可能会影响企业的盈利能力。根据西方企业的经验，流动比率在 2 左右比较合适。

（2）速动比率。速动比率也称酸碱度测试比率，是速动资产和流动负债之比。其计算公式为：

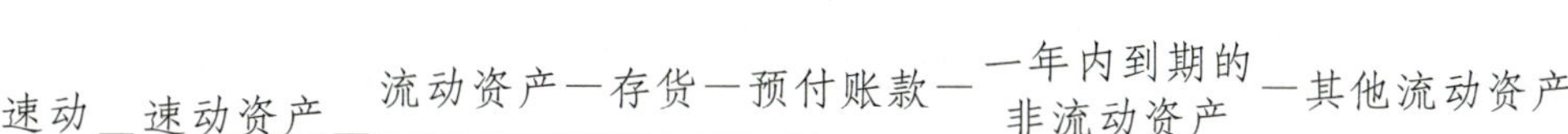

$$\text{速动比率}=\frac{\text{速动资产}}{\text{流动负债}}=\frac{\text{流动资产}-\text{存货}-\text{预付账款}-\text{一年内到期的非流动资产}-\text{其他流动资产}}{\text{流动负债}}$$

一般情况下，速动比率越高，说明企业偿还流动负债的能力越强。但速动比率过高，则表明企业会因现金及应收账款占比过大而增加企业的机会成本。通常认为正常的速动比率为 1。

2. 资产管理比率

资产管理比率又称运营效率比率，是用来衡量企业在资产管理方面效率高低的财务比率。资产管理比率通常包括：存货周转率、应收账款周转率、流动资产周转率和总资产周转率。

（1）存货周转率。存货周转率是衡量和评价企业购入存货、投入生产、销售收回等各环节管理状况的综合性指标。它是营业成本与存货平均余额的比率，又称存货周转次数。其计算公式为：

存货周转率＝营业成本÷存货平均余额

其中：

存货平均余额＝(期初存货余额＋期末存货余额)÷2

一般来说，存货周转率越高越好。存货周转率越高，说明存货周转越快，企业控制存货的能力越强，销售能力越强，存货成本越低，经营效率越高。

（2）应收账款周转率。应收账款周转率是反映企业年度内应收账款转换为现金的平均次数的指标。其计算公式为：

应收账款周转率＝营业收入÷应收账款平均余额

其中：

应收账款平均余额＝(期初应收账款余额＋期末应收账款余额)÷2

应收账款周转率反映企业应收账款的周转速度，表明企业收账的效率。该数值越大，说明企业资金运用和管理效率越高。

（3）流动资产周转率。流动资产周转率是营业收入与流动资产平均余额之比，它反映的是全部流动资产的利用效率。其计算公式为：

流动资产周转率＝营业收入÷流动资产平均余额

其中：

流动资产平均余额＝(期初流动资产余额＋期末流动资产余额)÷2

（4）总资产周转率。总资产周转率是营业收入与平均资产总额之比，可以用来分析企业全部资产的利用效率。其计算公式为：

总资产周转率＝营业收入÷平均资产总额

其中：

平均资产总额＝(期初资产总额＋期末资产总额)÷2

如果企业总资产周转率低，说明企业利用其资产进行经营的效率差，最终会影响企业的盈利能力，企业要采取措施，处置不能盈利的资产，增加销售收入，以提高总资产利用率。

3. 负债比率

负债比率是说明债务和资产、净资产之间关系的比率。它反映企业偿付到期长期债务的能力。通过对负债比率的分析，可以看出企业的资本结构是否健全合理，从而评价企业的长期偿债能力。负债比率主要有：资产负债率、股东权益比率、产权比率和利息保障倍数等。

（1）资产负债率。资产负债率又称负债比率，是企业期末负债总额与资产总额之比。其计算公式为：

资产负债率＝负债总额÷资产总额×100％

对于债权人来说，资产总额大于负债总额时债权才有保障，资产负债率应该小于100％，而且越低越好。

对于业主或股东来说，资产负债率并非越低越好。只要企业的资产报酬率超过借入资金的利息率，企业可以在投入一定自有资金的情况下，扩大负债经营比例，利用财务杠杆作用取得更多的投资利润。但在资产报酬率低于借入资金的利息率时，资产负债率越大，企业赚得的息税前利润中利息所占的比例越大，甚至利息大于利润，这时企业应降低资产负债率，且越低越好。

（2）股东权益比率。股东权益比率是股东权益总额与资产总额之比，该比率反映企业资产中有多少属于所有者。其计算公式为：

股东权益比率＝股东权益总额÷资产总额×100％
＝1－资产负债率

（3）产权比率。产权比率又称负债权益比率，是负债总额与股东权益总额之比。其计算公式为：

产权比率＝负债总额÷股东权益总额

产权比率反映了债权人所提供的资金与股东提供的资金的对比关系，从而揭示企业的财务风险以及股东权益对债务的保障程度。该比率越低，说明企业长期财务状况越好，债权人贷款的安全越有保障，企业风险越小。

（4）利息保障倍数。利息保障倍数是税前利润加利息支出之和（即息税前利润）与利息支出的比值，其计算公式为：

利息保障倍数＝(税前利润＋利息支出)÷利息支出

该指标不仅反映了企业获利能力的大小，而且可以衡量企业偿付借款的能力。从长期看，若要维持正常的偿债能力，利息保障倍数至少要大于1。该比值越高，企业长期偿债能力就越强。若利息保障倍数小于1，则表明企业利润还不够偿还债务利息，已处于亏损状态，偿债风险增大。

4. 盈利能力比率

盈利能力比率是考察企业赚取利润能力高低的比率。不论是投资人、债权人还是企业经理人员都重视和关心企业的盈利能力。反映企业盈利能力的主要指标有：资产报酬率、股东权益报酬率、营业利润率等。

（1）资产报酬率。资产报酬率也称资产利润率或资产收益率，是企业在一定时期内的净利润与平均资产总额之比。其计算公式为：

资产报酬率＝净利润÷平均资产总额×100％

其中：

平均资产总额＝(期初资产总额＋期末资产总额)÷2

该指标用来衡量企业利用资产获取利润的能力，反映了企业总资产的利用效率。如果企业的资产报酬率较低，说明该企业资产利用效率较低，经营管理存在问题。

（2）股东权益报酬率。股东权益报酬率也称净资产收益率，是在一定时期内企业的净利润与平均股东权益总额之比。其计算公式为：

股东权益报酬率＝净利润÷平均股东权益总额×100％

其中：

平均股东权益总额＝(期初股东权益总额＋期末股东权益总额)÷2

该比率是评价企业获利能力的一个重要财务指标，反映了企业股东获取投资报酬的高低。该比率越高，说明企业的获利能力越强。

（3）营业利润率。营业利润率反映了企业的营业利润与营业收入的比例关系。其计算公式为：

营业利润率＝营业利润÷营业收入×100％

该指标越高，表明企业市场竞争力越强，发展潜力越大，获利能力越强。

工作情境与分析

李跃华为江西利民公司实现了会计电算化，编制了会计报表，提高了工作效率。现在，公司老板想了解企业的偿债能力、营运能力和盈利能力，以评判企业现状，预测企业未来，为决策提供有力依据。李跃华接受了这项工作，开始学习财务分析知识，整理财务数据，为进行财务分析做好准备。

为完成本任务，李跃华首先需要根据企业财务报表数据，设计比率分析模型，然后根据报表数据自动计算变现能力、资产管理能力、负债能力和盈利能力等各项比率指标，最后根据计算结果进行初步判断分析。

本工作任务中用到的操作技能包括：设置单元格格式和边框、单元格合并及居中、工作簿之间工作表的复制、表与表之间的动态链接、设置公式。

任务实施步骤

操作步骤如下：

（1）新建一个工作簿，重命名为“201705 财务分析”，将 Sheet1 重命名为“资产负债表”，将 Sheet2 重命名为“利润表”，如图 6－1 所示。

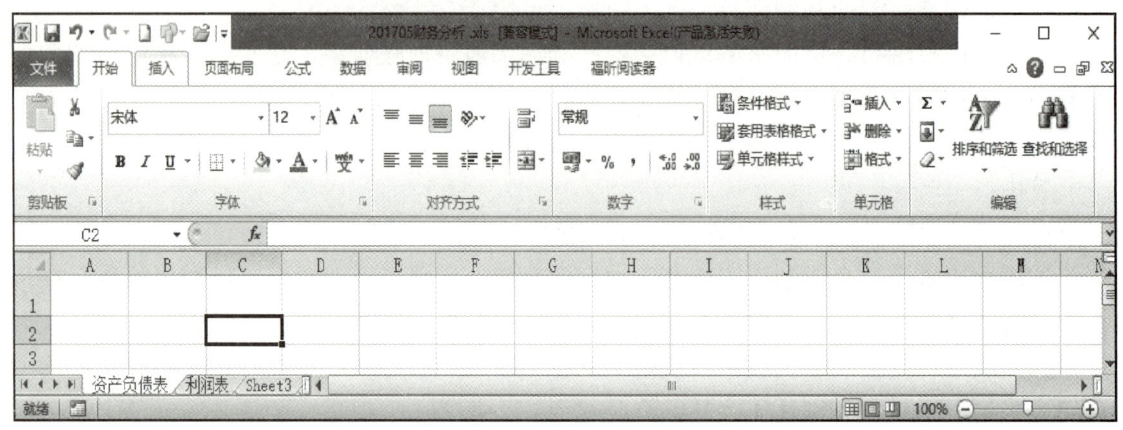

图 6－1　建立工作簿

（2）打开“201705 总账”工作簿，打开“201705 资产负债表”工作表，选择 A1：H37 单元格区域，右击打开快捷菜单，选择“复制”命令项，再打开“201705 财务分析”工作簿中的“资产负债表”工作表，选择 A1 单元格，右击打开快捷菜单，选择“选择性粘贴”命令项，选择“值和数字格式”单选项，如图 6－2 所示。单击“确定”按钮，粘贴结果如图 6－3 所示。再选择 A1 单元格，右击打开快捷菜单，选择“选择性粘贴”命令项，选择“格式”单选项，单击“确定”按钮，结果如图 6－4 所示。

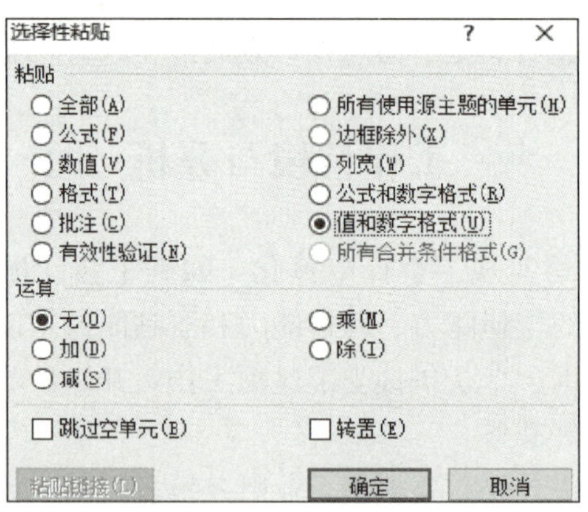

图 6－2　选择性粘贴

（3）同样，将“201705 利润表”的单元格格式和值复制粘贴到“201705 财务分析”工作簿的“利润表”中。

（4）将 Sheet3 重命名为“财务比率分析模型表”，按照图 6－5 所示设置好财务分析模型表的格式。

（5）按照图 6－6 所示，在“财务比率分析模型表”中相应的单元格内输入各个财务比率计算公式。

A1　　f_x　资产负债表

	A	B	C	D	E	F	G	H
1	资产负债表							
2							会企01表	
3	编制单位：江西利民公司			2017年5月31日			单位：元	
4	行次	资产类科目	期初数	期末数	行次	负债及所有者权益科目	期初数	期末数
5	001	流动资产：			001	流动负债：		
6	002	货币资金	3,628,000.00	3,349,834.00	002	短期借款	1,260,000.00	1,110,000.00
7	003	交易性金融资产	45,000.00	20,000.00	003	交易性金融负债		
8	004	应收票据	350,000.00	350,000.00	004	应付票据	500,000.00	400,000.00
9	005	应收账款	398,800.00	598,200.00	005	应付账款	916,850.00	916,850.00
10	006	预付账款	100,000.00	100,000.00	006	预收账款		
11	007	应收利息			007	应付职工薪酬	210,000.00	252,000.00
12	008	应收股利			008	应交税费	30,000.00	55,834.00
13	009	其他应收款	4,000.00	4,000.00	009	应付利息	0.00	11,500.00

资产负债表 / 利润表 / Sheet3

图 6-3　选择性粘贴“值和数字格式”

A1　　f_x　资产负债表

	A	B	C	D	E	F	G	H
1	资产负债表							
2							会企01表	
3	编制单位：江西利民公司			2017年5月31日			单位：元	
4	行次	资产类科目	期初数	期末数	行次	负债及所有者权益科目	期初数	期末数
5	001	流动资产：			001	流动负债：		
6	002	货币资金	3,628,000.00	3,349,834.00	002	短期借款	1,260,000.00	1,110,000.00
7	003	交易性金融资产	45,000.00	20,000.00	003	交易性金融负债		
8	004	应收票据	350,000.00	350,000.00	004	应付票据	500,000.00	400,000.00
9	005	应收账款	398,800.00	598,200.00	005	应付账款	916,850.00	916,850.00
10	006	预付账款	100,000.00	100,000.00	006	预收账款		
11	007	应收利息			007	应付职工薪酬	210,000.00	252,000.00
12	008	应收股利			008	应交税费	30,000.00	55,834.00
13	009	其他应收款	4,000.00	4,000.00	009	应付利息	0.00	11,500.00

资产负债表 / 利润表 / Sheet3

图 6-4　选择性粘贴“格式”

A1　　f_x　财务分析

	A	B	C
1	财务分析		
2	一、变现能力比率		
3	流动比率		
4	速动比率		
5	二、资产管理比率		
6	存货周转率		
7	应收账款周转率		
8	流动资产周转率		
9	固定资产周转率		
10	总资产周转率		
11	三、负债比率		
12	资产负债率		
13	股东权益比率		
14	产权比率		
15	利息保障倍数		
16	四、盈利能力比率		
17	资产报酬率		
18	股东权益报酬率		
19	营业利润率		
20			

资产负债表 / 利润表 / 财务比率分析模型表

图 6-5　财务比率指标设置

B3 =资产负债表!D17/资产负债表!H18

	A	B
1	财务分析	
2	一、变现能力比率	
3	流动比率	=资产负债表!D17/资产负债表!H18
4	速动比率	=(资产负债表!D17-资产负债表!D14-资产负债表!D10-资产负债表!D15-资产负债表!D16)/资产负债表!H18
5	二、资产管理比率	
6	存货周转率	=利润表!C6/((资产负债表!C14+资产负债表!D14)/2)
7	应收账款周转率	=利润表!C5/((资产负债表!C9+资产负债表!C8+资产负债表!D9+资产负债表!D8)/2)
8	流动资产周转率	=利润表!C5/((资产负债表!C17+资产负债表!D14)/2)
9	固定资产周转率	=利润表!C5/((资产负债表!C24+资产负债表!D24)/2)
10	总资产周转率	=利润表!C5/((资产负债表!C37+资产负债表!D37)/2)
11	三、负债比率	
12	资产负债率	=资产负债表!H28/资产负债表!D37
13	股东权益比率	=资产负债表!H35/资产负债表!D37
14	产权比率	=资产负债表!H28/资产负债表!H35
15	利息保障倍数	=(利润表!C19+利润表!C10)/利润表!C10
16	四、盈利能力比率	
17	资产报酬率	=利润表!C21/((资产负债表!C37+资产负债表!D37)/2)
18	股东权益报酬率	=利润表!C21/((资产负债表!G35+资产负债表!H35)/2)
19	营业利润率	=利润表!C15/利润表!C5
20		

资产负债表 利润表 财务比率分析模型表 财们

图 6-6 财务比率分析模型（公式设置）

（6）输入完毕后，计算结果如图 6-7 所示。

A3 流动比率

	A	B	C
1	财务分析		
2	一、变现能力比率		
3	流动比率	2.16	
4	速动比率	1.16	
5	二、资产管理比率		
6	存货周转率	0.17	
7	应收账款周转率	1.18	
8	流动资产周转率	0.17	
9	固定资产周转率	0.44	
10	总资产周转率	0.08	
11	三、负债比率		
12	资产负债率	0.42	
13	股东权益比率	0.58	
14	产权比率	0.72	
15	利息保障倍数	13.19	
16	四、盈利能力比率		
17	资产报酬率	1.74%	
18	股东权益报酬率	3.05%	
19	营业利润率	31.13%	
20			

资产负债表 利润表 财务比率分析模型表

就绪

图 6-7 财务比率分析模型计算结果

任务二 财务比较分析

基础知识

财务比较分析是通过主要项目或者指标数值变化的对比确定出差异，从而分析和判断企业经营及财务状况的分析方法。财务比较分析是将企业财务比率与标准财务比率（企业历年的财务比率，或者同行业、同规模的其他企业的财务比率）进行比较，从中发现差距，从而为查找差距产生的原因提供线索。

财务比较分析法使用的注意事项：

第一，使用比较分析法时，要注意对比指标之间的可比性，这是用好比较分析法的必要条件，否则很难正确地说明问题，甚至会得出错误的结论。

第二，所谓对比指标之间的可比性，是指相互比较的指标必须在指标内容、计价基础、计算口径、时间长度等方面保持的高度一致性。如果是企业之间进行同类指标比较，还要注意企业之间的可比性。此外，计算相关指标变动百分比虽然能在一定程度上反映企业相关财务指标的增长率，但也有局限性，这主要是因为变动百分比的计算受基数的影响，具体表现在以下几个方面：

（1）如果基数的金额为负数，将出现变动百分比的符号与绝对增减金额的符号相反的结果。

（2）如果基数的金额为零，不管实际金额是多少，变动百分比永远为无穷大。

（3）如果基数的金额太小，则绝对金额较小的变动可能会引起较大的变动百分比，容易引起误解。

解决上述问题的办法是：若基数为负数，则取按公式计算出的变动百分比的相反数；若基数为零或太小，则放弃使用变动百分比分析，仅分析其绝对金额变动情况。

工作情境与分析

江西利民公司刚刚开始进行财务分析，前期没有相关数据，本次财务比较分析将进行企业财务比率与标准财务比率的比较，从中发现差距，为查找差距产生的原因提供线索。

任务实施步骤

操作步骤如下：

（1）建立 Excel 图表。打开“201705 财务分析”工作簿，插入一张新工作表，重命名为“财务比较分析”，按图 6－8 的格式，输入需要比较的财务指标名称。

A3　流动比率

	A	B	C	D
1	财务比较分析			
2	项目	标准财务比率	企业财务比率	差异
3	流动比率			
4	速动比率			
5	应收账款周转率			
6	总资产周转率			
7	资产负债率			
8	股东权益比率			
9	产权比率			
10	利息保障倍数			
11	资产报酬率			
12	股东权益报酬率			
13	营业利润率			
14				

资产负债表　利润表　财务比率分析模型表　财务比较分析

图 6－8　财务比较分析图

（2）查找统计年鉴或类似《中国证券报》等相关报刊所提供的某些有代表性的上市公司的财务比率，将其作为财务比较分析中的标准财务比率。得出标准财务比率如图 6-9 所示。

B3 fx 2.2

	A	B	C	D
1	财务比较分析			
2	项目	标准财务比率	企业财务比率	差异
3	流动比率	2.20		
4	速动比率	1.35		
5	应收账款周转率	2.00		
6	总资产周转率	0.30		
7	资产负债率	0.20		
8	股东权益比率	0.80		
9	产权比率	1.00		
10	利息保障倍数	200.00		
11	资产报酬率	0.24		
12	股东权益报酬率	0.15		
13	营业利润率	0.50		

资产负债表 / 利润表 / 财务比率分析模型表 / 财务比较分析

图 6-9　标准财务比率

（3）按照任务一中介绍的方法计算出企业财务比率，计算结果如图 6-10 所示。

C3 fx =资产负债表!D17/资产负债表!H18

	A	B	C	D
1	财务比较分析			
2	项目	标准财务比率	企业财务比率	差异
3	流动比率	2.20	2.16	
4	速动比率	1.35	1.16	
5	应收账款周转率	2.00	2.01	
6	总资产周转率	0.30	0.08	
7	资产负债率	0.20	0.42	
8	股东权益比率	0.80	0.58	
9	产权比率	1.00	0.72	
10	利息保障倍数	200.00	13.19	
11	资产报酬率	0.24	0.44%	
12	股东权益报酬率	0.15	0.56%	
13	营业利润率	0.50	31.13%	

资产负债表 / 利润表 / 财务比率分析模型表 / 财务比较分析

图 6-10　企业财务比率

（4）计算出企业财务比率与标准财务比率的差额。选定 D3 单元格，输入“=C3-B3”，按回车键确认。将 D3 单元格的公式复制到 D4:D13 单元格中，结果如图 6-11 所示。

D3 fx =C3-B3

	A	B	C	D
1	财务比较分析			
2	项目	标准财务比率	企业财务比率	差异
3	流动比率	2.20	2.16	-0.04
4	速动比率	1.35	1.16	-0.19
5	应收账款周转率	2.00	2.01	0.01
6	总资产周转率	0.30	0.08	-0.22
7	资产负债率	0.20	0.42	0.22
8	股东权益比率	0.80	0.58	-0.22
9	产权比率	1.00	0.72	-0.28
10	利息保障倍数	200.00	13.19	-186.81
11	资产报酬率	0.24	0.44%	-0.24
12	股东权益报酬率	0.15	0.56%	-0.14
13	营业利润率	0.50	31.13%	-0.19

资产负债表 / 利润表 / 财务比率分析模型表 / 财务比较分析

图 6-11　财务比较分析的结果

任务三 财务图解分析

基础知识

在运用图表功能进行图解分析时，数据的来源是基础。进行财务图解分析时，首先要对财务报表中的大量数据进行归集、分类、筛选及分析，从大量复杂的数据中得到最想要的数据，然后再利用 Excel 的图表功能生成所需要的数据图表。

在 Excel 中，图表类型有很多种，对带有时间序列的数据进行分析，通常采用折线趋势图表的形式。尤其是在进行财务分析时，财务数据都是在不同时间产生的，通过折线趋势分析，可以很好地反映不同时期公司财务数据的变化趋势。

另外，数据结构比率也是财务分析的主要方法之一，结构比率是指在财务报表中某项目的数值与各相关项目合计值的比率。这类比率揭示了部分与整体的关系，体现了每一部分占整体的比例情况。在图形化的表示中，通常用饼图来表明此类状态，整体圆饼代表数据总和，每一个部分数据用扇形片表示。在 Excel 中进行图表显示时，通常用饼图进行财务结构图表分析。

工作情境与分析

江西利民公司 2012—2016 年主营业务收入资料见表 6-1。

表 6-1　江西利民公司 2012—2016 年主营业务收入资料

年份	2012	2013	2014	2015	2016
主营业务收入（万元）	150	172	180	202	150

要求根据江西利民公司 2012—2016 年的主营业务收入资料分析其主营业务收入的变化趋势以及根据江西利民公司 2017 年 5 月的资产负债表分析该公司流动资产的结构状况。

任务实施步骤

操作步骤如下：

（1）建立 Excel 图表。打开“201705 财务分析”工作簿，插入一张新工作表，重命名为“财务趋势图解分析”，依据情景分析给出的资料，在 Excel 文件中输入相关数据，建立如图 6-12 所示的表格。

（2）选中 A3:F3 的数据区域，单击“插入→图表”功能区中的“折线图”命令，弹出下拉菜单，选择“带数据标记的折线图”，如图 6-13 所示，就会在 Excel 表格中弹出折线图，如图 6-14 所示。

趋势图解分析法					
年份	2012	2013	2014	2015	2016
主营业务收入（万元）	150	172	180	202	220

图 6-12　趋势分析二维表

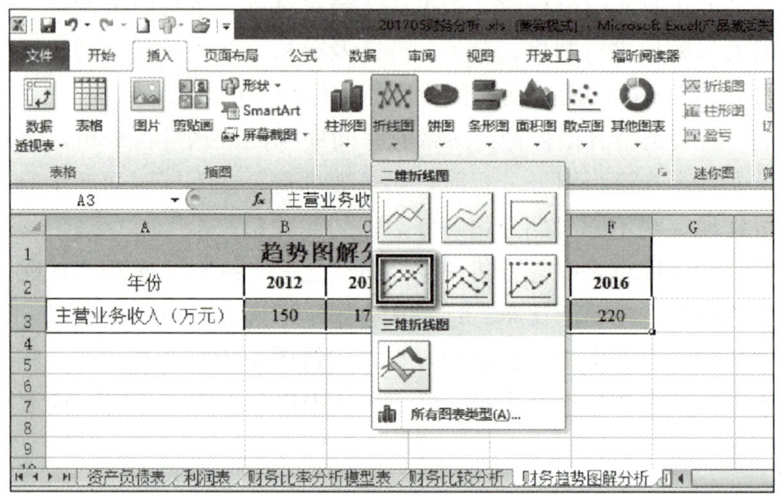

图 6-13　选择“带数据标记的折线图”

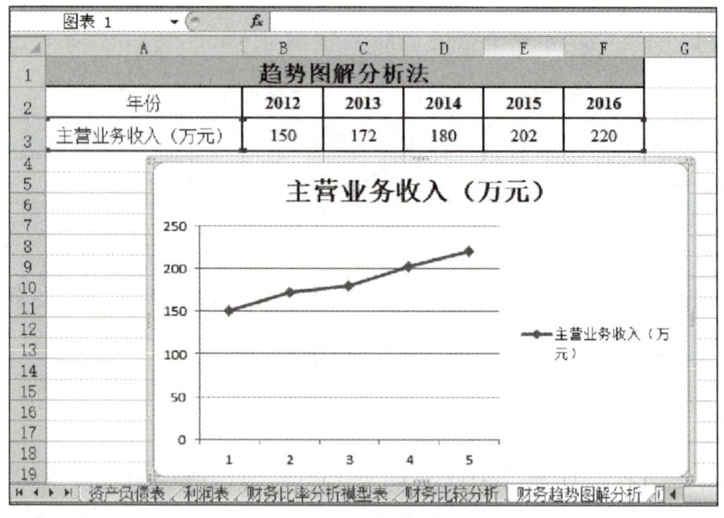

图 6-14　折线图显示结果

（3）底部显示图例。选中趋势图，单击“布局→标签”功能区中的“图例”命令，弹出下拉菜单，选择“在底部显示图例”，如图 6-15 所示。

（4）显示数据标签。选中趋势图，单击“布局→标签”功能区中的“数据标签”命

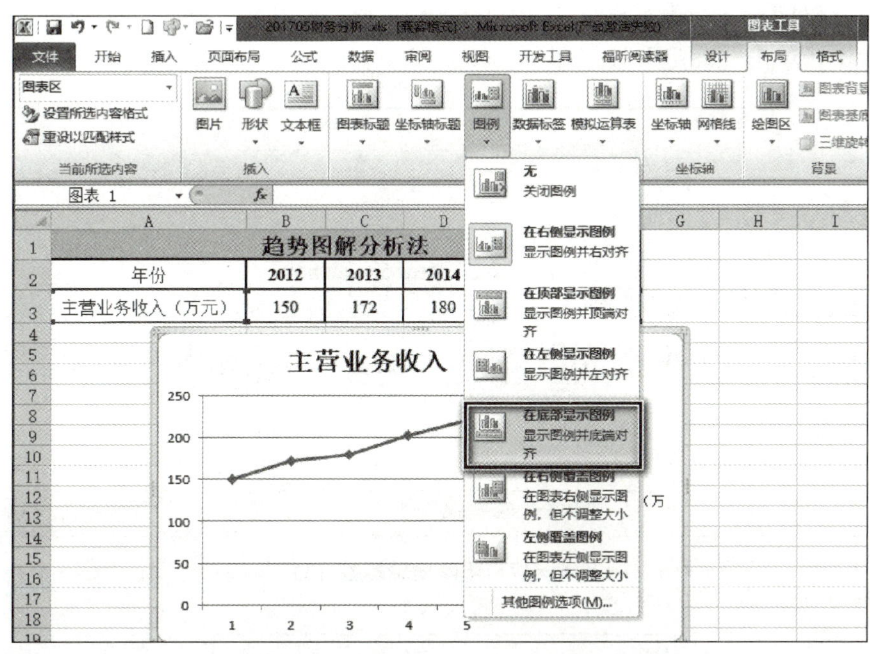

图 6-15 选择“在底部显示图例”

令，弹出下拉菜单，选择“右”，如图 6-16 所示。

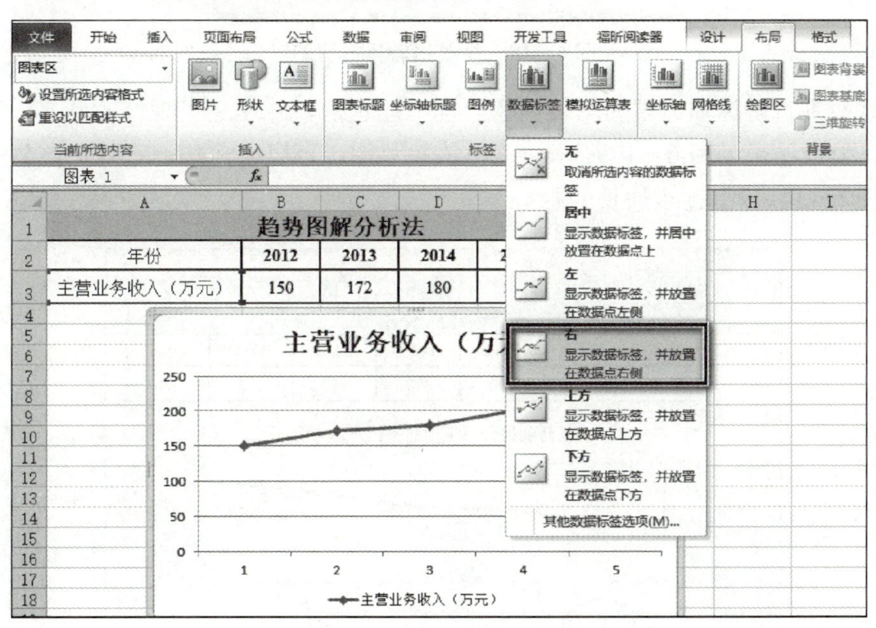

图 6-16 显示数据标签

(5) 修改横轴标签。选中趋势图，单击“设计→数据”功能区中的“选择数据”命令，弹出“选择数据源”对话框，如图 6-17 所示。在“水平（分类）轴标签”框中单击“编辑”按钮，弹出“轴标签”对话框，在“轴标签区域”框中选择“B2:F2”，即“=财务趋势图解分析!＄B＄2:＄F＄2”，如图 6－18 所示，再单击“确定”按钮返回“选择数据源”对话框，单击“确定”按钮即可。

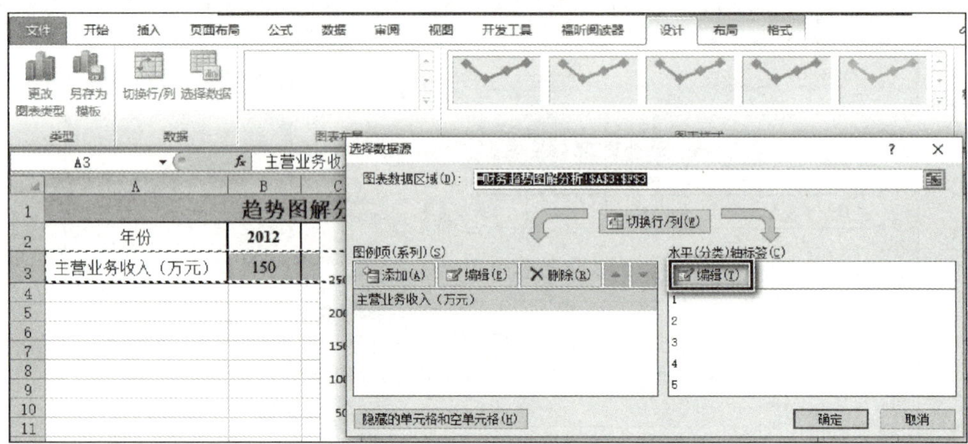

图 6－17 修改横轴标签（1）

图 6－18 修改横轴标签（2）

（6）修改垂直坐标轴标题和图表标题。选中标题框，并使之呈现修改状态，然后直接修改即可，修改结果如图 6－19 所示。通过该趋势图，可以很清楚地看到，该公司 2012—2016 年的业绩良好，呈逐步增长的趋势。

图 6－19 主营业务收入的变化趋势图

（7）根据江西利民公司 2017 年 5 月资产负债表的各流动负债项目数据建立 Excel 图表。在“201705 财务分析”工作簿中，插入一张新工作表，重命名为“财务结构图解分析”，在 Excel 文件中输入相关数据，建立如图 6－20 所示的表格。

A2　　fx　货币资金

	A	B	C
1	结构图解分析		
2	货币资金	3,349,834.00	
3	交易性金融资产	20,000.00	
4	应收票据	350,000.00	
5	应收账款	598,200.00	
6	预付账款	100,000.00	
7	其他应收款	4,000.00	
8	存货	3,607,750.00	

财务趋势图解分析　财务结构图解分析

图 6－20　流动资产项目

（8）选中图 6－20 表中的 A2:B8 数据区域，单击“插入→图表”功能区中的“饼图”命令，弹出下拉菜单，选择“三维饼图”命令，如图 6－21 所示。弹出饼图效果如图 6－22 所示。

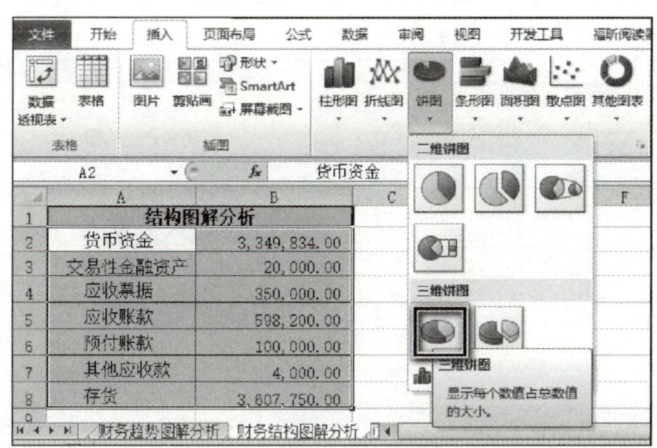

图 6－21　插入“三维饼图”

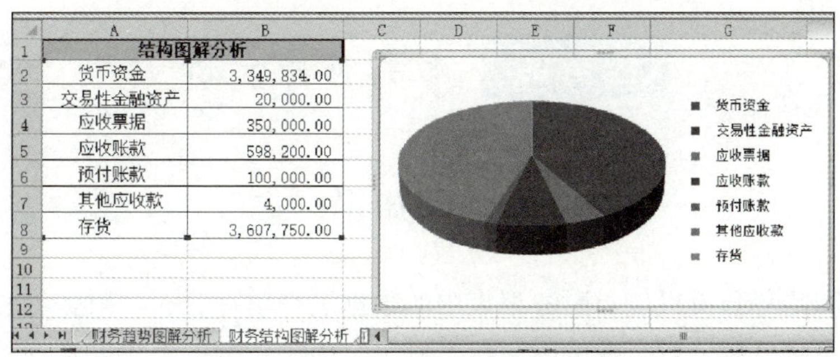

图 6－22　“三维饼图”插入结果

（9）选中图6-22中的三维饼图，单击“设计→图表布局”功能区中的“布局6”命令，如图6-23所示。最终饼图效果如图6-24所示。

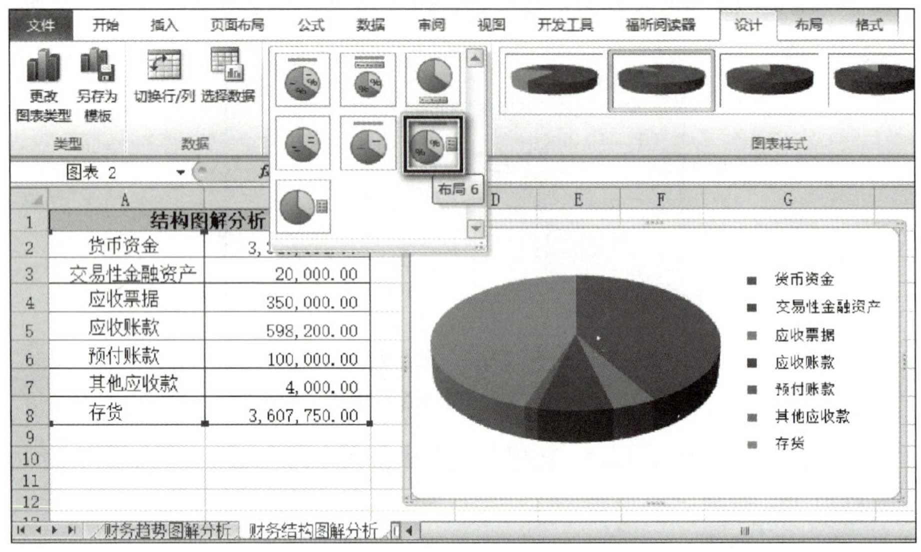

图6-23 “三维饼图”布局

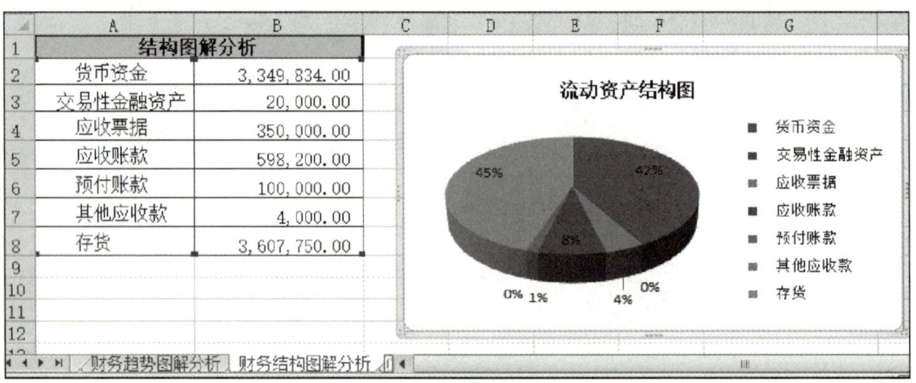

图6-24 “三维饼图”效果图

任务四 杜邦体系分析

基础知识

比率分析和趋势分析只能对财务报表中的数据进行单一分析，财务综合分析则通过对各种指标进行系统分析，对企业的财务状况做出全面、综合的评价，从而揭示企业总体的财务状况。杜邦分析法属于典型的财务综合分析方法。

一、杜邦分析法的概念

杜邦分析法利用几种主要的财务比率之间的关系来综合地分析企业的财务状况，这种分析方法最早由美国杜邦公司使用，故名杜邦分析法。

杜邦分析法是一种用来评价公司盈利能力和股东权益回报水平，从财务角度评价企业绩效的经典方法，其最显著的特点是将若干个用以评价企业经营效率和财务状况的比例按照其内在联系有机地结合起来，形成一个完整的指标体系，并最终通过权益率来综合反映。采用杜邦分析法，财务比率分析的层次更清晰、条理更突出，为全面、细致地了解企业的经营和盈利状况提供了方便。

二、杜邦分析法的基本思路

杜邦分析法的基本思路是以净资产收益率为核心，自上而下地将其分解为若干财务指标，通过分析各分解指标的变动对净资产收益率的影响，来揭示企业经营效率和财务政策对企业综合获利能力的影响及其变动原因。

杜邦分析法的关键是建立杜邦分析系统图。

杜邦分析系统图是由一个一个分析框和连线构成的，其中每个分析框中标出了分析项目的名称、比率公式和相应的计算结果，因此用 Excel 设计杜邦分析系统图的主要步骤就是设计分析框。

杜邦分析法中反映的主要财务指标关系为：

净资产收益率＝净利润÷平均净资产
＝净利润÷平均净资产×(平均总资产÷平均总资产)
＝总资产净利率×权益乘数
＝(净利润÷平均总资产)×(营业收入÷营业收入)×权益乘数
＝营业净利率×总资产周转率×权益乘数

其中：

权益乘数＝平均资产总额÷平均股东权益总额
＝1÷(1－平均资产负债率)
＝1＋平均产权比率

在具体运用杜邦体系进行分析时，可以采用因素分析法，首先确定营业净利率、总资产周转率和权益乘数的基准值，然后顺次代入这三个指标的实际值，分别计算分析这三个指标的变动对净资产收益率的影响方向和程度，还可以使用因素分析法进一步分解各个指标并分析其变动的深层次原因，找出解决的方法。

工作情境与分析

李跃华根据公司要求，需要在 Excel 中设计杜邦分析图，以便提供给老板决策使用。

完成本任务的操作流程为：首先要熟悉杜邦系统指标的内在联系，然后根据指标之间的关系，在工作表中绘制杜邦体系样表，最后利用工作表之间的数据动态链接关系设计取数公式，将资产负债表和利润表中的数据自动链接到杜邦分析表的对应单元格中，实现财务指标的自动计算。

本工作任务中用到的操作技能包括：设置单元格格式和边框、单元格合并及居中、画线、表与表之间的动态链接、设置公式。

任务实施步骤

操作步骤如下：

（1）建立Excel图表。打开“201705财务分析”工作簿，插入一张新工作表，重命名为“杜邦分析图”。按图6-25的格式，输入指标名称，利用“插入→插图”功能区中的“形状”选项卡把线条连接起来。

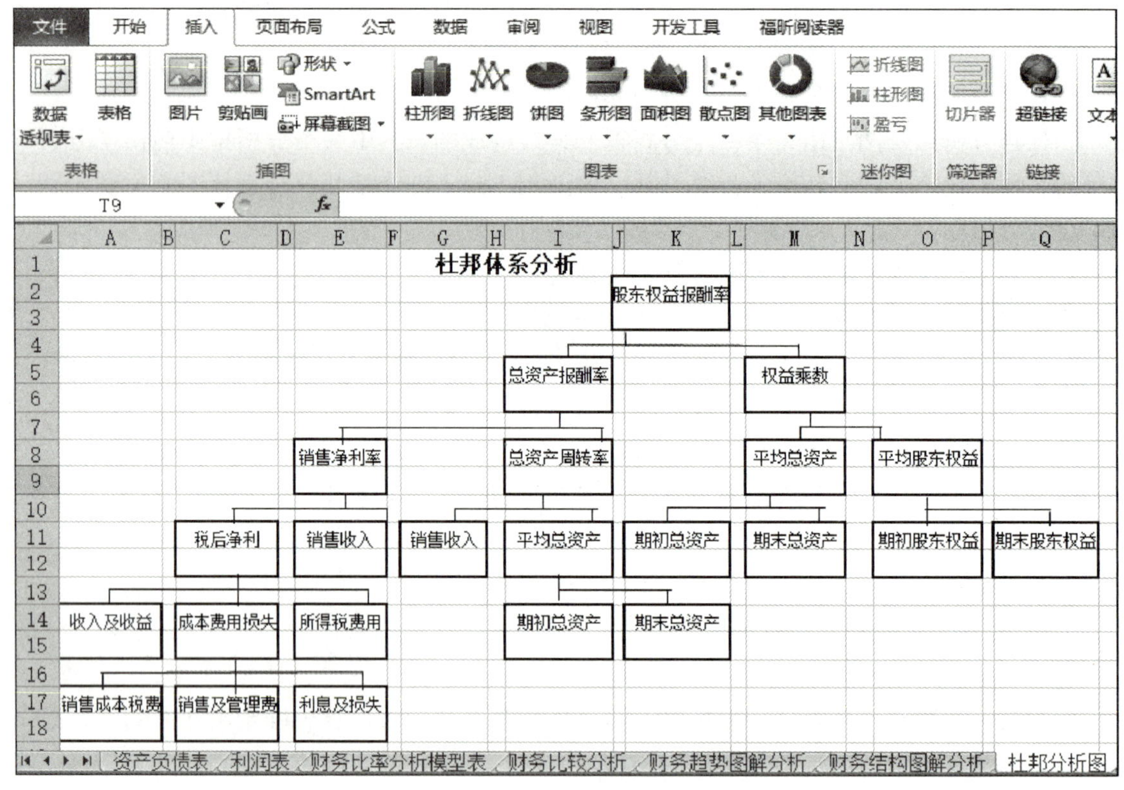

图6-25 杜邦系统分析图结构

（2）按照下列取数公式计算指标的数值。输入公式应当从杜邦体系分析图的底行开始，从下往上逐行输入，如图6-26所示。各单元格的公式为：

A18＝利润表!C6＋利润表!C7

C18＝利润表!C8＋利润表!C9

E18＝利润表!C10＋利润表!C11＋利润表!C17

A15＝利润表!C5＋利润表!C13＋利润表!C16

C15＝A18＋C18＋E18

E15＝利润表!C20

I15＝资产负债表!C37

K15＝资产负债表!D37

C12＝A15－C15－E15

E12＝利润表!C5

G12＝利润表!C5

I12＝(I15＋K15)/2

K12＝资产负债表!C37

M12＝资产负债表!D37

O12＝资产负债表!G35

Q12＝资产负债表!H35

E9＝C12/E12

I9＝G12/I12

M9＝(K12＋M12)/2

O9＝(O12＋Q12)/2

I6＝E9 * I9

M6＝M9/O9

J3＝I6 * M6

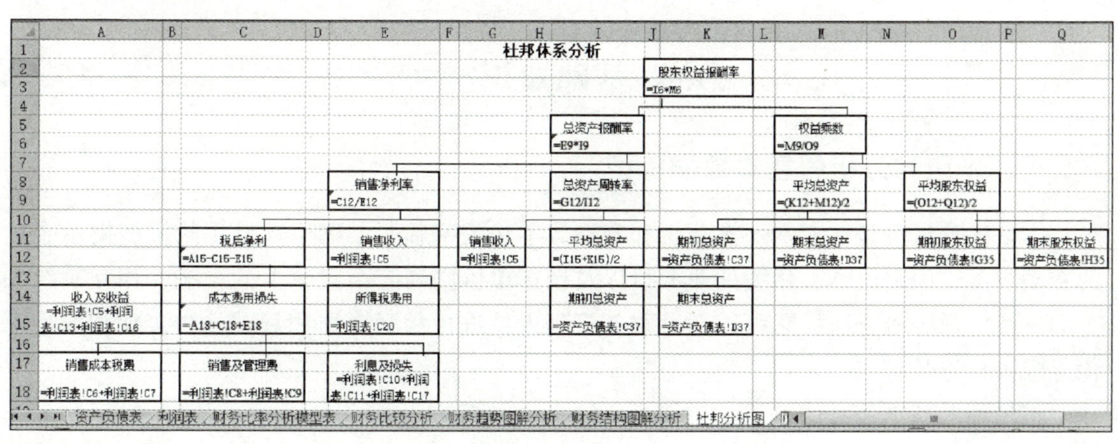

图 6－26　杜邦系统分析图（公式设置）

（3）输入完毕后，得到最终完成的杜邦系统分析图，如图 6－27 所示。

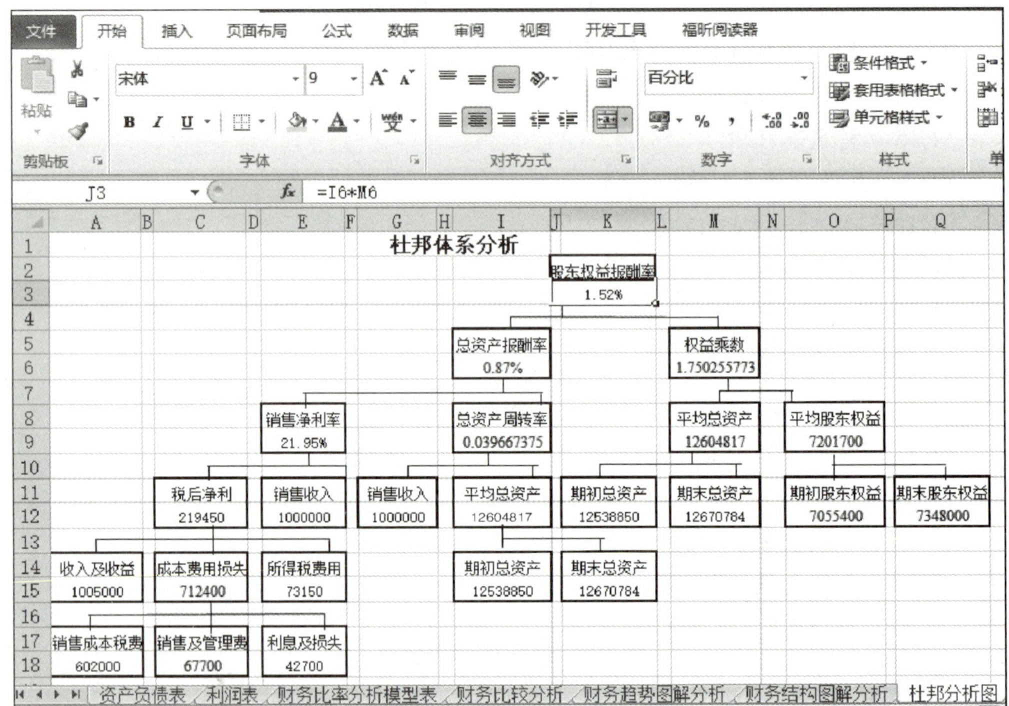

图 6－27　杜邦系统分析图

任务五　本量利分析

基础知识

一、本量利分析的基本数学模型

本量利分析法是在成本性态分析和变动成本法的基础上，运用数量化的模型揭示企业的变动成本、固定成本、相关的业务量以及销售单价同利润在数量上的影响、相互制约关系的一种定量分析方法。它可以帮助财务管理人员进行利润规划和管理，为实现利润最大化寻求各种途径。

本量利的基本关系式是：

利润＝单价×销量－单位变动成本×产量－固定成本

如果考虑所得税，则本量利的关系式是：

税后利润＝(单价×销量－单位变动成本×产量－固定成本)×(1－所得税税率)

由于所得税直接针对利润（税前）结果计算，与单价、销量、变动成本以及固定成本相比具有不同性质，对分析结果不具有实质性影响，因此在进行本量利分析时可不予考虑。

假设产销量一致，则有：

利润＝(单价－单位变动成本)×销量－固定成本

利用这个关系式可以进行盈亏临界点分析、单因素变动对目标利润的影响分析、多因素变动对目标利润的影响分析，以及各个因素变化影响的敏感程度分析。

二、本量利分析的内容

1. 盈亏临界点分析

盈亏临界点亦称保本点或损益点，是指企业处于不盈利也不亏损状态时的业务水平，即指利润为零时的销售量或销售额。盈亏临界点分析是本量利分析的基础，企业在规划目标利润、控制利润完成情况、估计经营风险时都需要它。

盈亏临界点的基本计算模型为：

单价×盈亏临界点销量－单位变动成本×盈亏临界点销量－固定成本＝0

公式演变后为：

盈亏临界点销量＝固定成本/(单价－单位变动成本)

盈亏临界点销售额＝盈亏临界点业务量×单价

2. 因素变动及其结果分析

因素变动分析的主要方法就是将变化了的因素代入“利润＝（单价－单位变动成本）×销量－固定成本”这个关系式，测定其对利润的影响。因素变动分析分为单因素变动分析和多因素变动分析：单因素变动对利润结果的影响，即实现目标利润所采取的单一措施；多因素组合变动对利润结果的影响，即实现目标利润所采取的综合措施。

3. 本量利关系的敏感分析

本量利关系的敏感分析，一是研究与分析有关因素发生多大变化会使盈利转为亏损，或亏损转为盈利，二是研究与分析各个因素变动对利润变化的影响程度。进行本量利关系的敏感分析，有助于增强我们在经营管理工作中进行有效预防和控制的意识，针对情况变化，及时采取对策，调整企业计划，将企业生产经营活动控制在最有利的状态之下，以保证目标利润的实现。

单价、单位变动成本、销量和固定成本的变化达到一定程度，会使利润消失，进入盈亏临界状态，导致企业的经营状况发生质变。本量利分析中，首先必须明确单价最小值、单位变动成本最大值、固定成本最大值以及销售量最小值。

在本量利关系中，各要素变化都会引起利润的变化，但其影响程度各不相同。有的要素发生微小变化，就会使利润发生很大的变动，利润对这些要素的变化十分敏感，我们称这类要素为敏感要素；与此相反，有些参数发生变化后，利润的变化不大，反应较为迟钝，这类要素被称为不敏感要素。反映敏感程度的指标是敏感系数，其计算公式为：

敏感系数＝目标值变动百分比/参数值变动百分比

敏感系数为正数时，表明该因素与利润为同向增减；敏感系数为负数时，表明该因素与利润为反向增减。

工作情境与分析

江西利民公司生产一种产品，单位售价为30元，单位变动成本为10元，预计下个月的固定成本为500万元，预计下个月的销售量为28万件。要求：

（1）计算公司下个月至少需要生产多少该种产品才能不亏本。

（2）预测下个月的利润。

（3）分析利润对单价、单位变动成本、固定成本和销售量的敏感性。

为保证完成本量利分析工作任务，需要的主要流程是：设计表样→定义单元格公式→定义单元格格式→设计微调按钮。

本工作任务中用到的操作技能包括：设置单元格格式和边框、合并及居中、定义单元格公式、填充公式以及增加微调按钮。

任务实施步骤

操作步骤如下：

一、设计表样

打开“201705财务分析”工作簿，插入一张新工作表，重命名为“本量利分析”，依据情景分析给出的资料，在有关单元格中录入相应文字，在C3、C4、C5、C11、C12、C13、C14等单元格中输入相关数据，并定义合适的行宽、列宽，合并相应单元格，建立如图6－28所示的表格。

	A	B	C	D	E	F	G
1		本量利分析模型					
2		盈亏临界分析					
3		销售单价	30.00				
4		单位变动成本	10.00				
5		固定成本	500.00				
6		盈亏临界点销售量					
7		盈亏平衡点销售额					
8		利润					
9		影响利润的各因素变动分析					
10		因素	基本值	变动按钮	变动百分比	变动后数值	敏感系数
11		销售单价	30.00				
12		单位变动成本	10.00				
13		销售量	28.00				
14		固定成本	500.00				
15		目标利润					
16							

财务比较分析 / 财务趋势图解分析 / 财务结构图解分析 / 杜邦分析图 / 本量利分析

图6－28　建立本量利分析模型

二、定义单元格公式，建立本量利分析的数学关系式

在定义公式前，须将录入状态调整为英文（半角）状态。在相关单元格中输入计算公式，如图 6 - 29 所示。

	A	B	C	D	E	F	G
1		本量利分析模型					
2		盈亏临界分析					
3		销售单价	30				
4		单位变动成本	10				
5		固定成本	500				
6		盈亏临界点销售量	=C5/(C3-C4)				
7		盈亏平衡点销售额	=C6*C3				
8		利润	=(C3-C4)*C6-C5				
9		影响利润的各因素变动分析					
10		因素	基本值	变动按钮	变动百分比	变动后数值	敏感系数
11		销售单价	30		=D11/C11*100%	=C11*(1+E11)	=E15/E11
12		单位变动成本	10		=D12/C12*100%	=C12*(1+E12)	=E15/E12
13		销售量	28		=D13/C13*100%	=C13*(1+E13)	=E15/E13
14		固定成本	500		=D14/C14*100%	=C14*(1+E14)	=E15/E14
15		目标利润	=(C11-C12)*C13-C14		=(F15-C15)/C15	=(F11-F12)*F13-F14	
16							

财务比较分析 / 财务趋势图解分析 / 财务结构图解分析 / 杜邦分析图 / 本量利分析

图 6 - 29 建立本量利分析模型（公式设置）

C6=C5/(C3-C4)

C7=C6 * C3

C8=(C3-C4) * C6-C5

C15=(C11-C12) * C13-C14

E11=D11/C11 * 100%

E12=D12/C12 * 100%

E13=D13/C13 * 100%

E14=D14/C14 * 100%

F11=C11 * (1+E11)

F12=C12 * (1+E12)

F13=C13 * (1+E13)

F14=C14 * (1+E14)

F15=(F11-F12) * F13-F14

E15=(F15-C15)/C15

G11=E15/E11

G12=E15/E12

G13=E15/E13

G14=E15/E14

需要注意的是：D11、D12、D13、D14 这四个单元格中的数据都是通过微调控制按钮调整出来的，E11、E12、E13、E14 这四个单元格中的百分比数据则又是根据 D11、D12、D13、D14 这四个单元格中的数据进行相应转换得到的，数据之间存在动态链接关系。

三、定义单元格格式

将C3:C8区域、C11:C15区域和F11:F15区域设定为数值格式，保留两位小数。将E11:E15区域设定为百分比格式，小数位数为0。将G11:G14区域设定为数值格式，小数位数为0。设定结果如图6-30所示。

	A	B	C	D	E	F	G
1		本量利分析模型					
2		盈亏临界分析					
3		销售单价	30.00				
4		单位变动成本	10.00				
5		固定成本	500.00				
6		盈亏临界点销售量	25.00				
7		盈亏平衡点销售额	750.00				
8		利润	0.00				
9		影响利润的各因素变动分析					
10		因素	基本值	变动按钮	变动百分比	变动后数值	敏感系数
11		销售单价	30.00		0%	30.00	#DIV/0!
12		单位变动成本	10.00		0%	10.00	#DIV/0!
13		销售量	28.00		0%	28.00	#DIV/0!
14		固定成本	500.00		0%	500.00	#DIV/0!
15		目标利润	60.00		0%	60.00	
16							

财务比较分析 / 财务趋势图解分析 / 财务结构图解分析 / 杜邦分析图 / 本量利分析

图6-30 建立本量利分析模型（单元格格式定义）

四、设计微调按钮，实现因素变动的灵活调节及如意组合

（1）如果微调按钮没有出现在工具栏上，可单击左上角“自定义快速访问工具栏”，选择“其他命令”，弹出“Excel选项”对话框，在“Excel选项”对话框中选中“快速访问工具栏”，在“从下列位置选择命令”下拉框中选择“不在功能区中的命令”，选择“数值调节钮（窗体控件）”，单击“添加”按钮，单击“确定”按钮。如图6-31和图6-32所示。

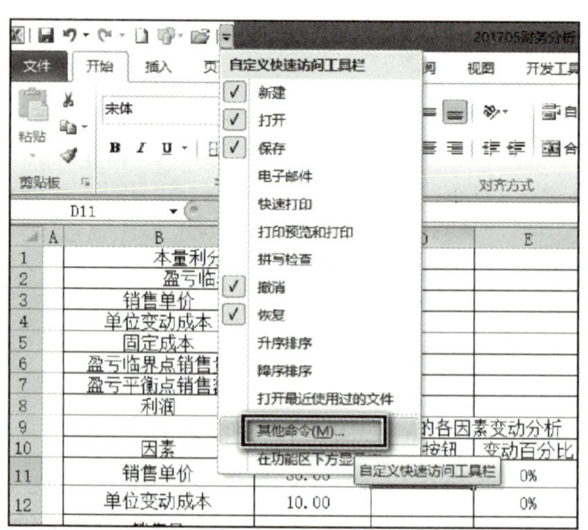

图6-31 调出“Excel选项”对话框

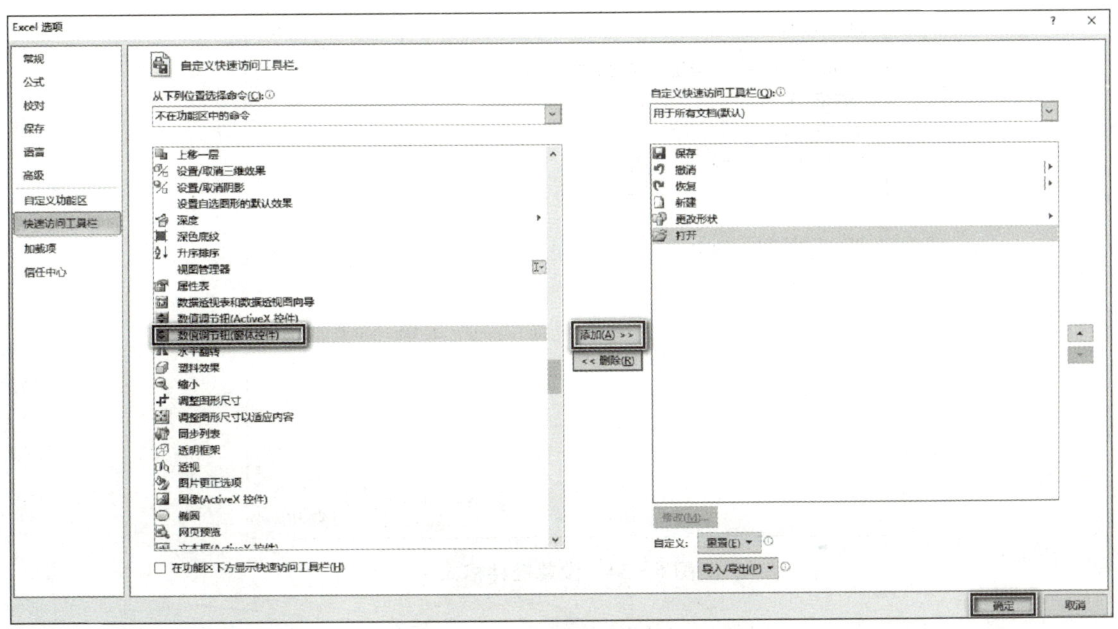

图 6-32 调出数值微调按钮

(2) 单击工具栏上的微调按钮，在 D11 单元格中画出大小合适的微调按钮，选中微调按钮，在右键快捷菜单中选择“设置控件格式”，然后设置控件格式的控制参数：最小值设为 0，最大值设为 500，步长设为 1，单元格链接到 D11。如图 6-33 和图 6-34 所示。

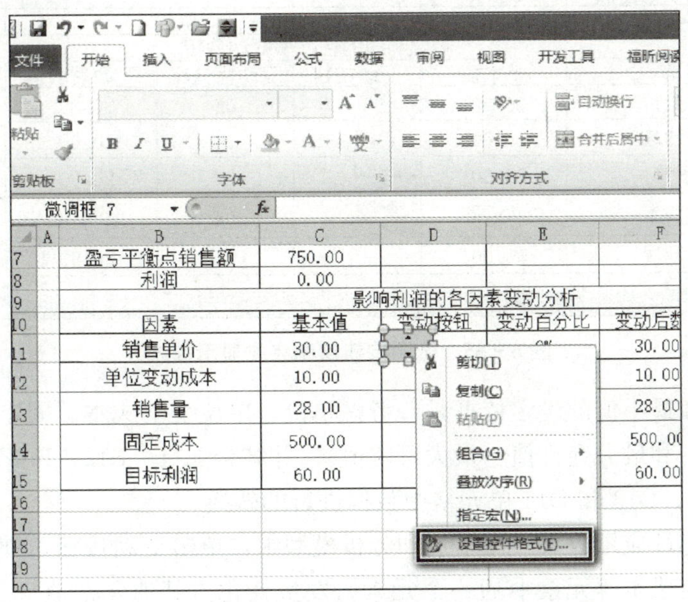

图 6-33 绘出微调按钮

(3) 按照上述方法，在 D12、D13 和 D14 单元格中画出大小合适的微调按钮，分别设置控件格式的控制参数，单元格链接分别指定为 D12、D13、D14。结果如图 6-35 所示。

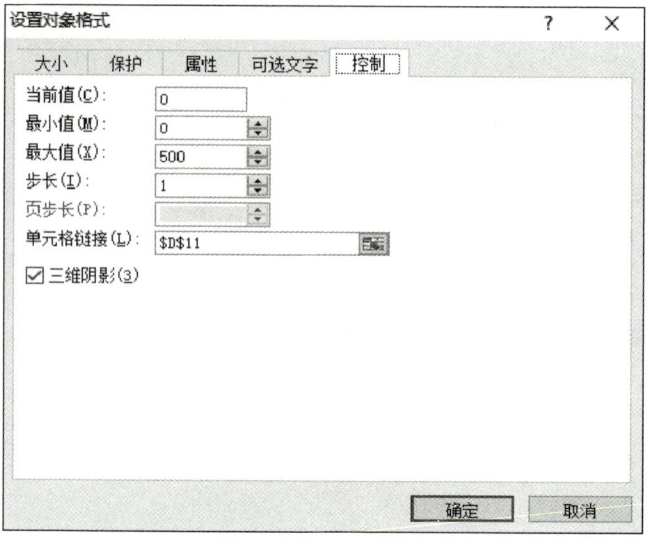

设置对象格式

大小　保护　属性　可选文字　控制

当前值(C)：0

最小值(M)：0

最大值(X)：500

步长(I)：1

页步长(P)：

单元格链接(L)：$D$11

☑三维阴影(3)

确定　取消

图 6－34　设置控件格式

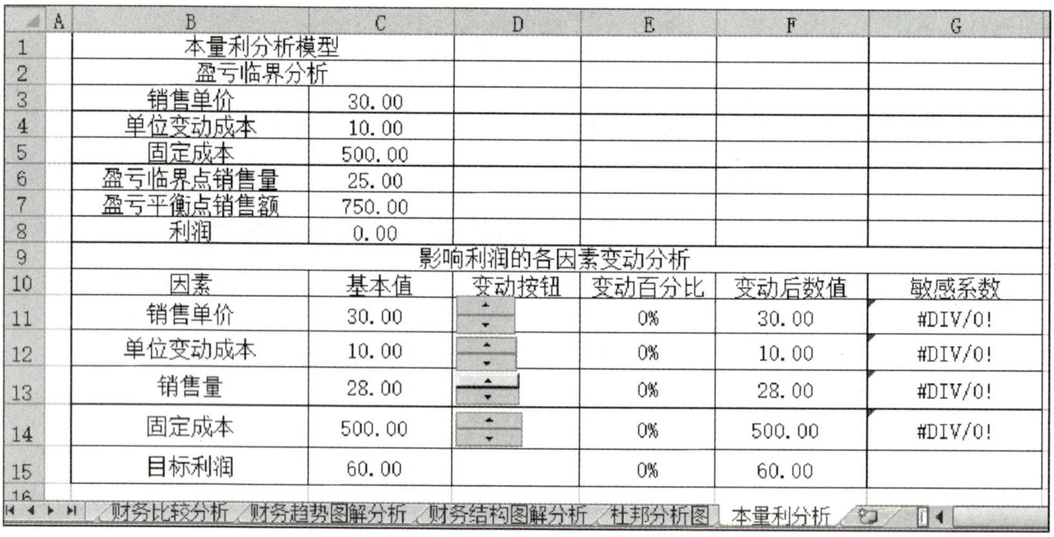

	A	B	C	D	E	F	G
1		本量利分析模型					
2		盈亏临界分析					
3		销售单价	30.00				
4		单位变动成本	10.00				
5		固定成本	500.00				
6		盈亏临界点销售量	25.00				
7		盈亏平衡点销售额	750.00				
8		利润	0.00				
9		影响利润的各因素变动分析					
10		因素	基本值	变动按钮	变动百分比	变动后数值	敏感系数
11		销售单价	30.00		0%	30.00	#DIV/0!
12		单位变动成本	10.00		0%	10.00	#DIV/0!
13		销售量	28.00		0%	28.00	#DIV/0!
14		固定成本	500.00		0%	500.00	#DIV/0!
15		目标利润	60.00		0%	60.00	
16							

财务比较分析　财务趋势图解分析　财务结构图解分析　杜邦分析图　本量利分析

图 6－35　微调按钮绘制完成显示效果

以上最大值和最小值的设定依据是：考虑单价、单位变动成本、固定成本的最小允许值（最小可能值）和最大允许值（最大可能值），并结合 E11、E12、E13 和 E14 单元格的公式对 D11、D12、D13 和 D14 单元格中数据进行的转换。

（4）测试敏感性应用效果。在本量利分析模型中，单击变动按钮，使单价、单位变动成本、销量和固定成本等元素中的一个元素值发生变化，其他元素值（合适数据）不变，直到出现要求的目标利润值，即可分别测算最小目标值。单击各因素的变动按钮，使一项因素发生变化，其他元素不变（变动百分比为 0），即可自动显示出变化因素对利润影响的敏感程度（G11 至 G14 单元格），应用效果如图 6－36 所示。

	A	B	C	D	E	F	G
1		本量利分析模型					
2		盈亏临界分析					
3		销售单价	30.00				
4		单位变动成本	10.00				
5		固定成本	500.00				
6		盈亏临界点销售量	25.00				
7		盈亏平衡点销售额	750.00				
8		利润	0.00				
9		影响利润的各因素变动分析					
10		因素	基本值	变动按钮	变动百分比	变动后数值	敏感系数
11		销售单价	30.00	3	10%	33.00	14
12		单位变动成本	10.00		0%	10.00	#DIV/0!
13		销售量	28.00		0%	28.00	#DIV/0!
14		固定成本	500.00		0%	500.00	#DIV/0!
15		目标利润	60.00		140%	144.00	

财务比较分析 / 财务趋势图解分析 / 财务结构图解分析 / 杜邦分析图 / 本量利分析

图 6-36 敏感性应用效果

项目小结

本项目介绍了财务分析的各种方法，即比率分析、比较分析、趋势分析、综合分析、本量利分析，以及如何利用 Excel 进行具体分析。利用 Excel 引用数据极大地提高了财务人员的分析效率。

技能训练

实训资料一：

甲股份有限公司资产负债表和利润表分别见表 6-2 和表 6-3。

表 6-2　　甲公司资产负债表

编制单位：甲股份有限公司　　2016 年 12 月 31 日　　单位：元

资产类科目	期末数	负债及所有者权益类科目	期末数
流动资产：		流动负债：	
货币资金	50 000	应付票据	20 000
应收账款	120 000	应付账款	250 000
应收票据	30 000	应付职工薪酬	140 000
存货	300 000	应交税费	100 000
流动资产合计	500 000	流动负债合计	510 000
非流动资产：		非流动负债：	
长期股权投资	500 000	长期借款	300 000
固定资产	1 800 000	应付债券	200 000

续前表

资产类科目	期末数	负债及所有者权益类科目	期末数
无形资产	1 000 000	非流动负债合计	500 000
非流动资产合计	3 300 000	负债合计	1 010 000
		所有者权益：	
		股本	1 000 000
		盈余公积	790 000
		未分配利润	1 000 000
		所有者权益合计	2 790 000
资产总计	3 800 000	负债及所有者权益总计	3 800 000

表 6-3 **甲公司利润表**

编制单位：甲股份有限公司 2016 年度 单位：元

项目	本期金额
一、营业收入	907 000
减：营业成本	581 000
税金及附加	44 600
销售费用	12 000
管理费用	32 800
财务费用	11 000
二、营业利润	225 600
加：营业外收入	22 400
减：营业外支出	16 000
三、利润总额	232 000
减：所得税费用	58 000
四、净利润	174 000

其中，“存货”期初数为 330 000 元，“应收账款”期初数为 110 000 元，“流动资产”期初数为 550 000 元，“总资产”期初数为 3 600 000 元，“所有者权益”期初余额为 2 280 000 元。

实训要求：

（1）根据上述资产负债表和利润表中的数据，计算表 6-4 内财务分析指标，并建立甲公司的财务比率分析模型。

表 6-4 **财务分析指标**

一、变现能力比率	
流动比率	
速动比率	

续前表

二、资产管理比率	
存货周转率	
应收账款周转率	
流动资产周转率	
三、负债比率	
资产负债率	
股东权益比率	
产权比率	
利息保障倍数	
四、盈利能力比率	
股东权益报酬率	
营业利润率	

（2）根据上述企业简化的资产负债表，利用所学的财务结构图解分析法，对企业的财务状况进行如下分析：对企业资产中流动资产、固定资产和无形资产及其他资产占资产总额的资产结构比率情况进行图解分析，对企业负债中流动负债和长期负债占负债总额的负债构成比率情况进行图解分析。

（3）建立该企业的杜邦分析系统图。

实训资料二：

某公司只生产一种产品，每月产销量为 6 000 件，产品单价为 40 元，单位变动成本为 20 元，每月固定成本为 6 000 元。

实训要求：

（1）建立该产品的本量利分析模型。

（2）如果销售单价提高 10%，将导致销售量下降 15%；如果销售单价降低 5%，可以使销售量增加 20%。根据以上情况，分析哪种措施对企业有利。

参 考 文 献

［1］钟爱军．Excel 在财务与会计中的应用［M］．北京：高等教育出版社，2013.

［2］韩良智．Excel 在财务管理中的应用［M］．3 版．北京：清华大学出版社，2015.

［3］黄新荣．Excel 2010 在会计与财务管理中的应用［M］．5 版．北京：人民邮电出版社，2018.

［4］刘捷萍．Excel 在财务管理中的应用［M］．3 版．北京：高等教育出版社，2014.

［5］崔婕，姬昂，崔杰．Excel 在会计和财务中的应用［M］．6 版．北京：清华大学出版社，2017.

图书在版编目（CIP）数据

Excel在财务中的应用/李洪春主编. —2版. —北京：中国人民大学出版社，2019.10
21世纪高职高专规划教材．会计系列
ISBN 978-7-300-27530-7

Ⅰ.①E… Ⅱ.①李… Ⅲ.①表处理软件-应用-财务管理-高等职业教育-教材 Ⅳ.①F275-39

中国版本图书馆CIP数据核字（2019）第227072号

21世纪高职高专规划教材·会计系列
Excel在财务中的应用（第2版）
主　编　李洪春
副主编　李俊峰
Excel zai Caiwuzhong de Yingyong

出版发行	中国人民大学出版社		
社　址	北京中关村大街31号	**邮政编码**	100080
电　话	010－62511242（总编室）		010－62511770（质管部）
	010－82501766（邮购部）		010－62514148（门市部）
	010－62515195（发行公司）		010－62515275（盗版举报）
网　址	http://www.crup.com.cn		
经　销	新华书店		
印　刷	天津中印联印务有限公司	**版　次**	2016年3月第1版
规　格	185 mm×260 mm　16开本		2019年10月第2版
印　张	11 插页1	**印　次**	2021年8月第3次印刷
字　数	234 000	**定　价**	28.00元

信息反馈表

尊敬的老师：

您好！为了更好地为您的教学、科研服务，我们希望通过这张反馈表来获取您更多的建议和意见，以进一步完善我们的工作。

请您填好下表后以电子邮件、信件或传真的形式反馈给我们，十分感谢！

一、您使用的我社教材情况

您使用的我社教材名称			
您所讲授的课程		学生人数	
您希望获得哪些相关教学资源			
您对本书有哪些建议			

二、您目前使用的教材及计划编写的教材

您目前使用的教材	书名	作者	出版社
您计划编写的教材	书名	预计交稿时间	本校开课学生数量

三、请留下您的联系方式，以便我们为您赠送样书（限1本）

您的通信地址			
您的姓名		联系电话	
电子邮箱（必填）			

我们的联系方式：

地　址：苏州工业园区仁爱路158号中国人民大学苏州校区修远楼

电　话：0512-68839320　　传　真：0512-68839316

E-mail：huadong@crup.com.cn　　邮　编：215123

网　址：www.crup.com.cn